태극 신학과 한국 문화

태극 신학과 한국 문화

2009년 9월 4일 초판 1쇄 인쇄
2009년 9월 10일 초판 1쇄 발행

지은이 박신배   펴낸이 김영호   펴낸곳 도서출판 동연
기 획 김서정 편 집 조영균 디자인 김광택   관 리 이영주
등 록 제1-1383호(1992. 6. 12)
주 소 서울시 마포구 망원동 472-11
전 화 (02)335-2630
전 송 (02)335-2640
이메일 ymedia@paran.com
홈페이지 www.y-media.co.kr

ISBN 978-89-85467-90-2 93200

태극 신학과
한국 문화

박신배

동연

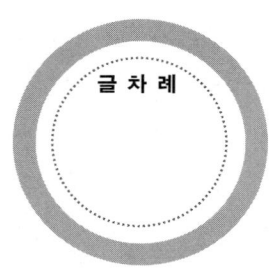

글 차 례

1부 태극 신학을 향하여

2부 구약성서와 한국 문화

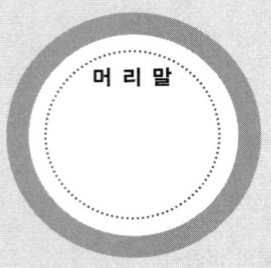

머 리 말

　　　　　　　　　　　　　기독교 복음이 이 땅에 들어온 지 200년을 훌쩍 뛰어넘었다(가톨릭 200년, 개신교 100년). 하지만 복음의 역사는 자취를 감추고 요즈음에는 기독교를 '개독교'라고 부르며 비아냥거리는 상태에까지 이르렀다. 안타깝다. 기독교가 욕먹는 종교로 전락하고 있는 이유는 무엇인가. 여러 원인이 있겠지만, 그동안 기독교가 한국인의 심성과 문화에 맞지 않는 종교가 되었다는 게 요인이다. 또한 기독교가 배타적인 종교가 되었다는 것도 큰 이유를 차지한다. "내 종교만이 참된 진리이고, 다른 종교로는 천국에 갈 수 없으며 진리에 이를 수 없다"라고 주장하는 데서 비신자들 마음에서 멀어졌다. 이에 따라 기독교인의 수는 점점 줄고 있다.

　　필자는 구약학자다. 그렇기에 고대 이스라엘 문화와 비교하며 한국 전통 문화에 대해서도 깊이 생각하고 연구하지 않을 수 없었다. 이 책은 그러한 생각을 씨앗으로 그동안 한국 문화의 장場에서 신학을 한다는 것이 무엇인지에 대해 연구한 작업 결과물이다. 필자는 '한국문화신학회' 임원이며 이 글들을 학회지에 기고했다. 또 '대화아카데미'에서 발표했던 글과 '한국기독교학회'에서 발표했던 글, '한국평화학회'에서 발표했던 글을 모은 후 정리하니 한국의 지평에서 한국 문화 신학과 통일 평화 신학을 전개할 수 있었다. 과연 어떻게 하면 이 신학을 한국인의 '태극 신학'으로 전개할 수 있을까 하는 것이 앞으로 해 나갈 연구 과제로 떠오르기도 하였다. 이제는 이것을 성서와 신학 전반에 걸쳐 풀어서 기술하는 연구 과제가 남아 있다.

필자의 생각은 이렇다. 만일 한국의 성서학자들이 한국의 성서 연구와 아시아적 성서 해석을 한국 문화와 함께 더 많이 다룰 수 있다면 한국 기독교의 영향력이 더욱 커질 것이고, 결국 한국 문화 신학은 서구 신학이 해결하지 못한 많은 문제에 대하여 참신한 통찰력을 주는 신학으로 자리매김을 할 수 있을 것이라 조심스레 전망한다. 그렇게 된다면 장차 세계 모든 나라에서 신학을 배우려 한국으로 몰려들 것이다. 선각자들은 이미 그날이 올 것을 알고 한국 문화 신학의 지평을 개척했다. 그러면 우리의 몫은 무엇일까? 필자는 등불이 되신 분들을 잇는 우리 세대가 해야 할 일을 다음과 같이 정리했다.

먼저 한국 문화적 성서 해석 방법론을 계발하는 것. 또한 종교 간 평화를 만들어 내는 일. 끝으로 통일 신학을 활발하게 전개하여 분단과 대결로 점철된 한반도에 평화를 정착하는 것이다.

그동안 한국의 민중 신학이 한국 신학의 심장 역할을 담당해 왔다. 이제는 그 동력을 꺼지지 않게 할 때이다. 필자는 물론 이 책을 읽는 독자들이 함께해야 할 일이다. 한국인의 마음을 울리고 한국인의 무너진 삶을 채워낼 한국형 신학의 새로운 창출에 함께하기를 바란다. 이에 이 글이 조그만 디딤돌 역할을 한다면 큰 영광이 될 것이다.

이 책을 출판해 주신 도서출판 동연 김영호 사장님과 그리스도대학교 공동체와 한국문화신학회, 한국평화학회 회원 그리고 이 글을 교정해 주신 유한걸 학생과 조동춘 씨와 김민채 목사님께 고마움을 글로나마 깊게 전한다.

2009년 8월 25일
등마루터 서재에서 박신배

추 천 사

한국의 중견 구약신학자이며 한국문
화신학회 총무로서 수고하는 박신배 교수가 『구약성서와 한국 문화』라는
책을 출판한다. 그는 구약성서학자로서 한국의 문화 신학의 주제와 관련하여
신학적 사유를 하며 글을 쓰는 분이 많지 않은 한국 신학계 풍토에서 귀한
분이다. 무엇보다도 먼저, 박신배 교수의 도전적인 관심에 경의를 표하며 단
행본의 출판을 축하한다.

이 책은 저자가 서론에서 밝힌 대로 여러 학술대회나 연구지에 발표한
연구 논문들을 함께 엮은 논문집의 성격이 짙다. 그러므로 자연히, 단행본으
로서의 수미일관한 방법론과 그에 따른 저작물 전체를 꿰뚫는 주제의 연속성
이나 통일성은 약한 것이 아쉽다. 그러나 그동안 한국 문화 신학계에서 논의
되었던 대표적 신학 담론을 저자가 주체적 관점으로 성찰하고 비판하여 독자
들에게 소개하는 공헌만 해도 이 책의 출판 가치는 충분하다.

이 책의 밑바탕을 흐르고 있는 저자의 학문적 관심을 '한국 문화적 성서
해석 방법론'이라는 화두로 요약할 수 있을 것이다. 그의 움켜쥔 화두는 한국
의 그리스도인들이 성경을 읽고 '오늘 여기'에서 구원을 경험할 때, 단순히
서구 신학자들 특히 제1세계 서구 신학자들이 이루어 놓은 찬란한 신학 업적
을 소개하거나 변주하는 데 그칠 수는 없다는 해석학적 자각에서 촉발된다.

엄밀히 말하면 서구 신학은 성경을 그들의 문화적·역사적 삶의 자리에서 연구하고 해석한 신학적 해석의 산물일 뿐이다. 물론 오늘 우리 현실에도 맞닿는 진리를 가르쳐 주는 것은 사실이다.

그럼에도 불구하고, 저자는 한국의 그리스도인들은 성경을 읽으면서 세 가지 거대한 생명의 강 흐름, 혹은 정신문화적 지층과 대면하면서 상호관계하게 된다고 보는 것이다. 헤브라이즘 문화, 헬레니즘의 정신문화, 그리고 그것들을 받아 이해하고 반응하는 한국 문화가 바로 그것이다. 다시 말하면, 저자가 보기엔 한국에서 신학을 한다는 것은 히브리적 정신문화, 헬레니즘의 정신문화, 그리고 한국의 정신문화의 창조적 '지평융합'(가다머) 혹은 '이야기들의 합류'(서남동) 사건이라야 한다고 본다.

그리하여 저자는 한국 문화의 여러 주제들인 태극 신학, 풍류 신학, 통일 신학, 민중 신학, 토착화 신학, 종교 신학, 예술 신학, 죽음의 신학 등 한국 문화 신학계의 과제들을 다루고 있다. 독자들은 이 책에서, 앞에서 열거한 한국 문화 신학적 담론들이 짧은 한국 신학사 속에서 어떻게 전개되고 논의되어 왔는지 선구자들의 모험과 업적을 소개받게 될 것이며 충실한 참고 문헌을 덤으로 얻게 될 것이다.

저자가 이 책에서 다룬 여러 가지 주제들을 각각 주제별로 구약신학자의 관점에서 더 확대·심화시켜 나가길 바라는 마음 간절하며, 같은 구약학자로서 문화 신학 주제들의 연구물이 계속 이어져 나오기를 기대한다.

이 간략한 글로 그간의 연구 노고를 모두 다 치하드리기 어렵겠지만, 독자들의 일독을 권하며 추천하는 글에 가름하는 바이다.

2009년 8월 25일

김경재(한신대 명예교수)

프 롤 로 그

프 롤 로 그

태극사상과 태극의 영성

책을 시작하면서 먼저 동양의 태극사상이 무엇인지, 이 태극사상이 과연 신학적으로 적용 가능한지, 태극의 영성이 무엇인지 살펴보고자 한다. 또한 태극사상이 언제부터 시작되었는지 원류를 알아보기 위해 주자와 주염계, 퇴계와 율곡의 태극 이론과 이기理氣說, 태극과 무극의 관계, 양명학과 실학에서 태극의 중심 사상, 태극론의 위치 등을 살필 것이다. 그리고 태극사상이 신학에서 적용될 수 있는지 가능성을 타진하며 태극의 영성으로 성서의 본문이 무엇을 말하는지 살펴보고자 한다.

1. 태극 용어와 신학

먼저 태극太極이라는 용어를 정리하며 태극 신학을 전개해 보겠다. 태太는 '크다'란 말과 '통한다'라는 의미이다. 극極은 '다하다'는 뜻과 함께, 끝나다, 떨어지다, 남아 있지 않다, 그만두다, 극, 한계限界, 전극, 자극, 끝, 일의 결과 등 품은 의미가 다양하다. 두 글자를 모아서 풀이하면 태극이란 큰 원리, 순환하며 통하는 세계, 우주의 끝과 한계, 일의 목적과 결과 등을 뜻하며, 전기나 자기처럼 보이지 않는 에너지와 그 극점을 의미하기도 한다. 따라서 한국 문화 신학으로서 태극 신학은 자연신학을 말한다. 또 태극을 인간관과 우주관, 자연관, 보이지 않는 성령의 세계, 창조의 목적과 종말관 등으로 해석하며 삶의 신학으로 끊임없이 움직이는 인간 세상의 큰 이치를 다루는 학문이라 할 수 있다.

태극은 태초太初, 태말太末의 세계와 연관 지을 수 있다. 태극에서 태초의 천지 창조는 우주의 끝과 지구의 종말과 일맥상통하는 개념이다. 포괄적 의미에서 태극 신학은 신학 전반의 문제를 다루는 학문이기도 하다. 기독교의 도는 예수 그리스도이고, 예수 그리스도교의 도道는 십자가의 도이듯이 태극의 극極은 도道와 상통하는 말이다. 여기서 '도'란 예수가 십자가에 못 박혀 인류를 구원한 생명과 진리의 도를 뜻한다. 이 도를 태극 신학의 중심인 태도太道라고 말할 수 있다.

도(Tao)는 『도덕경』의 도道의 개념, 십자가의 도의 개념과 서로 통한다. 도는 무위자연無爲自然이다. 영원불변의 도와 이름을 지향하는 도道는 천지天地의 시원인 무無의 세계를 가지면서 모든 사물이 모체를 개념화한 유有의 세계도 포함하고 있다. 노자는 『도덕경』에서 이것이 신비의 세계라고 말한다.[1] 십자가의 도道도 세상적으로 지혜로운 사람들에게는 어리석은 도道이지만, 구원을 얻는 사람들에게는 지혜로운 도道라고 말한다. 십자가는 그리스도 예수를 믿는 사람들에게 신비한 세계를 열어주는 문호門戶이다. 따라서 태극 신학은 바로 이 십자가 신학을 말한다.

그러므로 태극은 큰 도道로서 십자가의 도를 말하며, 이 태극은 큰 극極즉, 성령을 말한다. 성령은 세계 우주 삼라만상을 움직이는 큰 도이며 주

---

1 노자, "도덕경", 『세계의 대사상 18 - 노자, 장자, 열자』, 신동호 역(서울: 휘문출판사, 1981), 39.

그리스도 예수의 세계이다. 영靈으로 움직이는 하나님의 세계는 자유롭고
신비로우며 평화로운 세계를 지향한다. 또 태극은 흔 극으로, 인생의 한
극에서 또 다른 극의 끝인 인생 전반을 말하며, 지구의 남극에서 또 다른
끝 북극에 이르는 전全 지구의 문제를 다루며 논의할 수 있는 신학이다.
한편 태극의 극極은, 목적론적 의미를 띄고 있어서 세계와 인간의 목적론
적 존재에 대한 문제를 심도 있게 다루기도 한다.

　　그래서 태극인은 인간의 삶의 의미와 목적을 생각하는 한국인이라 할
수 있고, 이러한 한국 문화 신학을 하려는 사람을 태극 신학인이라고 말할
수 있다. 또 이 태극의 영을 가지고 그리스도의 복음을 전하는 사람을 태극
교회라고 말할 수 있다. 이 태극 신학을 연구하면서 하나님 나라를 선포하
는 사람과 하나님 나라를 이 땅에서 이루기 위해 종말론적 신앙을 가지고
'나는 매일 죽노라'고 고백하는 신앙인을 태극 신학에서는 태극의 천국인이
라고 말할 수 있다. 기독교 속의 태극사상과 태극도太極道는 유교와 민족종
교가 말하는 그것과 의미가 상통하면서도 본질적으로 다르다. 그것은 바로
그리스도 예수에게서만 구원이 있기 때문이다.

　　태극 신학은 허호익 교수가 '천지인 신학'을 주창하면서 처음으로 소개
했다. 천지인 신학은 삼태극의 신학으로 단군 신화의 문제를 제기하면서
우리 신학을 이야기한다. 먼저 중국 문화의 이태극론과 삼태극론을 소개해
보겠다. 허 교수는 『주역』과 『사기』, 『국어』, 『여씨춘추』, 동중서의 『번
로』, 『회남자』, 양웅의 『태현』, 범중엄의 『역겸삼재부』, 장회거의 『서명』,
주염계의 『태극도설』 등을 거론한다. 그는 또 단군 신화의 환인(천부신
하나님), 환웅(천자신 하나님 아들), 단군 등은 삼태극의 인식 구조에 나온
것이라고 주장한다.[2] 이 삼태극적 구조는 삼위일체 하나님과 상통하는 구

조이다. 이와 같은 천지인 신학은 삼태극에서 나온 신학으로서 내재적 의미에서 천지인이라는 정의는 태극 신학의 내적 의미의 표출로 보인다. 하지만 우리의 태극 신학은 외형적 용어와 표면적 언어상 한국의 신학을 그대로 전개한 것이다. 천지인 신학이 한국 신학에 대한 내적 성격과 존재를 표현한 신학이라고 한다면, 태극 신학은 외적, 표면적, 표층의 신학을 그대로 표현하면서 한국적 신학을 연구하고자 하는 용어이다.

삼태극과 천지인 신학은 삼태극의 그림에서 3의 논리와 구조를 표출하고 있고, 태극 신학은 이태극二太極 안에서 3개의 흐름을 포착한다. 태극 신학의 태극도太極圖는 우리의 태극기太極旗 모양과 같다. 이태극에서 표현된 상통의 흐름은 성부·성자·성령의 방향을 서로 흐르게 하는 소통의 신학이라고 말할 수 있다. 성령의 중앙에 위치한 성부의 역사役事가 끝나는 시점에서 성령의 역사는 성자聖子 사역의 출발점에 위치한다. 태극도太極圖에서 기독교 신앙의 교리를 설명할 수 있고, 태극 신학을 전개할 수 있다. 그래서 태극 신학의 순환과 변화적용으로 한국인들은 끊임없이 생존하는 천지인 신학을 가졌다. 단군 신화에서 삼태극 신학과, 천지인天地人의 원형을 찾으려는 데 반해, 태극 신학은 역사 속에서 민중을 선도하고 역사를 창조했던 인물人物에게 초점을 맞추어 움직인다.

우리에게 태극 신학의 위치는 어떠한가. 맛깔스런 김치와 구수한 된장 냄새 나는 태극 신학으로 성서 연구를 할 수 있을까. 그동안 풍류 신학, 민중 신학은 우리 문화의 저변을 소화하며 한국의 신학을 대변하였다. 최근 전광돈 교수가 한국인의 한恨을 다룬 한의 신학을 발표하여 학계에 신선

---

2 허호익, 『단군 신화와 기독교: 단군 신화의 문화사적 해석과 천지인 신학서설』(서울: 대한기독교서회, 2003), 33-121.

한 감을 주고 있다. 우리는 한국 신학을 창조적이고 독창적으로 전개할 수 있을까. 필자는 태극 신학을 우리 민족 문화의 근원을 찾아 신학화하고 자 하는 입장에서 연구를 하고자 한다.

우리는 우리나라의 상징인 국기國旗를 태극기로 표현하고, 국화國花를 무궁화로 삼는 것에서 한국 문화의 독특한 점을 찾아볼 수 있다. 이와 함께 삼천리가 지리의 범위를 말하고 있어서 한국의 영토 안에서 문화적 요소를 찾고 이해하는 작업도 진행되어야 할 것이다. 또 천자문에서 첫 문장이 하늘 천, 따지, 검을 현, 누를 황, 천지현황이다. 이것은 하늘과 땅이 검고 누런 세계라는 말을 하고 있다. 둘째 문장은 우주광대이다. 이것은 우주라 는 집은 크고 광대하다는 우주적 세계관을 표현하고 있다. 이처럼 태극사 상에서는 동양적이면서, 한국적인 우주관과 세계관이 있는 인간의 본성을 담아내 이야기하고 있다.

고대의 우주관이 담긴 천부경天符經에는 우리 문화의 근원을 알 수 있는 태극도太極道의 원형이 있다. 우리 상고사上古史의 기원起源을 밝혀 주고 있는 『한단고기桓檀古記』는 태극사상과 태극도의 근원을 밝히고, 단군 신 화의 역사도 알려줄 수 있는 중요한 자료가 된다. 앞으로 우리는 태극사상 과 태극 신학의 연구 과제로 이 자료들을 연구해야 할 것이다. 태극의 중심 인 황극皇極에서 하늘의 통치 원리가 움직이고, 태극의 자연 질서와 움직임 에서 무극으로, 이 무극에서 다시 순환되는 태극의 운동을 통해 세계 역사 를 살필 수 있다. 더 나아가 자연의 생성과 발전, 확장과 소멸의 세계를 보면서 하나님의 섭리와 역사를 연구할 수 있다. 이 신학은 결국 기도의 학문으로 연구되고, 거룩함의 세계에서 한국 문화에 대한 깊은 연구가 이 루어져야 의미 있는 태극 신학으로 자리 잡을 것이다. 이 태극 신학이 광야 의 소리처럼 생명력 있는 하늘의 소리가 될 때, 다시 말해 민중에게 다가가서 그들의 소리가 될 때 한국 신학으로 인정될 수 있을 것이다. 또 이 태극 신학이 한국인에게 하느님의 선교이야기가 되어 한국의 선교 신학이 되고 한국인에게 복음이 될 때, 한국 선교에 힘이 있고 영향력 있는 신학으로서 한국 문화 신학의 중심으로 우뚝 설 것이다.

2. 태극사상

태극太極은 주역에서부터 시작된 이론으로서 주자학朱子學에서 종합되었고 양명학으로 발전되었다. 퇴계는 『성학십도聖學十圖』에서 태극도를 주장하면서 하늘과 인간의 문제를 피력하였다. 한편 주자는 "태극이란 본연의 묘리妙理이여, 동정動靜이란 이것을 태우는 기틀이다"라고 태극에 대하여 말하였다. 또한 주염계는 태극이 동動하여 양陽을 생하고, 정精하여 음陰을 생한다고 하였다.

퇴계는 인간과 자연, 우주 질서에 대한 태극太極, 도道가 근본이라는 것을 다음과 같이 피력한다. 그는 "음양·동정이 심心이다"라고 했던 주자朱子의 말에 근거하여 천지의 상응 구조를 더욱 자세히 언급한다.

"천지의 태극이 사람에서는 곧 성性이요 천지의 동정·음양이 사람에서는 곧 심心이요 천지의 목화토금수火木土金水는 사람에서는 곧 인의예지신仁義禮智信이요, 천지의 화생만물化生萬物은 사람에서는 곧 만사萬事이다."

그는 또 "태극은 우주의 조화 질서, 그 질서를 내포하는 천天의 차원이라면, 천명天命은 인간과 사물이 부여받은 성性과 이를 실현하는 수양修養을 가리키는 인간의 차원으로 구별될 수 있다."[3]라며, 태극과 천명으로 하늘과 땅, 인간에 대한 이론을 펼쳤다. 그는 태극太極이 없는 곳이 없듯이,

사람은 사물이 살아가는 일용日用 사이에 천명天命의 유행流行 아닌 게 없음을 알 수 있는 존재라는 것에 주목한다. 그래서 인간이 천명을 아는 점에서 사람이 사물보다 귀한 까닭이 있다고 말한다. 퇴계는 태극도에서 태극권太極圈을 음양의 위에 두고, 태극권이 있음에도 불구하고 음양 가운데 태극을 두었다. 음양 아래에 오행권五行圈을 두며 허虛와 무無의 개념이 불교와 노장의 개념이 아니라 분석논리라고 밝힌다. 그는 이 허虛와 무無의 개념이 허이면서 실實이요, 무無이면서 유有라고 하면서 주겸계의 '무극이면서 태극無極而太極'이라는 명제의 타당성을 옹호했다.[4]

한편, 율곡栗谷 이이李珥는 이통기국理通氣局을 주장하였다. 그의 이론에 따르면, 이理와 기氣는 본래는 하나이지만 이는 형체가 없고 기는 형체가 있다는 것이다. 이는 작위가 없고 기는 작위가 있다는 것, 이가 통한다는 것은 이가 기를 타고 유행해서 천차만별로 같지 않아도 그 본연의 묘리는 없는 데가 없다는 것이다. 또한 기가 편벽한 것에는 이도 역시 편벽하나 편벽한 것은 이가 아니라 기이며, 기가 온전하면 이 역시 온전하나 온전한 것은 이가 아니라 기이다. 맑음·탁함·순수함·잡됨·찌꺼기·재·거름 가운데에도 이가 있지 않은 곳이 없이 각각 그 성이 되나, 그 본연의 묘함은 그대로 같으며, 이것이 이가 통한다는 것이다.[5]

퇴계와 율곡은 이발理發 기발론氣發論의 논쟁으로 성리학 발전에 큰 업적을 남겼다. 성리학은 조선 정신사를 주도하고 학자들 사이에 활발히 연구된 학문이었으나 학문의 철학성 때문에 많은 문제를 노출시켰다. 가장 큰 폐단은 학문의 심오성으로 인하여 생활화되지 못했을 뿐 아니라 학문의

3　금장태, 『성학십도와 퇴계철학의 구조』(서울: 서울대학교출판부, 2002), 23.
4　금장태, 『성학십도와 퇴계철학의 구조』, 10.
5　이이, 『세계의 대사상11, 율곡소서(疏書)』, 김길환 역(서울: 휘문출판사, 1981), 302.

보수성으로 인하여 붕쟁을 심화시키는 원인을 제공하기도 하였다.[6]

성리학은 송대宋代의 학문으로서 주자朱子; 朱熹가 완성하였으므로 주자학朱子學이라고도 한다. 성리학은 원래 선진先秦 시대부터 논의되기 시작한 유가儒家 사상에 노장老莊 사상과 불교의 사상이 영향을 끼쳐 이루어진 학문으로 송대의 주돈이가 태극설을 주장하여 성리학의 시조가 되었다. 따라서 태극사상은 성리학, 주자학에 중요한 이론이며 핵심이라고 할 수 있다.

성리학은 태극론太極論, 이기론理氣論, 심성론心性論, 성경론誠敬論으로 구분된다. 태극론과 이기론은 자연 존재 법칙을 연구하는 우주론이고 심성론과 성경론은 실천 윤리이다.

태극론은 우주의 본체를 태극으로 설명하려는 학설이다. 주돈이의 저서 『태극도설太極圖說』에서 태극이라는 말이 처음 사용되었다. 태극은 본래 본체本體도 소리도 냄새도 없는 무극無極인 동시에 우주 만물 조화造化의 근본이 되는 것이라 했다. 이는 우주의 질서를 유지·생성시키는 법칙을 의미한다. 태극이 무극이라는 말은, 하나님의 존재가 보이지 않는다는 것과 상통한다. 또 불가시적 신神이 우주를 창조하고 다스리는 것과 일맥상통한다.

주자는 "태극 외에 무극이 없다"라고 하며 "우주 생성의 근원 자체를 둘로 설명하는 것이 불가하다"라고 하였다. 유有의 극치는 무無에 통하고 절대적인 무는 절대적인 유와 같다는 것이 그의 견해이다. 이는 그가 성리학에 심취하기 전 불교의 승려였던 점을 생각할 때 불교의 영향을 지대하게 받은 것이라고 생각한다.[7]

---

6 김환철, 『실학과 그리스도교의 만남』(서울: 나단, 1994), 5.

7 Ibid., 39.

주자에게서는 태극만이 존재하며 무극을 부정한다. 태극의 존재 하나가 우주의 생성 원리라는 것이다. 주자는 "천지도 한 태극이요, 만물도 하나하나가 다 태극이다"라며 태극을 이理라고 설명하고 있다. 이것은 단순한 관념적인 것이거나 정적인 것만이 아니고 동動과 정精의 두 계기가 스스로 포함하는 이理이기에 만물의 생성이 가능하다고 하였다. 주돈이의 태극은 형이상학적 관념을 말하는 것이었으나 주자에 이르러서는 형이상학적인 것과 형이하학적인 것을 모두 포함하는 사상으로 발전한 것이다.[8]

소옹邵擁은 도道가 곧 태극이라 하며 만물의 근원적 이치가 도이기에 태극은 극미極微에서 극대極大까지 항존하는 이치라고 했다. 그래서 태극은 대소, 시간적 장단이 없는 것이다. 여기에서 김흡영의 도道의 신학과 태극 신학은 상통할 수 있는 여지가 있다. 또 한국 신학이 도道의 신학이라는 이유가 여기서 비롯된다. 태극사상은 유교학자들의 우주관, 자연론이라고 할 수 있다. 성서에서는 창세기의 창조론과 구약신학의 창조신앙론과 조직신학의 신론에서 창조주 하나님, 우주관에서 이 부분에 대한 논의를 할 수 있다.

주역周易의 계사繫辭에서는 태극이 양의兩儀를 낳고, 양의는 사상四象을 낳고 사상은 팔괘八卦를 낳는다고 하였다. 즉 태극은 음양의 두 기운氣運을 가지고 있어 온 우주의 생성 및 변화를 가져온다고 하였다. 『태극도설』과 『통서通書』는 모두 역학易學의 근거가 되었다. 주역의 태극사상은 우주의 원리를 음양의 조화를 통하여 설명하는 발전된 이론이다.

태극의 우주 원리가 성리학의 이理 사상과 일치하여 사용되었다. 송나라 이전에는 이理는 사물의 사리事理를 뜻하는 것이었지만 송대에 들어와

---

8 Ibid.

서는 뜻이 확대되어 우주의 전체 개념으로 이해되었다. 이 사상은 이일원
론理一元論, 기일원론氣一元論, 이기이원론理氣二元論 등의 학파를 형성하였
다.[9] 주자는 이기이원론을 주장하는데 이를 기보다 우위에 놓고 설명한
곳도 있고 결시이물決是二物로 이와 기를 두 물物로 말한 곳도 있다. 이것이
퇴계와 율곡이 이발론理發論, 기발론氣發論의 논쟁을 야기한 것이다.

이理와 기氣 사상에서 우리는 이기설을 신학적으로 어떻게 이해할까.
이理는 하나님 말씀과 성령의 역사이고 기氣는 살아 움직이며 역사하는
사건과 인간 실존이다. 우주 만물의 생태적 차원이라고 볼 수 있다. 태극太
極은 태초太初에 섭리하신 하나님의 통치, 우주 질서라고 보고 하나님의
세계라고 볼 수 있다.

성리학은 퇴계를 중심으로 한 유리唯理학파와 율곡이 주축이 된 기호畿
湖지방의 유기唯氣학파, 이 둘을 절충한 학파 등 세 파로 나뉜다. 서경덕은
북송의 성리학자 장재長載의 영향을 받아 기일원론을 주장하였고 퇴계는
주자의 영향을 받아 이기이원론을 주장하면서도 이理우위설을 강조하여
주자보다 진일보한 학설을 주장했다. 율곡은 이기일원론을 주장하여 성리
학의 새로운 경지를 개척하였다. 성리학은 우주 생성의 원리를 규명하면서
인간을 소우주로 비유하여 인간의 도리를 밝히려는 인식론이다.

성리학은 조선시대의 중심 철학으로서 통치자와 지배자의 논리를 담고
있고, 민중과 함께하는 논리와 이상을 가지지 못하였다는 것이 문제로 제
기된다. 성리학이 사변적 고매한 철학사상을 가졌지만 인간의 보편타당한
종교성을 상실한 것은 안타까운 일이었다. 인간의 정신을 우주론적 본체론
으로 대비하여 설명하는 것, 입신출세立身出世를 최고의 윤리적 실존으로

---

9 Ibid., 40.

부각하자 피비린내 나는 당쟁이 일어나게 한 요인이 되었다. 이 성리학은 조선 후기에 이용후생利用厚生의 실학實學사상을 낳고 민중의 유익을 구하는 학문으로 개혁 발전되지 않으면 안 됐다. 태극이 민중과 민족을 살리는 실용 학문이 돼야 한다는 문제의식을 갖게 하였다. 실학은 기독교 신앙을 가진 유儒학자들이 펼친 토착화 학문이었다. 바로 이 학문이 동양 신학의 효시嚆矢라고 말할 수 있다.

성리학의 심성心性은 인생에 관한 문제를 우주의 존재 법칙과 연관시킨 사상이다. 소옹은 마음을 태극이라 하였다. 인간의 마음이 태극이라는 말은, 사람의 마음이 소우주小宇宙이고 실존의 핵이라는 말과 상통한다. 이것은 신약 성서의 마음(kardia)이 갖는 복합적 의미와 통한다.[10] 이 마음은 육체적인 마음(고후 3:3), 영혼, 인간의 모든 내적 본질(롬 1:24), 지성의 자리(마 9:4, 히 4:12), 감정의 자리(롬 9:2), 자아와 인격(벧전 3:4, 롬 1:21), 종교성(롬 1:24, 막 4:19) 등으로 나타난다.

이기론과 심성론, 우주론과 인생론은 성리학에서 서로 분리할 수 없는 긴밀한 관계여서 인간 존재 자체를 문제 삼는 학문이 되었다. 그러므로 진정한 자의식自意識과 자연의 이치를 깨달아 자신의 고귀한 생명을 보존하는 것을 중요시 하였다. 이理, 정精, 성誠, 경敬은 유가의 인仁과 의義에 귀일하는 것으로 본다. 따라서 윤성범의 성誠의 신학은 유교의 우주관에서 인간론에 이르는 핵심을 보고 신학적 이해를 시도한 것이다.

중국의 왕양명王陽明(1472-1529)은 성리학을 비판하며, 성리학이 학문 위주의 교조주의에 빠져서 형식화하는 경향이 있다고 지적했다. 또 그

10　Jew-Chur Son, *Herz und Erkenntnis: Eine biblisch-psychologische und biblisch-anthropologische Studie zum Topos "Herz" als Hauptsitz des Glaubens* (Seoul: Christian Literature Crusade, 1999), 42-72.

는 학문의 실천성을 강조하여 지행합일知行合一을 강조했다. 이와 함께 그는 이기론은 우주의 본체를 물物로 설명하는 폐단이 있음을 지적하고, 심즉이론心卽理論을 말하며, 인간의 모든 표준은 마음에 있다면서 절대적 유심론을 주장한다. 양명학은 성리학의 문제점을 지적하며 보완적 상보相補적 역할을 하며 실천적 학문으로 지평을 열어야 함을 강조한 것이다. 이것은 후에 실학으로 민중의 학문으로 자리 잡을 수 있는 선행적 연구가 되었다. 또 기독교가 전파되어 한국의 근대화를 이끌고 민주화를 주도했던 민중신학의 전통에 큰 맥을 형성하고 흐름을 갖게 하였던 사상적 모델이 되었다. 이 양명학 사상은 동학에 영향을 주었고 태극사상이 어디를 향해야 하는지 길을 바르게 제시하는 역할을 하였다.

3. 태극의 영성靈性과 신학

앞에서 태극사상을 통해 우주 질서와 인간 수양에 대한 원리를 살펴보았다. 태극은 하나님의 섭리 속에서, 창조와 우주 질서를 말하고, 이理는 하나님 말씀과 성령의 역사이고, 기氣는 살아 움직이며 역사하는 사건과 인간 실존이다.

주자학과 성리학의 태극사상을 통해 우주 만물의 이치와 신학적 과학 신학을 전개할 수 있다. 나아가 태극사상에서 태극 신학을 적용, 창조할 수 있다. 이 신학은 자연생태 여성주의, 우주 과학, 지구 생명 신학으로 발전할 수 있다. 태극론과 이기理氣설을 통해 태극의 영성을 추구할 수 있는 여지를 가지게 된다. 오늘의 한국 신학과 한국 문화 신학에서 추구할 영성이 무엇이며, 한국인의 심성에 맞는 영성은 무엇인가를 바로 태극의 영성에서 찾아볼 수 있다.

태극사상을 통해 볼 때 개인과 교회, 나라와 민족, 지구와 우주는 하나이다. 이것은 같이 움직이는 한 단위의 생명체이다. 태극의 영성은 개인과 우주가 통하는 영성을 말한다. 태극의 영성을 통해 개인의 신앙과 영성이 조물주 하나님과 연관되었다는 사실을 알게 된다. 그래서 태극의 영성에서 한국인의 교회를 발견하고, 한국 토종의 영성에서 한국 기독교의 새로운 가능성, 개혁의 실마리를 찾는 작업을 할 수 있다.

태극의 영성에서는 우주와 지구의 문제, 자연과학적 이론들과 대화할 수 있다. 우주의 원리를 이야기하고 있어서 오늘날 자연과학이 말하는 것과 성리학과 주역에서 말하는 태극사상과는 차이가 많이 있다. 이 차이에 초점을 맞추어서 논의를 하기보다는 우주의 원리와 자연의 질서, 생태 보존의 차원에서 태극사상이 오늘 우리의 삶에 어떤 메시지를 줄 수 있는지를 파악하고자 한다.

지구의 나이가 45억 년, 인류의 역사가 1만 년이 되었다고 한다. 지구가 노년에 이르렀고 이제는 종말을 앞두고 있다고 말하는 지구과학자들도 있다. 지구 온난화로 이산화탄소가 배출되어 지구 오존층이 파괴되었고, 이상 기온으로 지진과 해일, 홍수들이 지구 곳곳에서 나타나고 있다. 북극의 빙하가 엄청난 속도로 녹고 있다. 만일 이 추세대로 진행된다면 빙하는 20여 년 안에 다 녹아 지구는 갑자기 빙하기로 들어선다는 것이다. 지구 온난화로 빙하가 급격한 속도로 녹게 되면서 심해조류에 의해 한류와 난류가 쌍방향으로 흐르던 조류의 순환이 정지되어 갑자기 지구 북반구가 빙하기로 들어선다는 것이 자연과학자들의 이야기이다.

고대 지구 문명 이론 가운데 플라톤의 글에 나타나는 아틀란티스 대륙과 문명이 어디로 사라졌는가 하는 의문에 대하여 여러 학설이 있다. 또

북미와 남미 사이의 쿠바 인접 지역이나 그리스 크레타 섬 근처 지역 등의 이야기가 있고, 남극 60미터를 파거나, 대륙 빙하가 녹으면 사라진 아틀란티스 문명의 흔적을 찾을 수 있다고도 한다. 이는 지구 문명이 빙하기로 들어설 때 갑자기 인류가 죽음을 당한 흔적이라고 말한다. 이러한 지구 대격변이 조만간 또 일어날 것이라는 추측이 종말론자들 사이에는 상식처럼 보편화되어 있다. 영국의 탐험가이자 저술가인 그레이엄 핸콕Graham Hancock은 『신의 지문』에서 지구 문명의 생성과 쇠퇴에 대하여 솔깃한 이야기를 한다.

오늘 한국도 일본 침몰설(김지하, 탄허)과 《일본 대침몰》이라는 영화, 《미국 대침몰》이라는 영화 등 지구의 변화에 한국이 영향을 받을 것이라는 설에 수천 명이 태백산맥의 고지대인 단양과 속리산 등지로 피신하는 움직임이 있다. 종말론이 횡행하는 시대이다. 한국의 경기가 좋지 않고 세계 경제가 한기류寒氣流를 탔다. 세상은 점점 더 험해진다. 지구 환경과 생태 문제가 심각한 상태에 이르는 것이 보인다. 이러한 비참한 지구 환경의 상태는 인간이 태극의 우주 원리와 이치를 어기고, 인간이 자연과 하나인 관계를 파괴한 결과이다. 우주의 문제는 스코프Scope의 차원이라는 사실을 주지할 필요가 있다. 이 우주의 범위는 우리의 과학 지식과 연구 영역, 정신적 시야에서 상상하고 추론할 수 있는 범위를 넘어서는 문제라는 사실이다. 아무리 과학자들이 지구 과학을 연구하고 실험한다고 해도 우주의 이치를 헤아려 아는 것은 한도限度가 있다. 과학 너머의 세계가 하나님의 세계, 태극의 세계라는 사실을 알고, 자연에 순종하며 하늘의 뜻에 따르는 법을 배워야 한다. '내일 지구가 멸망한다고 해도 사과나무를 심겠다'는 스피노자의 말은 이 태극의 도道와 신학을 말해 준다.

앞서 살펴보았던 '태극이면서 무극'이라는 사실, 태극은 무극이라는 것

은 우리의 우주 질서와 세계의 이치를 말하는 것이다. 태극의 우주 질서는
눈에 보이는 현실인 것처럼 보이지만 눈에 보이지 않는 무극의 상태이기도
하다. 퇴계는 천명天命을 말하는데, 이 천명은 무극지진無極之眞이라고 한
다. 무극無極의 진리가 바로 하늘의 이치라는 것이다. 이것은 보이지 않는
성령의 세계와 하나님의 통치의 세계, 하나님 나라의 존재 형태를 말하는
것이다. 성령의 활동은 우리의 눈에는 보이지 않지만 실재하며 역사役事하
는 영靈이시다. 거대한 우주의 대변화 속에서 지구가 변화무쌍하게 바뀌어
도 예수는 역사와 시간의 중심으로 오셨다. "천국은 침노하는 자의 것이다"
라는 예수의 선포는 이 태극의 영성을 말하는 것이다.

　무극지진이란 카이로스kairos의 시간이 크로노스chronos의 시간으로
들어온 것을 말한다. 카이로스(구원의 시간)가 크로노스(수억 년의 시간
과 지구의 수많은 시간)를 뚫고 들어온 역사적 시간과 사건을 의미한다.
다시 말해 "천국은 침노하는 자의 것"이다. 이 말은 카이로스가 크로노스를
침노하는 것이라는 뜻이다. 예수의 침노는 바로 이 카이로스로 들어간 것
이다. 오메가 포인트로 역사의 중심이 되어 우주의 시간에 중심이 되었고,
이제 우주와 지구의 구속의 때를 만들고 있다. 거대한 우주의 시간에 인간
역사의 생명의 시간으로 탄생한 접점은 예수 그리스도에게서 그 의미를
싣고 있다. 우주와 인간의 접점接點으로서의 그리스도, 지구와 우주의 접촉
점接觸點으로서의 메시아, 신인神人으로서의 예수, 성육신成肉身하신 나사
렛 예수는 이 태극의 주가 되신 분이다. 예수보다 더 큰 영성을 가진 존재가
있는가? 이사야, 예레미야, 에스겔과 동시대(주전 6-5세기) 사람인 석가
모니와 공자, 그 후대 인물인 소크라테스, 아리스토텔레스, 플라톤, 무하마
드 등은 예언자로서 우주의 중심, 역사의 주인을 예언하고 있다.

　태극의 중심인 황극은 태극으로 순환하며 태극은 무극으로 움직이며

계속하여 순환한다. 하나님의 통치인 황극에서 우주의 통치 질서인 태극으로 움직이고 보이지 않는 무극의 세계에서 자연과 인간, 우주가 움직인다. 태극은 무극의 세계에서 나타나며 끊임없이 변화하고 살아 움직인다. 이우주의 순환은 생명이 계속하여 흐른다는 것을 보여 준다. 고인 물이 죽는 것처럼 생명은 흐르게 하여야 한다. 자연의 법칙대로 순응하여야 한다. 생태신학과 생명 평화 선교가 이 땅에서 호흡하게 하여야 한다. 호세아에서 우주적인 신음을 표현한 것처럼 우리는 지구의 탄식 소리를 들어야 한다.

"이스라엘 자손들아 여호와의 말씀을 들으라 여호와께서 이 땅 거민과 쟁변爭辯하시나니 이 땅에는 진실도 없고 인애도 없고 하나님을 아는 지식도 없고 오직 저주와 사위와 살인과 투절과 간음뿐이요 강포하여 피가 피를 뒤대임이라 그러므로 이 땅이 슬퍼하며 무릇 거기 거하는 자와 들짐승과 공중에 나는 새가 다 쇠잔할 것이요 바다의 고기도 없어지리라 그러나 아무 사람이든지 다투지도 말며 책망하지도 말라 네 백성들이 제사장과 다투는 자같이 되었음이니라 너는 낮에 거치겠고 너와 함께 있는 선지자는 밤에 거치리라 내가 네 어미를 멸하리라 내 백성이 지식이 없으므로 망하는도다 네가 지식을 버렸으니 나도 너를 버려 내 제사장이 되지 못하게 할 것이요 네가 네 하나님의 율법을 잊었으니 나도 네 자녀들을 잊어버리리라"(호 4:1-6).

여기서 태극의 영성은 우주의 탄식과 지구의 신음을 듣고 인간의 무지식, 하나님을 모르는 무식無識이 지구의 비극적 결과를 낳았다는 사실을 깨닫게 해준다. 또 태극의 영성은 에베소서의 때가 찬 경륜과 예정, 예수 그리스도의 구속과 우주적 통일을 말한다.

"곧 창세 전에 그리스도 안에서 우리를 택하사 우리로 사랑 안에서 그 앞에 거룩하고 흠이 없게 하시려고 그 기쁘신 뜻대로 우리를 예정하사 예수 그리스도로 말미암아 자기의 아들들이 되게 하셨으니 이는 그의 사랑하시는 자 안에서 우리에게 거저 주시는바 그의 은혜와 영광을 찬미하게 하려는 것이라 우리가 그리스도 안에서 그의 은혜의 풍성함을 따라 그의 피로 말미암아 구속 곧 죄 사함을 받았으니 이는 그가 모든 지혜와 총명으로 우리에게 넘치게 하사 그 뜻의 비밀을 우리에게 알리셨으니 곧 그 기쁘심을 따라 그리스도 안에서 때가 찬 경륜을 위하여 예정하신 것이니 하늘에 있는 것이나 땅에 있는 것이 다 그리스도 안에서 통일되게 하려 하심이라"(엡 1:4-10).

창조의 역사와 지구의 역사는 하나님의 뜻 안에서 예정되었고, 주의 경륜 안에서 구원의 역사를 이루신다는 것이 태극의 신비이자 그리스도의 태극의 영성이다.

이 태극의 영성은 천상에서 우주와 지구로 하강하는 그리스도의 개입과 관여이다. 그것은 카이로스와 아가페의 침노侵撓이다.

"너희 안에 이 마음을 품으라 곧 그리스도 예수의 마음이니 그는 근본 하나님의 본체시나 하나님과 동등 됨을 취할 것으로 여기지 아니하시고 오히려 자기를 비워 종의 형체를 가져 사람들과 같이 되었고 사람의 모양으로 나타나셨으매 자기를 낮추시고 죽기까지 복종하셨으니 곧 십자가에 죽으심이라 이러므로 하나님이 그를 지극히 높여 모든 이름 위에 뛰어난 이름을 주사 하늘에 있는 자들과 땅에 있는 자들과 땅 아래 있는 자들로 모든 무릎을 예수의 이름에 꿇게 하시고 모든 입으로 예수 그리스도를 주라 시인하여 하나님 아버지께 영광을 돌리게 하셨느니라"(빌 2:5-11).

이는 우주의 시간으로 들어오는 카이로스의 개입이요, 지구의 인간에게 오시는 아가페 사랑의 결정체인 케노시스(성육신)의 사건이다. 예수는 그리스도시요 나의 주님이라는 시인과 고백을 불러일으키는 역사적 사건이 일어나게 하는 우주적 창조를 위함이다. 그래서 태극창조의 영성은 말씀으로 창조하는 하나님의 세계이다. 빛의 창조로 세계가 열리는 창조신학적 영성의 차원이다. 이 창조는 제사장의 거룩함의 영성에서 비롯된다. 우주과학과 지구과학이 신비한 이야기를 전하고 오묘한 진리를 이야기한다고 해도 인간과 하나님의 신비는 다 말할 수 없다. 이것은 하나님 진리의 태극 안에서 하나로 통하기 때문이다.

"태초에 하나님이 천지를 창조하시니라 땅이 혼돈하고 공허하며 흑암이 깊음 위에 있고 하나님의 신은 수면에 운행하시니라 하나님이 가라사대 빛이 있으라 하시매 빛이 있었고 그 빛이 하나님의 보시기에 좋았더라 하나님이 빛과 어두움을 나누사 빛을 낮이라 칭하시고 어두움을 밤이라 칭하시니라 저녁이 되며 아침이 되니 이는 첫째 날이니라"(창 1:1-5).

이 창조의 세계는 우주의 창조론과 과학의 진화론의 갈등을 넘어서서 이 둘의 이론이 태극의 영성에서 하나로 통한다는 사실을 보여 준다. 하나님은 창조를 통하여 당신의 세계를 만드시고 끊임없이 우주와 지구를 순환하게 하고 생명이 환경에 적응하여 살게 하였다. 그리고 구속의 때를 이루게 하여 하나님의 뜻을 피조물에 알리며 아가페의 사랑을 이루시었다. 이것이 로고스이며 아가페이시며 카이로스의 하나님을 보여 주는 하나의 태극 영성이다. 그래서 요한복음 1장에서는 이 로고스의 영성을 잘 보여 준다.

"태초에 말씀(로고스)이 계시니라 이 말씀(로고스)이 하나님과 함께 계셨으니 이 말씀(로고스)은 곧 하나님이시니라 그가 태초에 하나님과 함께 계셨고 만물이 그로 말미암아 지은바 되었으니 지은 것이 하나도 그가 없이는 된 것이 없느니라 그 안에 생명이 있었으니 이 생명은 사람들의 빛이라 빛이 어두움에 비취되 어두움이 깨닫지 못하더라 (6-8 중략) 참빛 곧 세상에 와서 각 사람에게 비취는 빛이 있었나니 그가 세상에 계셨으며 세상은 그로 말미암아 지은바 되었으되 세상이 그를 알지 못하였고 자기 땅에 오매 자기 백성이 영접치 아니하였으나 영접하는 자 곧 그 이름을 믿는 자들에게는 하나님의 자녀가 되는 권세를 주셨으니 이는 혈통으로나 육정으로나 사람의 뜻으로 나지 아니하고 오직 하나님께로서 난 자들이니라"(요 1:1-13).

우주의 세계가 말씀으로 태동하였다는 것, 이것을 자연과학자들은 빅뱅Big Bang 설로 설명하려고 한다. 대폭발, 하나님은 말씀으로 창조하면서 이 사건을 일으켰는지도 모른다. 하나님은 말씀으로 창조하시며 아름다운 당신의 세계를 이 땅에 만들어 놓았다. 말씀의 세계에서 창조와 과학의 세계를 만들고 그 우주의 중심에 당신이 서셨고 영광을 받으시려 하였다. 그것이 당신의 아들 예수, 오메가 포인트Omega Point로 우주의 중심에서 구속의 역사를 일으키려 로고스로 임하였고, 카이로스의 시간으로 들어오셨고 인간의 몸을 입고 빛으로 오신 것이다. 이 성육신의 사건은 아가페 사랑의 발로였다. 인간의 겸손의 도道가 무엇인지 친히 가르쳐 주시며 평화의 빛으로 오시었다. 이 경륜의 도道를 어둠의 세력으로 인해 하나님의 형상을 가진 인간이 받아들이지 않는 순간 우주가 몸살을 앓고 대재앙으로 치달을 수 있음을 지구의 여러 현상을 통하여 보여 주고 있다. 참 빛, 로고스의 세계에 하나님의 자녀는 우주, 지구를 다스리는 권세와 특권을 가지게 된 것이다. 이것이 바로 태극의 순환이요, 태극의 영성이다.

　이 태극의 영성은 종말론적 기독론을 통하여 오늘이 마지막이라는 임박한 종말론과 실존적 종말론, 실천적 종말론으로 바울의 탄식과 선교적 삶을 살아가게 한다. 임박한 종말론은 때가 찬 경륜을 말한다. 하나님의 구원의 시간이 이르렀고 지구가 멸망한다고 생각하고 구원과 주님의 재림을 준비하는 의로운 남은 자들을 말한다. 실존적 종말론은 하루 안에 종말을 기다리며 '내가 매일 죽노라'는 바울의 고백처럼 하루의 실존 안에서 종말을 이룬다. 실천적 종말론은 종말을 이루기 위해 주님의 지상 대명령을 자신의 수명壽命 안에서 수행하려고 노력한다. 그래서 우주와 지구의 종말을 보면서 재림 주를 기다리며 그리스도 예수의 신앙을 견지하고 바울의 땅끝 선교를 지향한다.

1부

극을 여
학하
태신향하

*

한국 문화 신학이 무엇인가. 한국인의 심성을 잘 표현하고 한국 문화를
잘 대변할 수 있는 한국 신학을 창조적으로 수행한 연구가 있는가. 그동안
학자들이 한韓의 신학, 도道의 신학과 천지인天地人 신학으로 전개하였다.[1]
이 신학은 한국 문화의 전체적인 면을 보지 못하고 부분적인 성격을 가지고
있다. 한의 신학은 과정 신학적 방법으로 한국인의 한恨을 전개하고 있고,
도의 신학은 도덕경의 도道를 다루고 있어서 선교仙敎에 치우진 감이 있다.
유불儒佛사상은 도외시되고 있다. 천지인 신학은 삼태극의 삼재론을 이야
기하고 있고 삼태극 사상에서 3의 구조와 논리로 기독교 사상을 전개하고
있다. 이에 삼태극을 보완하여 태극사상 안에서도 정반합의 구조와 논리가
통할 수 있음을 태극 신학은 주장한다. 태극사상은 성리학, 유교에서 이미
많은 선구자들이 연구하였기에, 이것을 신학적 차원에서 전개하는 작업이
필요하다.[2] 따라서 태극 신학으로 이를 풀면 한국의 고유 사상이 통할 수
있다고 본다. 1부에서는 한국 문화적 성서 해석 방법론, 한국 문화 신학자
김교신, 한국 신학의 새로운 가능성으로서 태극 신학, 토착화 신학과 성서,
풍류 신학과 성서 등을 다루고자 한다. 이제 태극 신학을 전개하기 위해
성서 해석 방법론에 대하여 논의하자.

---

[1] 한의 신학은 김상일 교수, 도의 신학은 김흡영 교수, 천지인 신학은 허호익 교수 등이 주장하였
다. 자세한 사항은 태극 신학에서 후론한다.
[2] 신라의 최치원이 태극도를 이야기를 한다. 조선시대 성리학의 석학 퇴계 이황(1501-1570)은
성학십도(聖學十圖)에서 태극도(太極圖)는 제 1도(圖)로 중요한 우주와 인간, 만물의 원리를
설명고 했다. 참조, 금장태,『성학십도와 퇴계 철학의 구조』(서울: 서울대학교출판부, 2002),
5-10. 이항노는 아언에서 태극사상과 이기론을 전개한다.

1장

한국 문화적 성서 해석 방법론

기독교가 한국 풍토와 문화에 맞는 종교가 되었는가. 서구 문화화 된 교회와 신앙이 아닌, 한국적 기독교, 한국 문화로 토착화된 교회와 기독교 인이 되었는가. 한국 신학에 한국적 성서 해석 방법은 있는가. 그리고 그 방법으로 신학 연구가 활발하여 한국 기독교 문화가 심화 발전되었는가. 그동안 민중 신학, 토착화 신학에 대한 논의는 있어 왔다. 하지만 한국 문화 적 성서 방법론에 대한 논의는 제대로 하지 않았다.

이 장에서는 한국 문화와 성서에 대한 관계를 질문하고, 한국 신학자들 이 한국 문화에 바탕을 둔 성서 연구를 그동안 어떻게 하였는지 연구하고자 한다. 또한 성서 연구 방법론으로 한국 문화라는 범주를 염두에 두고, 한국 인으로서 한국적 성서 이해를 위한 방법론을 모색하고자 한다.

성서를 이해하는 데 각 문화의 옷을 입고 있는 사람들은 자신들의 개념 으로 이해할 것은 자명하기에 한국적 풍토에서 성서의 개념이 어떠한 의미 를 갖는지 정확히 규명하는 작업 또한 중요하다. 그러나 그동안 이러한 관점에서 성서 연구를 지속적으로 하거나, 방법론으로서 계발되어 체계화 된 이론을 갖지 못했다. 한국 문화 신학자들이나 민중 신학자·토착화 신학 자들이 성서를 인용하고 언급한 정도에 불과하고 피상적인 연구에서 벗어 나지 못한 형편이다.

이러한 사정을 검토하고 그동안 연구된 결과들을 살펴보며, 이 장에서는 새로운 성서 해석 방법으로 한국 문화적 성서 연구 방법론이 가능한지 타진하고자 한다.

1. 한국 문화적 성서학

한국학과 성서학이 결합된 형태가 있는가. 한국 성서학자들의 성서 연구와 한국의 고유문화 관점에서 성서를 들여다보는 작업을 했지만 일정한 방법론으로 거론된 적은 없었던 것으로 보인다. '한국적 성서학', '한국학과 성서학의 만남', '한국 문화적 성서 해석'이라는 차원을 생각해 볼 수 있다. 곽노순은 「한국 성서학의 민족 신학적 조명」이라는 글에서 한국의 성서학이라는 용어를 사용한다.[3] 그는 "한국의 성서학이란 이 나라의 장구한 정신적 유산과 우리들의 특유한 감성, 고유한 사고방식을 성서 본문에 투영할 때 새로운 깊이를 더하자는 시도라고 볼 수 있다"고 주장한다. 또 그는 "한국인 학자들이 성서학을 가르쳐 왔지만 서구인들의 방식을 배워서 한 것이고 우리의 정신적 문화유산을 가지고 연구하지 못하였다"고 지적한다. 성서는 히브리(고대 이스라엘) 문화의 산물이다. 여호와 하나님이 이스라엘 백성과 그들의 문화를 선택하여 그의 역사를 보여 주었다. 구약은 바로 히브리 문화가 용해된 것이고, 신약성서는 로마와 헬라, 유대 문화가 혼합된 것이다. 이 문화들을 이해하기 위해선 한국 사람들이 한국의 문화를 잘 이해하고 성서의 문화를 바라볼 때 더 잘 이해할 수 있는 여지가

---

3 조성노 편, 『민족 신학의 모색』(서울: 현대신학연구소, 1992), 119.

있지 않을까. 여기에 한국 문화적 성서학의 자리가 있고, 한국 성서학의 미래
가 보인다.

곽노순은 심청전 이야기에서 예수의 이야기를 읽어 낸다. 심청이가 아
버지의 눈을 뜨게 하기 위해 공양미 삼백 석에 몸을 바친 이야기는 예수가
인류를 위해 몸을 바친 이야기와 유사하다고 주장한다.[4] 그는 아브라함과
단군 이야기, 고조선시대 부루 단군, 아슬 임금의 이야기를 언급한다. 그는
더 나아가 한국 문화의 신약성서와 같은 이야기로 강일순(증산)을 언급하
기도 한다. 그는 한국의 정신적 유산을 강조하며 성서라는 패러다임 속에
서 한국이라는 변화표를 대입하여야 한다고 보았다.[5] 이는 성서적 신앙에
대한 것이라기보다는 한국 문화에 더 강조점을 둔 것이라고 볼 수 있다.
곽노순은 성서 이야기와 한국 이야기를 동시에 볼 수 있도록 안목을 열어
주는 큰 기여를 했다. 하지만 신앙적 강조와 해석의 차원에서는 미흡한
면이 있다. 두 문화를 보는데 구약의 여호와 신앙과 신약의 그리스도 신앙
은 하나의 메시아적 관점에서 두 경전의 맥을 연결하는 신학과 그 신학의
중심을 유지한 채로 우리 문화에 대한 토착화 신학 연구가 진행될 때 의미
있는 우리 신학이 될 것이다.

과거 조선에 성서가 들어왔을 때, 우리 민족에게는 광명이 비추는 시간
이었다. 한반도에 성서가 주어진 것이 새로운 세계가 열린 것이다.[6] 김교신
은 조선의 유일한 선물이라고 하면 그것은 성서라고 말한다.

"성서 조선아 너는 우선 이스라엘 집으로 가라

---

4 곽노순, "한국 성서학의 민족신학적 조명", 조성노 편, 『민족신학의 모색』, 121.
5 Ibid.
6 박순경, "민족 동질성 회복을 위한 신학의 역할", 『민족신학의 모색』, 67.

소위 기성 신자의 손을 거치지 말라

그리스도보다 외인을 예배하고 성서보다 회당을 중시하는 자의 집에는

그 발의 먼지를 털지어다.

성서 조선아 너는 소위 기독교 신자보다도 조선 혼을 가진

조선 사람에게 가라, 산촌으로 가라,

거기에 나뭇군 한 사람을 위로함으로 너의 사명을 삼으라.

성서 조선아 네가 만일 그처럼 인내력을 가졌거든

너의 창간일자 이후에 출생하는 조선 사람을 기다려, 면담하라,

상론하라"(1927. 7.).[7]

김교신은 『성서 조선』이라는 잡지를 창간하면서 조선 혼을 가진 사람, 새 세대의 사람을 복음 전도와 선교 대상으로 삼았다. 이와 함께 김교신은 암울한 한국 역사에서 희망을 줄 수 있는 것은 유일하게 성서라고 말한다. 그는 성서를 조선에 주면서 한국적 성서 해석에 대한 것은 언급하지 않았다. 하지만 조선 기독교 신자에 앞서 조선 혼을 이야기하고 있어서 한국적 성서 해석은 당연한 그의 성서 해석 방식이었다. 그는 성서 연구에서 한국적 상황을 언급하며 강해하고, 성서 해석도 한국 문화적으로 해석한다.[8]

한국 문화와 기독교 문화(성서)가 만나는 자리에는 어떤 역학 관계가 있다. 이에 대해 니이버는 복음과 문화의 관계를 언급한다. 니이버는 기독교와 문화의 관계를 신학적으로 체계화한 신학자이다. 그는 「그리스도와 문화」에서 기독교와 문화와의 관계를 역사적으로 규명하고 다음 5개의 유

---

7 김정환, 『김교신: 그 삶과 믿음과 소망』(서울: 한국신학연구소, 1993), 21-22.

8 노평구 편, 『김교신 전집 4: 성서 연구』(서울: 부키, 2001), 120-121, 388-389.

형으로 분류하였다.[9]

(1) 문화에 대립하는 그리스도(Christ against culture): 여기에는 터
툴리안과 톨스토이가 해당된다고 하였다. 소종파 운동이나 자본주의, 공
산주의, 산업주의, 국가주의, 가톨릭과 프로테스탄 등이 진정한 기독교 신
앙과 대립된다고 말한다. 이 유형은 지상에 있는 세계는 부정하고 한계가
있는 세계라서 그것과 대립되어야 한다는 입장이다.

(2) 문화의 그리스도(Christ of culture): 여기에는 서구의 신학자 리츨
Ritschl과 자유주의 신학을 포함시켰다. 그리스도와 문화 사이에 근본적인
일치가 있다고 인정하는 유형이다. 기독교와 서양 문명, 그리스도와 마르
크스 정신과의 일치를 강조하는 사람들이다. 세상 문화 속에 그리스도가
있다고 보고, 문화와 일치된 그리스도를 만들려는 세계관이다.

(3) 문화 위에 있는 그리스도(Christ above culture): 중세의 기독교와
세속 문화가 여기에 해당된다. 그리스도는 진실로 문화의 그리스도이다.
하지만 동시에 그는 문화 위에 있는 그리스도이다. 이 종합은 토마스 아퀴
나스와 그의 추종자들에 의해 가장 잘 대표되고 있다. 이것은 그리스도의
문화로 세상 문화를 통합하려는 문화관이다.

(4) 역설적인 관계를 가진 그리스도와 문화(Christ and culture in par-
adox): 마르시온Marcion과 루터가 여기에 해당된다고 하였다. 기독교인은
그리스도와 문화라는 두 권위에 대해 동시에 복종하며 두 긴장 속에서 살아
간다. 그들은 항상 긴장 속에서 두 세계를 살아가는 차안此岸에 발을 딛고
피안彼岸을 살아가는 존재이다.

---

9   리처드 니이버, 『그리스도와 문화』, 김재준 역(서울: 대한기독교서회, 1958), 47-51.

(5) 문화의 변혁자 그리스도(Christ the transformer of culture): 그 예로 어거스틴을 들었다. 그리스도가 각자의 문화와 사회 안에 있는 인간을 개변시키는 분이다.

니이버의 다섯 가지 관계 유형을 개별적인 성격으로 이해하고 더 나아가 통합적으로 이해할 때, 새로운 문화의 지평이 열릴 것이다. 즉, 그것은 세속화된 문화에 대립하여 진정한 그리스도 복음을 유지하면서, 문화와 일치된 그리스도 진리를 추구하고, 세속 문화를 종합하는, 문화 위에 있는 기독교 세계를 만들어 가는 작업이다. 또한 이 땅에서 하나님 나라를 건설하는 과정에서 완전한 천국은 저세상에 있다는 사실을 기억하며 역설적인 관계가 있는 그리스도와 문화를 이해한다. 기독교 진리가 세상 문화를 변혁시킬 수 있는 동력임을 아는 문화의 변혁자로서 그리스도를 인식하는 것이다.

한국 문화와 성서, 그리고 기독교 문화는 통합적 이해를 바탕으로 대립하면서 일치하고, 종합하면서 역설적인 관계에 있다. 우리는 올바른 한국 문화적 성서 이해를 통하여 한국 문화와 성서의 정신세계를 잘 실현하고자 하는 목표를 설정할 필요가 있다. 우리 앞에는 두 문화를 잘 이해하는 작업부터 시작하여 비교연구, 창조적 해석까지 선행해야 할 과제가 놓여 있다. 그동안 성서 연구와 기독교 이해 작업은 많았지만 성서와 한국 문화의 병행 연구는 미진하였다. '문화에 대립하는 그리스도'의 입장으로 인해 한국 문화 연구가 드물었다. 이 글을 계기로 이제부터라도 한국인의 성서 이해 작업이 활발히 이루어지기를 기대한다.

2. 한국 문화적 신학 - 토착화 신학, 민중 신학

문화 신학 또는 문화 선교라는 개념을 처음으로 말하기 시작한 신학자는 폴 틸리히였다. 그는 1920년대에 문화 신학의 이념과 과제를 신학적으로 말하기 시작하였다.[10] 그는 "종교란 인간 정신적 삶의 특수 기능에 관련된 삶의 일부가 아니라 그것의 모든 '깊이의 차원'이며, '문화의 실체sub-stance'이고, 문화는 종교의 표현된 형식form이다"라는 말을 남겼다.

문화 신학이란 문화 속에 내포되고, 문화 현상으로 표현되는 인간 공동체의 궁극적 관심을 복음 진리의 빛으로 분석하고, 복음의 생명력으로 새롭게 변화시키는 작업이다. 또 그것은 문화의 형태와 형식 속에 거룩한 것을 육화시켜 담지하게 함으로써 인간의 삶이 성속일여聖俗一如한 형태 속에서 자유, 정의, 사랑, 아름다움, 조화, 충만, 숭고함, 창조적 새로움 등이 넘치는 문화적 삶이 되도록 돕는 선교적 노력이다.[11]

김경재는 한국 교회와 그리스도인들이 한국의 문화 신학과 문화 선교에 대하여 몰이해와 도외시하고 있는 현상을 지적한다. 그는 "그동안 한국 교회는 문화 선교의 과제에 많은 관심을 기울이지 않았으며, 문화 영역을 우리 시대의 중요한 선교 과제라고 자각하지 않고 전통적인 좁은 개념의 선교 이해에 머무르고 있다"[12]면서 "너희는 가서 모든 족속으로 제자를 삼아 아버지와 아들과 성령의 이름으로 세례를 주고 내가 너희에게 분부한 모든 것을 지키게 하라"는 예수의 지상 대명령(마 28:19-20)을 평면적이

---

10 Paul Tillich, *Theology of Culture* (New York: Oxford University Press, 1959), 70.

11 김경재,『해석학과 종교 신학: 복음과 한국종교와의 만남』(서울: 한국신학연구소, 1994), 13.

12 Ibid.

고 단편적으로 이해하는 잘못을 범했다고 지적한다. 한편 그는 우리가 지리적 공간 개념으로 그리스도교의 교세를 확장해 가는 것, 가시적인 교회 건물을 더 많이 세워 가는 것, 비그리스도인들을 그리스도인으로 개종시키는 것이 선교의 전부라고 생각하는 우를 범했다고 한다. 또 "땅 끝까지 이르러서 내 증인이 되라"에서 '땅 끝'을 지도상에 나타나는 공간적 · 지리적 평면 개념으로 파악하지 말고 입체적 개념, 즉 이 세상의 현실적 생의 영역 모든 차원을 포괄하는 개념으로 이해해야 한다면서 이해의 폭을 넓혔다. 결국 이 문화 선교는 "하나님의 선교Missio Dei 신학의 구체적인 한 형태"라고 말한다.

김경재는 한국 개신교가 아직 한국 문화와 전통 속에 화육한 종교로 느껴지지 않고, 외래 종교, 서구 종교, 종교 문화적으로 옮겨 심어 놓아서 아직 '신토불이身土不異'를 이루지 못한 종교라는 인상을 갖게 하고 있다고 지적한다. 또한 문화의 개념이 광범위하고 다양함에 따라 그것을 포괄하는 문화 선교의 필요성을 주장한다. 그는 음악 · 미술 · 연극 등을 중심으로 하는 예술 문화 선교, 정치 · 경제 · 법률 · 과학기술 등 생활 문화 선교, 그리고 윤리 · 철학 · 종교 등 인간의 삶의 의미와 궁극적 목적을 추구하는 종교 문화 선교 등으로 분류한다.[13]

기독교와 한국 문화, 이 두 가지는 어느 한쪽의 이야기만으로는 불완전한 상태에 머무르게 된다. 그동안 한국 교회는 한 가지 이야기에만 충실하려고 하였다. 그리스도의 한 가지 이야기만 영원하며 불변하기 때문에 여기에 충성하고 복종하고 따르는 길만이 참된 믿음의 길이라고 생각하였다. 이러한 입장은 독실한 기독교인을 만들어 냈는지 모른다. 그러나 다른 한

13　Ibid., 14-15.

편으로는, 문화의 몰이해로 인해 문화적 희생을 치르게 되었다.[14] 초기에는 선교사 중심의 신학과 서구 신학 중심의 신학을 한국 신학과 교회가 아무런 여과 없이 그대로 받아들이는 현실이 되었다. 그래서 한국 신학에서 또 하나의 이야기, 즉 한국 사람이 전통적으로 물려받은 기나긴 이야기인 한국 문화는 이단시되어 왔던 것이다. 한국 전통 문화와 종교는 타파되고 파괴되어야만 했으며, 정복하거나 개종해야 한다는 입장을 주장했다. 또 그러한 입장이 정통 신앙이라고 고집하였다.

그러나 1960년대 초부터 토착화론이 제기되면서 성서에 기록된 이야기와 우리가 물려받은 한국의 전통 문화에 대한 이야기가 서로 대화할 수 있으며, 이 두 이야기가 만나야 한다고 보는 학자들이 생겨났다. 유동식 교수는 한국 무교를 연구하면서 한국인의 심성을 이해하려는 토착화 신학을 말하였고,[15] 윤성범 교수는 유교를 연구하면서 한국인의 사상의 근거로서 성誠의 신학을 주장하였다. 변선환 교수는 불교를 바탕으로 한국인의 신앙의 뿌리를 찾아, 타종교와의 대화의 문제를 들고 나왔다. 그는 우리의 전통 문화의 배경이 유불선의 종교에 있다는 인식하에 기독교와 자연종교 간의 문제를 제기하게 된 것이다. 한국 문화에 대한 이러한 인식은 한국 기독교의 정체성의 문제에 대하여 심도 깊은 논의를 불러일으켰고, 심화된 이해로써 문화 선교에 기여하게 되었다.

한국 기독교 문화가 겉으로 보기에는 서구식 교회 건축 양식과 서구 기독교의 음악과 언어를 도입하여 서구적이라 할 수 있지만, 심층적인 차원에서 보면 다분히 무속적 신앙 형태와 토착적 문화 의식을 가지고 있다.

---

14 서광선, 『한국기독교의 새 인식』(서울: 대한기독교출판사, 1985), 312-313.

15 유동식, 『한국 종교와 기독교』(서울: 대한기독교서회, 1965), 15-39. 유동식, 『민속종교와 한국 문화』(서울: 현대사상사, 1978), 2-102.

그동안 한국의 기독교 문화는 무속적인 영향을 많이 받았다. 한국 교회 급성장의 배경에는 무속 신앙의 뿌리를 둔 성령 운동이 자리 잡고 있다. 병 고침 은사와 방언과 손뼉 치는 찬송 등은 한국 특유의 무속적인 신앙 형태를 보여 준다. 여기서 한국의 무속적 기독교가 과연 한국적 기독교 문화를 대변하는 것인가라는 문제가 제기된다. 다시 말해 유교적, 불교적 기독교의 형태는 없는가 하고 질문할 수 있다. 만약에 있다면 한국 문화와 기독교의 만남에서 형성된 바람직한 기독교 문화는 무엇인가 하는 것과 한국 문화의 선교적 차원에서 그리스도의 본질과 원형을 찾는 과제가 요구된다.

다음으로 민중 신학에서 한국 문화를 찾는 작업을 수행하였다. 이러한 일련의 작업 중 하나로 한국 문학과 예술사 양식의 변형 과정을 살펴본다는 것은 아마도 가장 중요한 과제일 것이다. 생산 수단과 재산 소유의 형태가 민중에 의해 변혁돼 가듯이 예술의 스타일도 변해 가는데, 인간화와 인간 해방의 과정을 밟고 있다는 것은 분명하다. 저자나 독자, 내용(소재, 지향, 표현 등)이나 보급 등 모든 면에서 그 과정은 귀족에서 평민으로, 다시 민중으로의 저변 확대 과정임을 알 수 있다. 앞서 언급한 바 있는 말로의 미술사론의 '신들의 변형' 과정이 진행되고 있다는 말이다. 그 스타일의 변화를 다음과 같이 도식화해 본다. 향가-경기체가-별곡-고려가요-장가-속요-시조-가사-풍요-국문소설(고소설)-판소리-탈춤-(개화가사)-(신시). 이것이 민중화의 일반 과정인바, 민중화의 극치를 일단 탈춤·판소리의 예술 양식으로 볼 수 있다.[16]

민중 신학에서 말하는 민족 문학은 민중의 관점에서 한국 문학을 이해하고, 해석하려는 경향이 있다. 민중의 관점으로 민중 해방과 민주주의 실

---

16 서남동, 『민중신학의 탐구』(서울: 한길사, 1983), 70.

현의 목표를 실현하려 한다. 민중 신학에서 연구한 선택된 본문은 민중과 관련하여 해석되어 편향적 성향을 가진다. 서남동 교수는 민담에 관한 탈 신학적 고찰이라는 글에서 쇠똥에 미끄러진 범, 은진 미륵과 쥐, 에밀레종, 봉산탈춤, 홍길동전, 춘향전, 금관의 예수, 몽실 언니 등을 분석한다.[17] 그리 고 안동 신랑, 지성 스님, 장님 눈뜬 이야기에서 민중 신학에서 한恨의 주제 를 문제 삼는다.[18] 이 한은 한국 문화 정서의 모티프가 된다. 서 교수가 제시 하는 작품들은 다음과 같다. 김경숙의 한, 오원춘의 한, '석문의 전설', 「장 마」, 「서편제」, 「소리의 내력」, 「신궁」, 「말뚝」, 「장일담」의 이야기 등 한 국 민담에서 민중 신학의 한을 포착한다. 성서의 진정한 해방의 이야기와 오랜 전통을 가진 민중의 사회적인 투쟁이 1970년에 의미 있게 합류되었다 는 그의 두 이야기의 합류는 신학의 새로운 지평을 열어, 방법론이 사회학 적 해석학의 접합점이 이루어졌다고 본다.[19]

민중 신학은 민중의 신학적 근거를 성서에서 찾는다. 구약성서의 히브 리 사람들, 가난한 사람들, 야웨의 고난받는 종의 전승 등이 그것이다. 또 민중 신학은 하나님의 구원 역사의 주체가 되는 민중의 관점에서 이야기를 찾는다. 김정준은 민중 신학의 근거를 암하레츠(땅의 백성)라는 용어에서 찾는다. 그리고 이스라엘의 고대 신앙 고백문인 신명기 26:1-11절을 분석 하여 히브리의 신앙 고백을 통한 출애굽 사건을 이야기한다. 또 사르밧 땅 과부의 이야기(왕상 17:12-16)와 나봇의 포도원 이야기(왕상 21:1-9, 11-20)를 통하여 왕조 전승에 저항하는 예언자 전승이 있음을 말한다. 아

---

17 Ibid., 275.

18 Ibid., 301.

19 죽재 서남동 목사 유고집 편집위원회편, 『서남동 신학의 이삭줍기』(서울: 대한기독교서회, 1999), 415-418.

모스는 정의의 예언자로서 가난한 민중을 대변하는 예언자임을 거론한다.
시편도 탄식하는 시인이 가난한 자임을 말하며 민중 신학을 잘 보여 준다고
주장한다.[20] 문익환은 한국적 구약학의 방법과 길을 열어, 예언자의 삶을
몸소 살고, 실천한 한국 구약학의 아버지이다.[21] 또 김재준, 김찬국은 그의
전통을 이어서 한국 구약학의 방향과 이정표를 보여 주었다.

　한국 민담과 성서와의 비교 연구는 박정세 교수가 시도하였다.[22] 그는
우주와 인간의 기원과 홍수 이야기, 악인에 대한 처벌, 인신 희생 제의,
구원(자)에 관한 예언, 아기 구주의 탄생과 부모, 희생자와 부활, 종교 체험,
마지막 심판에 대하여 살핀다.[23] 그는 3개의 이야기—성서와 한국 민담과
외국 민담—를 소개하며 상호간의 관계와 공통점을 소개한다. 이것은 성서
연구의 양식 비평Form Criticism에서 말하는 방법과 유사하다. 양식 비평은
성서에 나타난 문학 양식과 비슷한 고대 근동의 문학을 찾아내서 연구하며,
그 이야기가 배태된 삶의 자리Sitz-Im Leben를 묻는다. 이 방법은 한국 고대
문화, 고대 문서를 연구하는 데 중요한 방법론으로써 한국 문화적 성서
해석에 기본적인 도구가 된다.

　박종수는 요셉 이야기와 두 형제 이야기, 한국 민담의 문무왕과 신라
56대 왕(경순왕, 주후 927-935년) 김부 이야기를 비교 연구하였다.[24] 방석

20　김정준, "민중 신학의 구약성서적 근거", 『민중과 한국 신학』, NCC신학연구위원회 편(서울: 한국신학연구소, 1982), 29-57.

21　김형수, 『문익환 평전』(서울: 실천문학사, 2004), 317-396.

22　박정세, 『성서와 한국 민담의 비교 연구』(서울: 연세대학교출판부, 1996), 9-322.

23　박정세는 천지왕 본풀이, 남매의 혼인 이야기, 장자늪 전설, 벼락 맞은 아버지 전설, 정감록, 아기 장수 이야기, 원혼 설화, 계룡산 떡보살 이야기, 바리공주 무가 이야기 등을 소개한다.

24　Jongsoo Park, "The Process of Transformation between the Tale of the Two Brothers and the Joseph Story in Genesis 39: From the Korean Perspective on a National Folktale", *Theology of Korean Culture* (Seoul: CLSK, 2002), 199-217.

종은 신화와 역사라는 책에서 단군 신화, 천상 어전회의와 소명설화에 대하여 역사 비평적 해석을 한다.[25]

성서와 한국 민담의 비교 연구는 가치 있는 일이며 앞으로도 계속 연구해야 할 분야이다. 많은 이가 한국 민담과 성서를 비교할 때 한국 민담이 열등하다고 생각하기도 한다.[26] 하지만 한국인의 원시적 세계관과 사고의 문화 체계를 이해한다면, 비로소 한국인 의식 구조와 문화에 대한 이해를 심도 깊게 할 수 있다.[27] 게다가 이 연구는 성서 연구에 기여할 수 있을 뿐만 아니라, 이 비교 문학 방법론으로 두 세계 이야기를 바르게 이해할 수 있는 기회를 가질 수 있게 된 것이다.

3. 한국 문화 신학과 성서 해석

한국 문화 신학은 1950년대 후반부터 『기독교 사상』을 통하여 소개되었다. 성서가 증언하는 복음 진리가 한국의 전통 문화나 종교와 접촉할 때 어떤 현상이 일어나는지, 한국 문화 속에 어떻게 복음의 씨앗이 뿌려지고 뿌리 내릴 수 있는지, 토착화 신학과 종교 간의 대화에 대한 신학적 문제가 제기되었다. 한편 1960대부터는 한국의 신학자들이 한국 문화 신학의 가능성과 토착화 신학을 전개하였다. 1970-80년대는 민주화 시대를 거치면서 민중 신학이 태동하였고, 어려운 정치·경제적 상황에서도 계속하여 한국 문화 신학이 형성·전개되었다. 그 가운데 불교·유교·도교가 한국

---

25 방석종, 『신화와 역사』(서울: 감리교신학대학교 출판부, 2006), 7-13, 196-252.

26 Ibid., 2.

27 한태동, 『사유의 흐름』(서울: 연세대학교출판부, 2003), 35-40.

문화 속에서 어떻게 한국 종교로 자리 잡았고, 한국 문화 신학이 아시아
·동양적 종교 상황에서 어떻게 해석하고 그 의미를 찾아야 하는지 연구하
였다.

　지금까지 한국 문화 신학을 전개한 학자들이 있다. 한국 신학을 한 학자
들의 신학은, 유동식의 풍류 신학, 윤성범의 성誠의 신학, 김광식의 언행일
치의 신학, 허호익의 천지인 신학, 서남동·김재준·안병무의 민중 신학,
강원돈의 물物의 신학, 박종천의 상생의 신학, 변선환의 다원론 신학, 유영
모·김흥호의 유교적 기독교 신학 등이다.

　곽노순은 "동양 신학의 토대와 골격"이라는 글을 통하여 동양의 풍요로
운 종교 체험과 지평을 융합하는 '해석학적 접근'을 시도한다. 이러한 신학
적 작업은 한국의 많은 학자들이 예수 그리스도를 만나는 체험에서 비롯된
것으로서 독특한 한국 문화 신학이 된 것이다.[28] 한국 문화적 성서 해석이라
는 방법론이 제시되지는 않았지만 한국 문화의 본문과 성서의 비교 연구는
있었다. 곽노순은 "삼국유사와 성서"라는 글에서 한국인의 정신적 풍토를
담고 있는 문헌들을 상고하면서 성서의 이야기를 음미할 때 성서를 더 잘
이해하고 소화할 수 있다고 주장한다.[29] 그는 고려 충렬왕 때 국존 김경명과
그의 제자들이 저술한 책에서 이스라엘 역사의 자료들의 배경을 알 수 있다
고 하고, 선덕여왕과 솔로몬의 지혜를 비교하기도 하고, 백제의 마지막 왕
인 의자왕 이야기에서 모세의 이집트 재앙 이야기와 비교한다. 이러한 작
업을 통하여 성서와 『삼국유사』를 비교 연구한다. 그는 맺는말에서 두 책
의 비교 연구의 의미를 다음과 같이 말한다.

---

28 김경재, "한국문화신학 형성과 기독교 사상", 기독교사상 편집부 편, 『한국의 문화와 신학』
　　(서울: 대한기독교서회, 1992), 174-189. 많은 학자들의 연구 목록들이 제시되어 있다.
29 Ibid., 277-78.

"성서는 중동 아시아 문화권에서 생긴 일들을 적어 놓은 고서古書요, 삼국
유사는 극동 아시아 한반도에서 일어난 일들을 수집해 놓은 책이다. (중략)
여러 민족들이 그동안 농사 지어 온 다양한 체험들을 추수할 때가 가까이 왔음
을 예감케 된다. 이런 하느님의 흩으심과 모으심의 경륜을 피부로 느껴, 다양
한 표현들을 나란히 놓고 음미할 때 성서의 이야기들을 보다 심도 있게 체질화
할 수 있는 것이다."[30]

곽노순의 작업은 한국 문화적 성서 해석의 전형을 보여 주었다. 이 작업
은 구약 연구에서 양식 비평적 방법과 유사하다. 고대 근동의 문학 양식에
서 구약의 본문과 유사한 본문을 찾고, 구약 본문의 삶의 자리Sitz Im-Leben
를 묻는다. 그리고 그 본문을 해석하고, 그 의미를 연구하는 방법이다. 그래
서 한국 문화적 성서 해석은 한국의 문화를 담지하고 있는 고대 문헌들과
성서를 비교하고 이해하는 양식 비평적 방법Form Criticism으로 보아야 한
다. 따라서 성서 연구 방법 중에 양식 비평적 방법을 차용하여 한국 문화를
가진 본문을 연구하는 것이다. 이 두 본문을 비교 연구하여 한국인의 문화
와 역사, 한국인의 심성을 이해하고 고대부터 전해 내려오는 한국인의 문
화를 해석하며, 그를 통하여 성서의 깊은 이해를 도모하는 작업을 진행한
다. 이 비교 작업 전에 성서의 본문을 먼저 이해하는 것이 선행된다. 또한
한국 문화를 이해하고 한국 문화를 보존하고 발굴하는 일이 필요할 것이다.
    이 연구를 위해선 인류학적 방법과 기호학, 구조주의 등의 방법들이
필요하다. 한 문화, 이스라엘 역사와 문화를 이해하기 위해서는, 한국의
역사와 문화를 이해하고, 그리고 고대의 문화를 읽어내기 위한 작업으로서

---

30   Ibid., 278.

인류학적 방법을 사용해야 한다.[31] 왜냐 하면 인류학에서는 고대의 문화와
풍속, 제의와 인종, 타문화의 비교와 유사점을 연구하기 때문이다.[32] 구조
주의도 문화 인류학과 인접된 학문으로써 고대인의 문화 상징이나 의미
등을 연구한다. 오늘날 기호학에서는 이러한 연구 방법의 결과들을 통하여
본문의 의미를 찾아낸다. 따라서 구조주의와 기호학 방법들은 문화의 구조
와 의미를 찾아내는 데 유용한 도구가 된다.[33]

그 다음 한국 문화적 성서 해석 방법론의 일차 문헌으로서 한국 문화적
문헌들을 살피는 작업이 요구된다. 여기에는 한국학에 대한 연구가 수반되
어야 한다. 또한 한국 문화와 사상에 대한 연구도 뒤따르게 된다. 한국의
사상은 불교와 유교(성리학), 실학에서 찾을 수 있다. 김환철은 우리 역사
속에 기독교와 실학의 만남에 대하여 연구하였다.[34] 윤사순은 『한국의 사
상』이라는 책에서 원효 사상의 화쟁적 성격, 원측의 유식사상, 의상의 법화
도, 대현의 대승계율사상, 도선의 도식사상, 균여의 성상융회사상, 의천의
천태사상, 보조국사의 돈오점수, 일연의 사상 등을 소개하고 있고, 이 외에
도 35개의 사상을 소개하고 있다.[35] 한태동은 동서양의 사유의 구조를 분석

---

31 김종일, "신학의 인류학적 접근", 기독교사상 편집부 편, 『한국의 문화와 신학』(서울: 대한기독
     교서회, 1992), 352 -373.
32 로버트 윌슨, 『고대 이스라엘의 예언과 사회』, 최종진 역(서울: 애찬사, 1991), 33-39. 폴히버
     트, 『선교와 문화 인류학』, 김동화·이종도·이현모·정흥호 역(서울: 죠이선교회출판부, 1996),
     26-38.
33 서인석, 『성서와 언어과학: 구조분석의 이론과 실천』(서울: 성바오로출판사, 1984), 110-
     210.
34 김환철, 『실학과 그리스도교의 만남』(서울: 나단, 1994), 373-547.
35 윤사순·고익진 편, 『한국의 사상』(서울: 열음사, 1984), 77-353. 진우의 원융사상, 정도전의
     사상, 권근의 사상, 함허의 선관과 삼교회통론, 조광조의 지치주의, 이언유의 성리철학, 서경
     덕의 기일원론, 이퇴계의 심성론, 기대승의 사단칠정론, 조식의 선비정신, 이율곡의 이기론,
     이지함의 경제사상, 서산대사의 회통사상, 허균의 개혁사상, 유형원의 실학정책론, 박세당의

하고 인식론적인 측면에서 퇴계와 율곡, 의상과 원효의 인식구조를 파악하
고 있다.[36]

　윤성범은 1961년, 「한국 신학의 방법서설」에서 한국 전통 문화 속의
단군 신화, 정감록, 율곡의 사상과 같은 한국의 재래 문화적 자료들을 소개
하였다. 그 외 우리나라 고대사의 자료로 『한단고기』가 좋은 역사 자료가
될 수 있다.[37] 한국 역사를 기독교 사관으로 풀어낸 함석헌의 연구는 역사
연구의 좋은 효시가 되었다.[38] 이렇듯 유교·불교·도교·동학의 대표적
문헌들과 한국 신화들의 기본 문헌이 된 자료를 유용하게 연구할 수 있다.[39]
이러한 문헌들과 성서 이야기와 비교하는 작업을 통하여 한국 문화적 성서
해석의 기초 작업을 하게 된다. 이 작업을 수행하는 과정에서 한국인의
관점에서 성서를 보는 체계적 방법론이 요구되고, 그 결과 한국 문화적
성서 해석 방법론이 형성될 수 있다. 한국의 고유한 것이 무엇인가. 그것과
성서의 관계는 무엇이며, 그 차이점과 유사점은 무엇인가라는 질문을 통하
여 이스라엘 신앙과 기독교 신앙의 독특성을 찾을 수 있고, 그 속에서 한국

경학관, 정제두의 양명학, 이련(외암)의 인물성구동론, 한원진의 인물성이론, 이익의 실학사
상, 박지원의 비판정신, 홍대용의 근대지향의식, 박제가의 북학사상, 임성주의 유기론, 다산
의 철학, 이항노의 주리사상, 최한기의 기철학, 기정진의 철학의 실천적 성격, 전우의 사상,
최제우의 신관, 곽종석의 사상, 박은식의 애국계몽사상, 백용성의 대각사상, 만해사상의 요
체, 신채호의 역사사상 등이다.

36 한태동, 『사유의 흐름』, 81-88, 327-352.

37 임승국 편역, 『한단고기』(서울: 정신세계사, 1986), 49-121. 이 한단고기는 1911년 계연수가
편찬한 책이다. 단군 신화에 대한 내용이 『단군세기』에서 이암 문정공에 의해 소개되고 있다.

38 함석헌, 『뜻으로 본 한국 역사』(서울: 한길사, 2003). 이치석, 『씨올 함석헌 평전』(서울: 시대의
창, 2005), 296-333.

39 금장태, 유동식, 『한국 종교 사상사』(서울: 연세대학교출판부, 1986), 5-178. 김태곤, 『한국민
간신앙연구』(서울: 집문당, 1983), 212-313. 이기영, 「불교편」, 이동준·이기영·이정선 편,
『전통문화의 가치관』(서울 문우사, 1982), 199-391. 황패강, 『한국의 신화』(서울: 단국대학
교출판부, 1988), 5-6.

인의 심성에 맞는 신앙 이해와 한국인의 새로운 신학이 형성 될 수 있는 가능성이 열릴 수 있다.

또한 지금까지 서양 신학을 소개하는 수준에 그쳤던 한국 신학이 한 단계 나아가 한국적 신학을 연구하고 발표하여 세계무대에 많이 내놓고 그 중심에 서는 날, 세계 신학에 동양의 신학으로서 한국 신학이 기여할 수 있는 여지가 생기게 되고, 서구 신학이 해결하지 못한 문제들을 많이 해결하여 성서학과 신학의 지평이 넓어질 것이다.[40] 서양과 동양이 만나는 한국 땅에서 통일 신학이 가능하게 되는 것이다.[41] 한국의 신학이 동양 신학과 서양 신학이 융합된 신학으로서 통일 신학이 되며 창조적 신학 작업을 전개함으로써, 앞으로의 신학은 한국에서 새로운 기원을 가지고 발전될 수 있는 지평이 열리게 될 것이다.

4. 한국 문화적 성서 방법론을 주창하며

한국 문화 신학적 성서 해석 방법론은 무엇인가. 어떻게 이 용어를 사용할 수 있는가, 있다면 그 방법론은 무엇인가. 한국 문화로 신학을 한다는 것은 한국 문화 신학이라는 거시적 담론과 조직신학적 차원을 내포하고 있다. 이와 같은 선상에서 성서 해석을 어떻게 해야 하는지를 묻는 것과, 거시적 관점에서 성서와 신학 전반에 걸쳐 논의하는 과정에서 성서를 인용하거나 성서의 사상을 포괄적으로 사용하여 한국 문화 신학적으로 성서를

---

40 한정관,『아시아인의 신학과 신앙』(서울: 가톨릭출판사, 1994), 17-59.
41 박신배, "통일 신학과 통일 리더십",『구약의 개혁 신학』(서울: 크리스천헤럴드, 2006), 321-350.

해석을 하는 작업을 방법론이라 말할 수 있다. 하지만 한국 문화적 성서 해석 방법론은 한국 문화와 성서라는 두 차원에서, 미시적 관점으로 두 문화의 평행과 차이점을 포착하여 비교 평가하고 새롭게 해석하며 연구하는 방법론이다. 이미 앞에서 언급하며 지적하였지만 '한국 문화적 성서 방법론'이라는 이름으로 다시 한 번 정의해 보자.

1) 개념의 정의

한국 문화적 성서 방법론(비평, Korea Cultural Biblical Criticism)은 한국학과 한국 문화 신학의 한국적 주제들을 연구하고, 성서 비평(방법론) 중 양식 비평Form Criticism의 방법을 적용하며, 신학적 방법론으로 성서 해석학, 조직신학적 해석학, 신학적 방법론 등을 연구하는 복합적 연구이다.[42] 여기서 한국 문화라는 상황과 구약성서의 히브리 문화와 신약성서의 헬라 문화를 동시에 생각하여 문화적 차이를 구별해낸다. 또한 비슷한 문화 개념을 찾고 서로 다른 문화의 차이를 이해하는 작업을 통해 한국 사람들의 문화에 맞게 성서를 바르게 이해할 수 있는 이론을 정립한다. 한국 신학은 태극 신학이라는 차원에서 태극 신학의 방법론을 추가적으로 적용할 수 있을 것이다.

2) 연구의 목적과 특성

한국 문화적 성서 해석은 한국 문화라는 국지적 특성과 성서 해석 방법이라는 성서적 해석학의 신학적 특성이 결합된 것이다. 여기에는 한국 문화

---

42 김성원,『신학을 어떻게 할 것인가: 신학방법의 유형에 관한 개론적 고찰』(서울: 대한기독교서회, 2001), 68-158.

라는 거대한 문화의 지평, 종교와 문학, 예술의 차원에서 각 시대마다 다른 역사의 지평을 이해하여 한국인의 심성에 맞는 신학을 만드는 작업이 요구된다. 그러나 구약과 신약의 성서 문화를 이해하여 한국 문화에 맞추어 해석하고 이해하는 작업은 쉽지 않은 것이다. 따라서 성서 해석학과 성서 연구방법론, 특히 양식 비평과 구조주의 비평, 인류 문화적 비평이 요구된다.

이 성서 연구에 따르면 한국 문화 이해가 필연적으로 수반된다. 성서 본문과 한국 문화 이야기 본문은 평행이 되어야 한다. 성서 본문과 한국 문화를 나타내는 두 평행 본문의 문헌을 비교, 연구함으로써 성서의 정확한 이해를 도모함을 물론, 한국 문화에 대한 바른 이해도 꾀할 수 있다. 이는 고대 근동 문서와 성서 본문과 비교 연구하는 양식 비평 방법과 유사하다.

그러므로 성서 본문을 이해하는 작업이 선행되고, 그 후에 그와 유사한 한국 문화 본문을 찾아 비교 연구하여, 한국인에 맞는 한국적 성서 해석과 한국의 신학을 창조한다. 나아가 살아 있는 성서 해석을 함은 물론, 한국 문화의 재발견과 더불어 한국인으로서 주체성 있는 신학 연구 작업을 수행하게 된다. 이것을 통해 우리 사회 전반에 걸쳐 전통 문화의 이해의 지평을 넓혀 가고, 우리 것에 대한 가치를 높이는 계기가 될 때, 우리 것이 세계적인 것이 될 수 있다. 그리고 작금에 처한 서양 문화의 위기와 한계를 우리 동양 문화 속, 한국문화가 해결할 수 있는 길을 여는 단초가 될 수 있다. 이 한국 문화적 성서 해석 방법론은 우리 신학인 태극 신학 연구방법론에도 적용된다. 따라서 한국 문화 신학은 우리 문화적 성서 해석과 더불어 태극사상으로 푸는 태극 신학의 폭넓은 이해로 그 의미가 새로울 것이다.

3) 새로운 창조적 해석

한국 문화 이야기와 성서 이야기를 연구한 다음에 실천을 위한 창조적 해석을 한다. 다시 한 번 질문하자. 한국 문화적 성서 해석 방법으로 성서를 연구하는 목적은 무엇인가. 왜 한국 문화로 성서 문화, 성서 본문을 대치하여 살펴보고, 비슷한 이야기를 찾는 작업이 필요한가. 이 작업을 통하여 한국인의 심성과 전통, 의식구조를 파악하여 한국인에 맞는 성서 이해에 도달하게 된다. 그러면 우리는 여기서 "한국이 아닌 다른 나라에서도 그 나라에 맞는 성서 해석을 해야 하지 않는가?"라고 질문할 수 있다. 그러면 상황적 성서 해석이 되지 않는가. 물론 아시아적 성서 해석이라는 차원과 같이 블럭화된 제3세계의 성서 해석이 있는 것처럼, 한국 문화적 성서 해석 방법이 지역적·상황적 방법론이 될 수 있다. 하지만 그러한 성격으로 인해 보편적 방법론이 아니라는 한계가 드러나더라도 여성 신학과 민중 신학이 갖고 있는 고유한 신학적 해석의 장점과 기능들은 살아나게 된다. 한국 문화적 성서 해석은 아시아적 성서 해석과 맥을 같이하면서 한국이라는 독특한 문화가 갖고 있는 동양적 사유와 문화의 배경에서 특수하고 의미 있는 창조적 해석이 가능하다. 이 해석은 그동안 서구 신학 방법론이나 성서 해석 방법으로 풀지 못한 문제를 해결할 수 있는 가능성이 있다.

창조적 해석은 본문의 이해와 해석 작업을 통하여 결론부에서 도출할 수 있는 의미론이다. 구조주의 비평, 기호학에서 설화적 구조(통사론)와 술화적 구조(의미론) 두 부분을 연구하고 나서 마지막 기호학적 사각형을 도식을 통하여 마지막에서 의미 생성을 하며 창조적 해석으로 결론에 이른다.[43] 한국 문화 이야기와 성서 본문 비교와 상통 본문 이야기들에 관한

---

43 서인석, 위의 책, 182-212. 최기수, "구조주의 비평을 통한 호세아 1장 연구", 『구약논단』

연구를 통하여 창조적 해석을 위한 단초들을 얻을 수 있고, 현대 문화에서 야기되는 많은 문제점에 대한 새로운 통찰력을 얻을 수 있다.

박정세는 희생자와 부활이라는 주제로 성서에 기록된 예수의 고난과 부활 이야기와 한국의 원혼 설화, 그리고 아메리카 인디언의 유령 춤을 비교 연구한다. 예수 그리스도가 부활하여 보이심은 어떤 세상적인 언어로 도, 종교적 신비주의 언어로도 분류해 낼 수 없는 특별한 것이라고 인용한 다.[44] 또한 원혼 이야기를 통하여 고난받는 민중이 자신들에게 고통을 가져 다주는 대상에게 자신들이 당한 고통을 그대로 보복하기를 원하는 심성을 파악한다. 그는 아메리카 인디언의 유령 춤 연구를 통하여 그들의 현실적 난관에 부딪쳐 극도의 불안감과 분노로 점철되는 삶 속에서, 유령 춤이 그들의 모든 문제를 해결해 주는 효과적인 탈출구임을 밝힌다.

박정세는 희생자와 부활의 세 이야기를 통하여 나름대로의 창조적 해 석을 도출한다.

"우리 주변의 희생자들에 대해 하나님의 고난 받는 종이라는 인식을 가지고 하나님의 선교에 매진할 수 있게 한다. 즉, 고난의 종에 대한 해석 을 이스라엘이나 예수 그리스도에 국한하지 않고, 고통 받는 사람들을 작은 그리스도로 이해하는 데서 출발하는 것이다(사 53:4-5). 우리가 희 생자를 고난의 종으로 받아들일 때 희생의 악순환을 극복해 낼 수 있다. 고난의 종에 대한 새로운 인식이야말로 정의에 대한 책임을 전제하는 것 이다. 고난의 종에 대한 올바른 인식이 성취될 때 결코 원혼이 존재할 수

21집(한국구약학회), 108-124. 최근의 구조주의 방법론에 의한 구약성서 본문(호세아 1장) 을 적용한 연구이다.

44 박정세, 위의 책, 227. 재인용, R. H. Fuller, *The Formation of Resurrection Narrative* (Philadelphia: Fortress, 1980), 27.

없는 것이다."[45]

그는 억울한 사람의 죽음과 한국인의 원혼 해원 이야기, 그리스도의 죽음과 부활 이야기를 통하여 한국인의 심성에 맞는 해석과 이해를 도모하며 부활 이야기를 재해석하고, 더 나아가 고난받는 사람들에 대한 의미 확장을 통한 확대 해석과 창조적 해석을 시도하고 있다. 따라서 이러한 문화적·창조적 해석 작업은 실천을 강조하는 신학적 요구를 충족할 수 있는 길을 열어준다. 한국 문화적 성서 해석의 결론부에서 형성된 창조적 해석은 사람들에게 자신들 나름대로의 의미 있는 창조적 해석과 실천을 생성하도록 유도한다.

맺는 말

지금까지의 연구를 통하여 한국 문화적 성서 해석 방법론의 가능성과 그 연구 방법론의 의미, 그리고 어떠한 방법론인지에 대해 살펴보았다. 앞으로 이 방법론이 계발되어 깊이 연구하고 적용하는 연구들이 많이 나오기를 기대해 본다. 앞에서도 살펴본 대로 많은 학자들이 한국 문화와 기독교, 문화와 그리스도, 복음과 한국 문화라는 관계에서 어떻게 복음을 잘 이해할 것인가 하는 문제를 가지고 씨름하였다. 이미 연구한 한국 문화 신학의 바탕에서 기독교 경전인 성서를 바탕으로 한 연구 방법이 계발·발전·정착되어 연결된다면, 필자는 구약성서학자로서 성서 연구 방법론 중 새로운 한 방법론으로 정착할 수 있는 가능성이 열릴 것이라는 작지만 원대한 소망

---

45 Ibid., 244-245.

을 가진다. 왜 아시아적 성서 해석은 있는데, 한국 문화적 성서 해석은 없는 가. 그 이유는 이미 많은 연구 작업을 하였다 하더라도 아직 방법론적 측면에서 정립이 되지 않았기 때문이다. 이제라도 성서학자들이 좀 더 성서 연구 방법론으로 새로운 한국 문화적 성서 해석 방법론을 연구하고 탐구하여 보다 많은 연구 결과를 제시할 수 있기를 바란다.

이 성서 방법론은 성서 신학의 연구를 풍부하게 하며, 태극 신학의 방법론으로서 한국인의 심성에 딱 들어맞기 때문에 많은 공감을 일으킬 것이라고 믿는다. 그것이 한국 땅에서 성서 신학을 하는 학자들과 연구자들의 보람이 아니겠는가. 그리고 그러한 작업이 우리의 사명이 아닌가. 이런 과제는 이제 우리의 시대적 요청에 부응하였다. 우리는 우리 것에 대한 가치를 깨닫고, 우리 것을 사랑하고 그것을 펼치려할 때 가슴 벅차오르는 감격을 느끼며, 비로소 후대에 남겨 줄 신학적 유산이 있지 않겠는가. 여기에 한국 문화 신학의 과거 오늘의 현주소가 있고, 앞으로 밝은 미래가 펼쳐지리라 본다.

2장

한국 문화 신학자 김교신

　김교신, 그는 과연 신학자, 문화 신학자였는가. 이 장에서는 김교신 (1901-1945)의 신학에 대하여 묻는다. 먼저 인간적인 측면에서 교육가 · 학자 · 지리학자 · 박물학자로서 김교신에 대하여 살피고, 신앙인으로서 김교신에 대하여 성서관과 그의 무교회주의 신앙을 다룬다. 마지막으로 신학자 김교신에 대하여 역사관 · 역사가 · 문화관 · 신학자 · 문화 신학자 · 신학의 토착화 작업에 대하여 연구하고자 한다. 일차 자료로서 김교신 전집을 중심으로 다루며 그에 대한 이차 자료를 참고하고자 한다.[1] 지금까지는 교육자, 애국자로서 김교신에 대한 연구가 많았다. 이와는 달리 신학자로서 김교신, 더욱이 문화 신학자였는가 하는 질문으로 김교신에 대하여 기술하고자 한다. 먼저, 한국의 문화와 문화 신학이란 무엇인가. 문화 신학이란 복음과 문화의 상관관계에서 만들어진다. 그리스도의 복음은 각 나라 민족에서 문화의 옷을 입고 각기 고유하고 독특한 문화 신학으로 나타난다.

1　김정환, 『김교신』(서울: 한국신학연구소, 1986), 229-231. 일차 자료로는 『성서 조선』지 (1927- 1942년)와 함석헌 · 김교신 공저, 『내촌감삼 선생과 조선』 책이 있다. 이차 자료로는 잡지사 글 15개, 단행본 12권, 연구 논문 17권이 소개되고 있다. 민경배, 김성태, 문정길, 오승태, 박신관, 박상익, 표병적의 연구 논문을 통하여 김교신 연구사를 개괄하고 있다(192-199쪽). 박명홍, 「김교신의 인물론 - 신앙, 교육, 애국 활동을 중심으로」, 목원대신학대학원 학위논문(1983), 4-18. 자료를 소개함.

김교신은 당대에 한국의 창조적 문화 신학 작업을 수행한 신학자이다.[2]
기독교에 영향을 받은 김교신이 어떤 인격을 형성하고 신앙을 갖게 되었는
지, 신학이 어떤 모양으로 나타났는지 살펴보자.

1. 인간 김교신

김교신은 우치무라 간조의 문하생으로 들어가 7년 동안 성서 연구를
통하여 신학적 소양을 쌓은 후, 일본에서 돌아와 교편을 잡고 성서 정신을
계승하고자 『성서 조선』이라는 잡지를 만들어 기독교 신앙-계몽운동을
벌여 나갔다.[3] 그는 교사의 자리(양정중학교 10년, 경기중학교 6개월, 개성
송도중학교 5개월)에 있으면서 수많은 제자들을 키우고, 신앙 잡지를 통하
여 다양한 신앙인들을 알게 되었다. 지인들 73명이 선생을 추모한 문집,

---

2 최인식, 『예수와 문화』(서울: 예영커뮤니케이션, 2006), 31. 창조적 문화 신학은 문화 속에
   존재하며, 동시에 문화를 초월하는 것이다. 문화를 신학의 관점에서, 신학을 문화의 관점에서
   이해하는 것이 문화 신학적인 작업이며, 문화 신학은 복음의 '토착화' 문제를 다룬다(43-44).
   최인식의 문화 신학 정의는 다음과 같다. "문화의 본질과 그에 대한 규범을 드러냄으로써 종교
   와 문화 간의 창조적이며 역동적인 신학적 입장을 세우기 위한 학문적 탐구이며, 이를 위해
   예수 그리스도의 삶과 사상에서 드러난 예수 하가다(이야기)의 틀을 통해 교회가 경험하고
   있는 다양한 문화에 대해 본질적, 규범적 태도를 제시함으로써 예수가 이루고자 했던 하나님
   나라의 문화를 오늘의 문화 한가운데서 창조하는 신학적이며 실천적인 학문이다." 57.

3 임성빈, 「김교신의 윤리사상 연구」, 장신대학원 학위논문(1990), 6. 김교신의 생애 참조. 김교
   신은 1901년 4월 18일 함남 함흥 사포리의 엄격한 유교 가문에서 출생, 1919년 3월 유학,
   동경 정칙영허학교 수료, 1922년 동경고등사범학교 영어과 입학, 다음해 지리 박물과로 전과,
   1927년 동교 졸업, 귀국하여 함흥영생여자 고등보통학교 교편, 7월부터 『성서 조선』 창간.
   1928년 서울의 양정고보로 이전, 1930년 5월(16호)부터는 주필로 책임편집 맡음. 1942년
   3월 20일 『성서 조선』 제158호 서문 조와(弔蛙)가 빌미되어 폐간. 성서조선 사건으로 함석헌,
   송두용, 류달영 등 12인과 1년간 옥고를 치름. 출감 후 함흥질소비료 공장에 들어가, 사역을
   하며 해방을 고대하다가 1945년 4월 25일 발진티푸스로 사망한다.

『김교신과 한국』(제일출판사)이 발간되기도 하여, 김교신 연구는 그의 숭고한 정신으로 인해 계속되고 있고 매년 많은 논문과 저작이 나오고 있다.[4]

김이희(김교신 선생의 7촌 조카) 씨는 집안에서 들은 김교신에 대하여 다음과 같이 증언한다. "우리가 어려서부터 집안에서 들은 가장 두드러진 선생의 성격으로는 단도직입적이어서 부당한 일에는 일호一毫의 타협이 없으며, 매사에 엄격하고 강렬하고 정진 노력하는 면이 강하셨다"고 했습니다.[5] 김교신은 전형적인 유교 윤리의 이상형 군자君子상과 더불어 기독교 인간상을 추구하였다. 예민한 양심을 지니고 예수, 바울, 루터의 넋과 모세의 정의감을 추구한 인물로서 '조선과 예수를 위하여' 산 사람이었다.[6] 그는 농사를 직접 짓기도 하고 직접 서재를 건축하며 노동을 강조하였다.[7]

김교신은 가정적이면서 여성의 역할에 큰 비중을 두었다. 유교적 가부장적 구조가 지배적인 시대에 그는 가사를 돕고 대가족을 돌보며 가정을 위한 노동의 삶을 실천하였다.[8] 그는 손수 집을 짓는 건축가였고, 동물을 키우고 채전을 일구는 농사꾼으로, 한국 지리 박물학자로서 문화적 소양을 가졌던 것이다. 문화학자인 김교신은 건축 용어로서 조선 건설의 희망은 진실한 인물의 출현에 있다고 표현한다. "신뢰할 만한 목수 1인, 그는 정치가, 교육가 이상의 대인물이요. 건실한 미장이 1인은 구설口說의 종교가 이상의 소망을 우리에게 약속한다."[9]

---

4   김정환, 『김교신: 그 삶과 믿음과 소망』(서울: 한국신학연구소, 1994), 349-392. 35종의 문헌
    들—논문, 일차 자료, 신앙 월간지, 신앙 문집—을 소개하고 있다.
5   노평구 편, 『김교진 전집 별권: 김교신을 말한다』(서울: 부키, 2001), 397.
6   임성빈, 앞의 논문, 16-19.
7   Ibid., 47, 56. "노동의 생활은 우주의 법칙이다", 재인용, 『김교신 전집 4』(1988), 성서연구,
    396.
8   Ibid., 59-66.

중앙신학교(강남대학교 전신)를 설립한 이호빈 목사와 친분 관계를 가졌던 그는 이용도, 손양원, 전영택과도 친분이 가까웠다.[10],[11] 성서연구회는 정상훈, 류영모, 최태용, 류석동(수원), 송두용(오류동)과 함께 강연하고,[12] 양인성(평북 선천), 함석헌(오산) 등은 지역에서 혼자 강연을 하였다.[13] 또 그는 남강 이승훈 선생과 교류가 있었고, 우치무라 간조內村鑑三를 존경하여 『성서 조선』지 17호로 그 두 분의 기념호를 만들었다.[14] 우치무라 간조를 유일한 선생이라고 밝히기도 한다.[15] 일본인 사토 교수, 사이토齊藤又吉, 동경의 나가시永井久錄, 오카아사 지로 박사와 친분을 갖고 대화를 하며, 기독교인으로서 사랑의 교제를 나누었다.[16] 그는 특히 소록도의 나환자들의 친구가 되었고, 그중 문신활 씨와는 신앙의 편지를 주고받는 막역한 관계였다. 그들을 얼마나 사랑하는지, 다음은 그 대목이다.

"1935년 3월 16일(토), 편집 조판까지 마친 후에 소록도 통신을 접하였다(본 전집 2권, 『신앙론』, 102쪽「나환자의 음신을 받고」참조). 이것은 주필의 일생에 가장 큰 사변事變의 하나이다. 이 일을 지우들께 알리기를

9 Ibid., 70. 재인용, 『김교신 전집 2』(1988), 39.
10 노평구 편, 『김교신 전집 5: 일기 I』(서울: 부키, 2002), 65. 1931년 11월 2일(월) 일기. 간도 용정촌 감리교회 이호빈(李浩彬) 목사를 언급한다. 강남대학교 우원사상연구소 편, 『우원 이호빈 목사의 생애와 사상』(서울: 크리스천헤럴드, 2006), 25-59. 이 책에서는 김교신에 대한 언급이 없다.
11 최성민, 「김교신의 교육사상: 성서연구방법론을 중심으로」, 장신대학원 학위논문(1984), 37.
12 오정숙, 『多石 유명모의 한국적 기독교』(서울: 미스바, 2005), 9, 69. 여기서 오정숙은 유영모를 김흥호, 함석헌, 김교신, 이정호, 서영훈 등 민족 지도자들의 스승이라고 언급한다. 스승이라기보다는 동지로서 학형으로 보는 것이 낫다. 1927년 유영모(37세)는 김교신(28세) 등 『성서 조선』지 동인들에게 잡지 발간에 함께하자는 권유를 받았지만 사양했다고 한다.
13 노평구 편, 앞의 책, 16, 18-28, 129.
14 Ibid., 13-14.
15 김정환, 『김교신』, 209. 재인용, 민경배, 『한국민족교회 형성사론』(연세대학교출판부, 1974).
16 Ibid., 130, 217, 260.

지체할 수 없었다. 반도의 유위有爲한 청년들이 복음을 요구하지 않고, 유리한 전도지를 교권자 제씨諸氏가 강하게 독점하고자 할진대 우리는 애석할 것 없이 퇴각하여 소록도의 5천 명 친구에게 가리라. 병자라야 의약이 필요하다. 단 면수의 한정으로 인하여 조군의 요한복음이 2면만으로 단축된 것은 미안 천만."[17]

인간적으로 나약한 면도 보이지만 다시 올곧게 추스르는 인간 김교신이다.

"오늘도 박물실에서 여러 시간 부란孵卵하는 암탉처럼 원고지를 움켜잡고 앉았다가 기어이 성산成産이 안 됨을 분내어 궐기蹶起한 것까지는 가可하였으나, 그 바람에 숙직실에 바둑 3회에 이르다. 바둑도 3판 2패 하였으니 심화 위에 심화를 더하였거니와, 그동안에 2시간 반이라는 시간이 영원히 유실되고 만 것을 깨달으니 원통함과 미안함이 새삼스럽게 가슴에 복받치다. 박물실에 숨어서 절치통곡切齒痛哭. 한번 잃은 시간을 다시 잡을 도리도 없으니 다만 스스로 책責하기 위하여 새벽까지 집필. 오늘 할 일을 간신히 다하다."[18]

일제 말기에 일본이 '황국신민선서'를 『성서 조선』에 게재할 것을 강요하며 압력을 가하자 김교신은 오랜 고심 끝에 '하나님의 것은 하나님께, 가이사의 것은 가이사에게'를 택하여 "사회정치 문제에는 터치 않기로 결정"하고야 말았다. 이러한 결단은 "그렇다. 땅에 있는 것을 위하여, 시대적인 문제들을 위하여 상심할 필요는 없다."[19] 그는 나름대로의 신앙적 합리화로 『성서 조선』의 단호한 신앙적 입장을 일보 후퇴하고 있다.

---

17 Ibid., 279.
18 노평구 편, 『김교신 전집 5』, 345-46.
19 임성빈, 「김교신의 윤리사상 연구」, 85.

정구 선수, 농구 감독, 운동을 좋아하고 즐기는 만능 스포츠 인으로,
마라톤 선수 손기정을 지도하고, 그를 위하여 응원 지휘함으로써 세계 최
고 기록을 낳도록 산파 역할을 하여 인물을 배출한 세계적 마라톤(스포츠)
지도자였다.[20] 김교신은 인생 후반에 민족의 고난과 함께하는 순교자의 생
을 살았다. 흥남질소비료 공장에 취직하여 5000명의 강제 징용 동포들을
위해 주택과 위생 관계 일을 하면서, 교육하고 계몽하며 복음을 전하였다.
해방을 기다리며 제자들을 불러 모으고 새 시대를 준비하려 했다. 해방이
되던 해인 1945년 4월 노동자들 사이에 발진티푸스라는 전염병이 돌자
자기 몸을 볼보지 않고 한 사람이라도 더 구원하려다가 그만 자신이 병에
감염되어 희생하고 말았다.[21] 그는 민족 해방을 불러오는 모세와 같은 예언
자로서 직무를 다하며 자신의 마지막 생애를 불사르며 마감하는, 겨레의
고난받는 작은 메시아였다. 일제라는 암흑의 제국시대에 태극의 한 끝에서
새로운 해방의 시대가 도래하리라는 희망을 품고 태극의 역사관을 지녔던
소망의 태극인이었다. 태극의 역사관은 꽉 막힌 출구가 없는 공간과 같은
희망이 없는 절망의 미로에서 무극으로 해방의 출구를 바라볼 수 있는 역사
가의 열린 역사관이라고 말할 수 있다. 그러면 한국의 태극인은 무엇인가.
그는 한국 고유의 태극사상을 알고 우주적 그리스도를 이해하고 태극 신학
을 하는 문화 신학자라고 할 수 있다.

---

20 Ibid., 406, 412-413.
21 김정환,『김교신: 그 삶과 믿음과 소망』, 175-180. 류달영에게 보낸 편지, 이창호는 이미
    흥남에 와 있고, 함석헌, 김종흡, 박희병을 초청함. 참고, 서정민,『겨레 사랑 성서 사랑, 김교신
    선생』(서울: 말씀과 만남, 2002), 155.

1) 스승 김교신

선생의 인격은 한마디로 '그리스도를 만난 조선의 선비'라고 말할 수 있을 것이다. 선생은 기독교를 '조선 김치 냄새나는 기독교'로 만들 것을 목표로 일생 동안 한국인의 심령에 뿌리를 박은 기독교를 추구했으며, 이를 위해 일체의 '인공적인 부흥의 열'을 배제하고 '천품의 이성과 인간 공유의 양심'을 견지하면서 '냉수를 쳐가며' 냉정한 중에 성경을 연구했다. "조선을 알고, 조선을 먹고, 조선을 숨 쉬다가 장차 그 흙으로 돌아가리니 불역열호不亦說乎"라고 말한 선생에게서 우리는 진정한 조선 선비의 풍모를 접하게 된다.[22]

김정환은 말하기를 김교신은 가장 이상적인 한국인상을 보여 준다고 하며, 한국인의 이상적인 인간상은 바로 선비상像이라고 말한다. 이 선비상의 인격적 특질은 학자적 자질, 예술적 기질, 의지적 기질이라고 정의하고, 다시 그것을 설명한다. "학자적 기질이란 삶의 진리 자체를 묻는 데 바치는 생애를 이름이며, 예술적 기질이란 마음의 여유를 갖고 사는 생애, 그리고 지사적 기질이란 정의 실현을 위해 살며 정의가 이루어지지 않을 때는 들에 묻히는 재야적在野的 생애를 이름이다."[23] 이런 선비로 이퇴계, 신사임당, 전봉준을 들면서 김교신은 이 선비 기질을 다 갖고 있고, 종교적 기질과 눈물 많은 다혈기적 기질을 더 지녔다고 밝힌다. 바로 김교신은 선비였고, 한국의 문화인이었다. 그는 아가페적 사랑, 그리스도의 사랑, 예언자의 파토스를 가지고 있는 조선의 선비로서, 예수 정신의 독립 운동가와 민족의 스승으로서 고난받는 시대에 메시아의 종으로 나타난 것이다.

---

22 노평구 편,『김교신 전집 1: 인생론』, 10. 박상익의 글.
23 김정환, 앞의 책, 91-92.

다시 말해 그는 우주적 태극 신학자이며 문화 신학자였다.

2) 교육가 김교신

대학의 교수보다는 중·고등학교의 교사가 학생과 더 많은 교육적 관계와 인격적 접촉을 가진다. 1년 동안 같은 반에서 매일 학생들과 함께하는 교사의 생활은 학생과 동고동락하는 삶이다. 이는 예수가 제자들과 3년 반 동안 동가숙 서가식 하는 생활을 통하여 제자 사랑을 할 수 있었던 것과 상응한다. 김교신은 이러한 교육자로서 교편생활을 하였다. 그는 사랑이 많아서 제자들로부터 많은 편지를 받았고, 그 내용을 일기에 소개하고 있다.[24] 무엇보다도 제자들의 일기를 읽고 학생 지도를 하는 장면은 가히 감동적이다.

"1935년 2월 6일(수) 담임반 생도(제2학년)들의 일기를 열독하고 깊이 감동되다. 17-18세 되는 저희들 중에는 실로 가외可畏할 만한 분투 노력가가 있고, 예민한 양심에 고통하는 자가 있어, 저희들에게 친근하면 친근할수록 저희를 존경하지 않고는 견딜 수 없다. 장래의 위인들을 저희들 중에 볼 때 나 스스로에게 가편加鞭하지 않을 수 없다. 적어도 저희들 담임교사 노릇하는 동안만이라도 나도 분발하여 온고이지신溫故而知新하도록 힘쓰고자 결심하지 아니치 못하다."[25]

특히 김교신은 제자들에게 매일 일기를 쓰도록 하였다. 제자 이경종은 다음과 같이 증언한다.

"입학한 지 얼마 안 되어 김 선생님은 우리들에게 일기 쓰기를 권장하셨

---

24 노평구 편,『김교신 전집 5』, 177-178, 188-196.
25 Ibid., 262.

다. 학급반원 누구나가 다 일기 쓰기를 하라는 말씀인데 그 권장하시는 방법이 강제적이었다. 선생님이 한 사람도 빠짐없이 꼭 꼭 검열을 하시니, 아니 쓸래야 아니 쓸 수가 없었던 것이다. 이러한 강제적인 일기 쓰기의 권장이 계속되기를 약 3년 동안, 그간에 일기 쓰기의 참뜻을 깨닫게 된 학생도 있게 되었고, 그 수효도 점차로 늘어갔었다."[26]

제자 손기정(마라토너)은 "덕으로 가르치는 교사로서 옳은 일이라면 그것을 곧 직접 실천에 옮기는 분"[27]이라 회상하였고, 구본술은 "투철한 관찰로써 대소사물에 대하여 과학적으로 판단을 그르침 없이 하신 것이 비범하셨다"[28]라고 말했다. 윤석중은 김교신의 눈물로써 교육하신 분이라 진지한 교육 자세에 크게 감명받았다고 한다.[29] 그는 양정 생도들에게 '나는 농촌에 돌아간다. Boys be ambitious!'라고 한다.[30] 농촌 계몽과 개척을 권면하고 청년들이 비전을 갖고 나라와 민족을 변화시키기를 염원했던 것이다. 김교신은 교육가로서 생애(45년)를 보내며 조선의 교육 부재, 민족 대학을 세우지 못하는 현실을 한탄하였다. 서당식(훈장)의 인격적 교육이 바른 교육임을 깨닫고 성서 연구에도 적극적으로 적용하였다.[31]

26   김정환, 『김교신』, 212. 재인용, 노평구 편, 『김교신과 한국』(제일출판사, 1972).

27   박명홍, 「김교신의 인물론」, 10. 재인용, 손기정, "비범하셨던 스승님", 「나라사랑 17집」(서울: 외솔회, 1974), 107.

28   Ibid., 10. 재인용, 구본술, "나의 의학공부에 사명감을 주신 스승", 「나라사랑 17집」, 113

29   Ibid., 11. 재인용, 윤석중, "잊을 수 없는 스승", 노평구 편, 『김교신과 한국』(서울: 일심사, 1981), 180.

30   노평구 편, 『김교신 전집 7: 일기 III』(서울: 부키, 2002), 241.

31   임성빈, 「김교신의 윤리사상 연구」, 52-58.

3) 학자(지리학자, 박물학자) 김교신

"김 선생은 학문 그 자체가 완전히 자신의 인생과 하나가 되어 있는 분이었다. 이러한 자세는 그의 정신적 스승인 우찌무라, 동문 야나이바라矢內原 등에게서도 볼 수 있다. 이들은 익히 알려져 있는 바와 같이 무사도 기질 위에 기독교를 소화해서 지니게 된 사람들이다. 무사도 기질이란 무엇인가? 한마디로 주군을 위해서 깨끗하고 충성된 죽음을 택하려고 벼르고 있는 자세를 말한다. 김 선생은 이분들에게서 성경 강의를 들었고, 그들은 김교신을 옛 주군이 가랑家郎을 사랑하듯 만강萬腔으로 사랑했다."[32]

김교신은 학문의 결과가 구도求道의 삶으로 나타났다. 학문과 삶이 별개로 구별되지 않고 학문이 곧 삶으로 나타났다.

"김교신은 학자적 기질의 소유자였고, 꼼꼼하게 사리를 밝히며 원리·원칙을 잘 챙기는 일면이 있었다. 무교회클럽이 학자들의 모임이라든가 또는 학자적인 사람들의 모임이라는 말을 세인들은 곧잘 하는데, 이런 모임에서도 특히 김교신과 함석헌은 그 대표적인 인물이었다."[33]

김교신이 일본에서 유학하면서 영문학에서 지리·박물학으로 옮긴 것도 나라와 겨레를 사랑하는 데서 비롯되었다. 지리 시간을 통하여 한반도 금수강산을 감동 깊이 설명해 주고 이순신 장군이나 세종대왕의 위업과 애국심을 생생하게 일러 주었다.[34] 한국 문화와 역사를 사랑하는 마음이 지리 박물학의 관심으로 나타난 것이다.

김교신은 지리학자, 박물학자로서 성서를 해석하는 데 뛰어났다. 솔로몬의 지혜를 설명하는 열왕기상을 기술하는 단락에서 그는 지식을 백분

---

32 김정환, 『김교신』, 58.
33 Ibid., 93.
34 노평구 편, 『김교신 전집 별권』, 357-58.

활용하여 명필치名筆致를 펼친다.

　"솔로몬은 대왕 다윗의 위位를 이어 즉위하면서부터 평화로운 중에 유대 유사 이래의 최대 강역과 충렬한 공후장졸公侯將卒을 향유하였을 뿐더러(왕상 4:1-28 및 9, 10장), 생래로 현명하여 하나님의 총애와 백성의 신망이 독후하던 위에(3장), 학식의 수련이 넓고 깊어 잠언 3천과 시가 1005수를 불렀고, 식물학에는 현화顯花식물의 송백류松柏類로부터 은화隱華식물의 선태류蘚苔類에 이르기까지, 또 동물학에는 포유류, 조류, 어류로부터 파충류와 기타 일반 포복하는 하등동물에까지 연구가 미쳤다 하니 (4:29-33)."[35]

　지리학자로서 김교신은 이사야를 비유하면서 유명한 산을 언급한다.

　"예언서란 어떤 것인가. 공맹의 도는 중국과 만주의 대평원같이 평탄하고, 석가의 불교는 인도양같이 심원하다 하면, 인생에 나서 이러한 문학을 읽을 수 있었음도 물론 크고 또한 깊은 행복이요 감사가 아닐 수 없다마는 백두산이 없는 만주 평야, 히말라야 산맥이 없는 중국, 인도 평야나 인도양, 알프스 연봉連峰이 없는 구주 평야와 지중해 등을 생각해 보라. 조선반도의 백두산, 아시아주의 히말라야, 구주의 알프스 등이 지평선 위에 우뚝 솟은 것처럼 인류가 소유한 모든 문자 중에서 운표雲表의 세계에까지 쑥 솟아올라온 연봉들이 곧 예언서의 일군一群이다. 실로 평원의 나라에 생장한 이들은 '남아 한번 고려국에 나서 금강산을 보고지고'라고 하였다."[36]

　아모스를 기술하는 김교신은 드고아 지역을 설명하면서 우리 북한산 백운대 높이와 같다고 말할 정도로 우리 문화 지리에 달통한 사람이었다.

35　노평구 편,『김교신 전집 3: 성서 개요』, 84.
36　노평구 편,『김교신 전집 3』, 162.

"드고아는 예루살렘 남쪽 12마일쯤 되는 고원지대의 소읍이었고 현재도 그 이름대로 부른다고 한다. 해발 2천 7백 피트 척呎, 북한산 백운대의 높이와 상등에 달하는 산악지대요, 남, 서, 북으로 석회암 산령이 이어지고 동으로 사해의 험곡을 내려다보는 지점이다."[37]

그는 지리 시간 수업에서 노량진 육충신묘六忠臣墓와 향주 덕양산의 권율 도원수의 사적을 다루었고(1937. 9. 7), 하와이 몰로카이 도島와 신부 다미앙을 말하면서 우리 소록도小鹿島 이야기를 하고(1937. 10. 11), 북지北支의 자원의 전부보다 곡부산曲阜産 공자孔子가 더 크다는 것(1939. 2. 13)을 가르쳤다.[38] 이처럼 김교신은 한국의 지리와 문화, 역사에 달통한 태극인이었다. 여기서 태극인은 한국학의 대가를 말한다.

김교신은 조선박물연구회에서 단체로 명지산으로 식물을 채집하러 다니기도 하고,[39] 천문학에도 관심이 많아 자주 직접 밤하늘의 별을 구경하기도 한다. "일몰 후의 서천西天에서부터 동천東天으로 수성, 금성, 화성, 목성 등 형제 유성들이 릴레이 선수들처럼 나란히 하여 달음박질하는 광경이 하도 찬란하여서 가인家人들과 함께 구경, 찬탄하다(1935년 5월 16일(목) 일기)."[40] 가족들과 함께 멋을 내는 모습은 그의 문화 신학자로서 면모를 보여 준다. 뿐만 아니라 일기에서 자주 저녁 하늘을 보며 하늘의 뜻과 기운을 읽는 작업을 한다. 우치무라 선생 기념강연회 준비를 마치고 저녁 일기를 다음 같이 쓴다. "초저녁 서천에는 목, 토, 금, 화의 제 혹성이 찬연히 나열하였다. 무엇을 위하여 저다지 찬란한 영광일꼬!"[41] 어디를 보나 김교

---

[37] Ibid., 220.
[38] 김정환,『김교신』, 94.
[39] 노평구 편,『김교신 전집 7』, 131-132. 1939년 9월 9일(토), 9월 10일(일) 일기.
[40] 노평구 편,『김교신 전집 5』, 315.

신은 문화인이요 교양인 지식인으로서 어두운 하늘에 빛나는 샛별이었다. 하늘의 아들 김교신은 이처럼 자연을 보며 자연과 함께하면서 우주의 이치를 보는 태극인이었다.

2. 신앙인 김교신

1) 신앙관

김교신은 한반도 전체 지역을 목표로 한 복음 전도의 비전을 가졌다. "과연 앞섰던 자 뒤 되고, 뒤섰던 자 앞서게 될 것이다. 이미 남만주를 위하여 헌명獻命하게 되었으니 또한 북간도와 제주도와 진도, 거제도를 위하여 바칠 형제는 없을까. 심사深思할 때 추추秋인저!"[42]

김교신은 종말론적 신앙관을 가지고 날짜를 헤아리며 하루하루가 마지막 날인 것처럼 생각하고 살았다. 1933년 4월 18일 일기장에, "나의 출생 후 11,689일 되는 날이다. 단 류영모 선생께 수고를 끼쳐 계산하다."[43] 그리고 1934년 10월 3일(수) 일기에는 "오늘로 나의 생이 제12,222일 되다"[44]고 말한다. 그가 매일 자신의 산 날수를 세며 치열하게 살았음을 엿볼 수 있는 대목이다. "당직으로 양정학교에서 유숙하고 깨니, 오늘이 곧 음력 섣달 그믐날이요 또한 나의 제12,345일이다. 평범하다면 나날이 모두 평범한 것이요, 기이하다면 일생 중의 12,345일도 기이하고 그 전날과 그 다음

---

41 노평구 편, 『김교신 전집 7』, 215.
42 노평구 편, 『김교신 전집 5』, 110.
43 Ibid., 121.
44 Ibid., 218.

날이 또한 공전절후空前絶後의 신기新奇가 아닌 것이 아니다"[45] 그는 예수 믿고 신앙생활 한 지 15년 되었다고, 35세 생일에 회고한다. 그 전날(4월 17일, 수요일)은 나의 제12,418일. 그 날짜만 기록하고 있다. 바빠서 일기를 쓸 수 없는 날이면 날짜와 산 날만이라도 기록했다. 그것은 죽을 날이 멀지 않았음을 알고 있었기 때문인지도 모른다. 복음을 위한 순교의 신앙, 죽음을 생각하고 있었던 것이다. 이처럼 태극인은 우주적 종말론적 삶을 살아가는 신앙인이다.

"1935년 4월 18일(목), 제35회의 생일인 동시에 신앙생활 만 15주년인 기념일이다. 우연한 일이지마는 처음으로 교회에 가고 성서에 산 날이 1920년 4월 18일이었다."[46] 그는 생일을 이야기하면서 중생하여 태어난 날, 신앙생활하기 시작한 날과 일치한 것을 신기하게 생각하고 있다. 그의 신앙관을 엿볼 수 있는 장면이다.

일상생활에서 김교신은 신앙인이자 설교자로서 거룩한 생활, 영적 생활을 하였다. 다음은 어떻게 그가 영적 전쟁을 벌이고 있는지 보여 준다.

"1935년 4월 6일(토) 일기, 오후 2시경부터 밤 10시 반까지 내객來客이 교대하여 토요일 오후의 예정이 죄다 틀어졌다. 불신자는 즐겨 토요일 오후를 낭비하나 신자에게는 토요일 가장 성별聖別되어야 될 날이다. 특히 주일 설교의 책임을 가진 자에게 그러하다. 4월 7일(일) 오전 중 활인동 장로교회에서 설교. 고린도 후서 4장을 해설할 뿐이고 설교다운 설교가 되지 못하였다."[47]

그는 자주 새벽에 성구 암송을 하거나 산에 올라 기도를 하고, 저녁에는

45 Ibid., 260.

46 Ibid., 293.

47 노평구 편, 『김교신 전집 5』, 287-288.

가정예배를 드리며 성경을 윤독하였다.[48] 『상록수』의 주인공 최용신 이야
기를 듣고 직접 수원 천곡天穀에 가서 그녀의 학원, 분묘墳墓, 비석을 보고,
감동을 받는다. 그리고 '참으로 산 자는 단 하루를 살았어도 영생永生한
것이다'[49]라고 일기에 쓴다. 최용신의 『상록수』책을 추천하여 농촌 운동을
일으키며, 제자들을 독려하기 위해 최용신 책을 내려고 한다.[50] 계속하여
그녀에 대한 관심을 가지고 신앙 봉사와 농촌 계몽, 청년 운동을 펼치려
하였다.[51] 또한 신앙서적을 읽고 선교의 비전을 갖기도 하였다. "펄벅의
'싸우는 사도Fighting Angel'를 읽고 소득이 많았다. 딸이 그 아버지인 중국
선교사의 일생을 기록한 것. 이런 딸 하나 둔 것은 여남은 아들보다 낫다
할 것이다."[52] 태극 신학인으로서 김교신은 신앙생활과 경건한 생활을 철저
하게 했고, 한국의 농촌 운동과 여성 운동, 선교 신학에 관심을 갖고 건곤감
이의 남성성과 여성성을 이해한 조선 선비 중 기독교 선각자였다.

2) 성서관

김교신은 당시의 신학 조류를 알고 있으면서도 보수적 신앙을 가지면
서 진보적인 실천을 견지하였다. 그는 모세 오경 저작설의 입장에서 프랑

---

48 노평구 편, 『김교신 전집 7: 일기 III』, 22. 99. 동계 성서집회를 위해 새벽 산상 기도를 함,
1939년 12월 1일(금) 일기. 171쪽 참조.

49 노평구 편, 『김교신 전집 7』, 38. 1939년 2월 28일(화) 일기.

50 Ibid., 42. 170. 1939년 11월 26일(일) 일기에 최용신 양 소전의 제1회 교정. 1939년 12월
22일(금), 일기, 책을 내고 난 후에 학생이 최용신 양의 영(靈)에 포로가 되었다고 고백하고
농촌에 가겠다고 다짐하는 편지, 179-180 참조.

51 Ibid., 234. 수원군 천곡학원 건물이 학원으로 사용되지 못하여 분개하다가 최용신 기념예배당
으로 보관된다 하니 일안(一安)이라고 일기에 쓴다. 1940년 5월 4일(토) 일기. 『최용신소전』
300책 넣은 궤짝을 경성역까지 자전거로써 운반하는 데 성공하여 자못 만열(滿悅)하다고
1940년 12월 14일 일기에 기록하고 있다.

52 Ibid., 141. 1939년 9월 27일(수) 청, 일기.

스의 고생물학자 퀴비에Cuvier의 말을 인용한다. "모세는 애굽의 모든 지식으로 양성되어, 그의 시대를 초월하여 한 가지 우주 창조관을 후세에 남겼다. 그 정확한 것은 가히 놀랄 만한(가경할) 모양으로 날로 새롭게 증명된다. 생물이 차츰 차츰 창조된 순서를 지시함에 있어서 근대 지질학상 연구는 창세기와 모두 일치한다."[53]

그는 성서를 세계 최대이며 최고의 책이라고 말하면서 귀중한 책임을 주장한다. 그리고 성서의 중심이 그리스도임을 말한다. 구약과 신약을 구분하여 구약을 준비의 책, 신약을 완성한 책이라 한다. 구약을 다시 율법(모세의 5경)과 사기(가나안 이후의 생활 12권), 시가(신앙체험의 기록 6권), 예언(실제의 교훈 16권)으로 나누고, 신약은 그리스도의 출현(공관복음 3권, 요한복음 1권), 복음의 전달(사도행전 1권), 이론과 실천(로마서-유다서 대소서한 21권), 총결론(묵시록)으로 나눈다.[54]

"신약이 정신이라면 구약은 체형體型이다. 레위기의 정밀한 의식에 훈련된 후에 히브리서 제8, 9장을 읽으면 구약과 신약과의 관계가 명료해질 것이요, 그리스도와 우리 영혼의 관계가 밝아짐이 심대할 것이다."[55] 김교신은 신구약의 관계를 영적으로 정확하게 말할 뿐만 아니라 그리스도 중심의 해석과 영성에 대한 깊은 통찰력을 주고 있다.

더욱이 출애굽기가 민족의 현실과 나갈 길, 민족 해방의 대장정임을 제시하고 있다. "과연 성서 66권 중에 이 책(출애굽기)처럼 조선인의 전심 전령을 마비시키는 책은 다시없을 것이다. (중략) 또한 제2장 12절 이하에 미치면 체경體鏡을 대함보다 더 방불하게 현하 조선 민족의 자태, 그것이

---

53 노평구 편,『김교신 전집 3』, 17.
54 Ibid., 15-16.
55 Ibid., 29.

나타났음에 놀랄 것이다. 오호라, 고대 이스라엘 민족성이 어찌 오늘 조선의 지게꾼 싸움, 신간회 해소 싸움, 노회, 총회의 싸움 등과 그처럼도 방불하였던고!"[56]

출애굽기가 모세라는 일대 위인을 중심으로 기록한 책이라 말하고, 인류에 인도印度에 근사한 소小 모세가 한 사람이 있는 듯하다고 하면서, 모세와 같은 진정한 위인 간디를 기리고 있다. 그는 자신이 이 모세와 같은 인물이라는 사실(후대 사가)을 알고 있었는지, 그는 아마도 모세와 같은 위인이 되고 싶어 했을 것이다. "홍해를 건넌 유대 백성이 오히려 애굽을 연회宴會하여 마지않은 것처럼, 우리의 영靈도 조석朝夕에 애굽의 육肉을 연모하여 마지아니하니, 우리도 각기 모세가 되어 가정에서, 자아에서 출애굽 해야 하겠다. 해탈하여야 하겠다." 따라서 김교신이야 말로 우리 민족의 모세의 영성을 지닌 존재라고 말할 수 있다. 우주와 개인의 해방과 해탈을 말하는 모세와 같은 김교신은 태극의 영성을 지닌 인류의 해방자였다.

3) 무교회주의자

유동식은 1930년대 일제 강점기 말기 식민지 시대가 한국 신학의 정초기定礎期라고 한다. 그는 이때의 신앙 유형을 다섯 가지로 소개한다. 기성 교회 평범한 일반 목사들, 이용도와 같은 부흥사들, 외유外遊한 이성理性파들(송창근 등), 무교회주의자들(김교신 등), 은둔·신비주의자들(원산 백남주 일파) 등이다.[57] 이 신앙 형태가 한국 교회의 전통으로 전승된다. 무교회주의 전통은 일제 강점기라는 어려운 핍박의 시대, 당시의 묵시문학적

---

56 Ibid., 23.
57 유동식,『한국 신학의 광맥』(서울: 전망사, 1990), 119, 131.

상황에서 초대 교회와 같은 신앙을 유지하려는 특이한 교회 형태라고 보아야 할 것이다.

"1935년 11월 17일(일), 오전은 예수전 공부, 오후는 부활사 강당에서 「무교회주의란 무엇인가, 누가 무교회주의자이냐」라는 제題로써 서론 제2강을 말하다. 수년 전에 『신학지남』 지상에 논평되었던 말이 적중되어, 조선 최초의 무교회주의자로 지목받던 최태용 씨는 교회인이 되어 버렸고 '양정고보의 김교신 씨와 『성서 조선』지의 필자 몇 사람들'이 무교회주의자로 남았으니 '무교회주의란 것은 내가 말하는 것이요, 무교회주의란 곧 나'고 하여도 무방할 터이지마는, 무교회주의란 것은 강제건 선생의 전도지에 기록한 것이면 족하며, 무교회주의자란 강제건 옹이요, 스데반이요, 루터요, 사도 바울이요, 예수 자신이 또한 무교회주의자라고 말하다."[58]

김교신은 요나의 니느웨성 예언 사역을 인용하며 무교회주의와 관련한 구원의 문제에 대하여 잘 설명하고 있다.

"루터 이후의 프로테스탄트 도徒가 구원받을 것은 로마 천주교도들께는 오늘까지도 오히려 불가사의의 사실인 것처럼, 무교회 신도가 구원받는 일이 교회주의의 신학도에게는 일대 의문이 되는 것과 마찬가지의 심리 작용이다. 그러나 하나님은 전설에도 얽매이지 않고 신학에도 포수捕囚되지 않는다. 12만의 어린이와 가축을 아끼시는 하나님은 또한 교회 밖의 신도도 구원하지 않고는 마지않는 하나님이시다. 오늘날 현대에도 아직까지 '교회 외에 구원이 없다'고 직업 근성을 발휘하는 자가 있음을 볼 때에 멀리 기원전 4-5세기경에 이미 이방에까지 구원이 균일하게 임함을 사실로써 증명한 요나서의 가치는 심대하다 할 것이다. 본서가 구약 중의 신약

58　노평구 편, 『김교신 전집 5』, 420.

이요, 복음 전前의 복음이라는 일컬음을 받는 소이所以가 여기 있다. 교회 밖에 구원이 없다고 외치는 자기 최면에 걸린 혹세무민의 무리는 니느웨성이 구원받은 사실을 재독再讀할 것이다."

김교신은 갈라디아서를 설명하면서 이 책이 마틴 루터가 종교 개혁을 가능하게 했던 책이라고 말한다. 종교 개혁을 발화發火하게 한 책이고, 무교회주의 독본을 한권 들라고 하면 이 갈라디아서를 들 수 있다고 한다.[59] 중세 교회의 교권을 무너뜨리고 원시 복음교의 생생한 신앙으로 돌아갈 수 있게 한 책으로, 모든 율법주의, 의식주의, 형식주의를 거부하고, 업보業報와 성찬 예식 강조, 신학교 대문 강조, 교권 복종 강요를 탈피할 수 있는 초대 기독교 신앙, 바울의 신앙, 무교회자들의 신앙을 잘 표현해 준 책이라고 본다.

오승태는 무교회적인 신앙을 소지한 사람은 구약의 뭇 예언자를 비롯하여 예수, 루터, 키에르케고르 등이었다고 한다. 무교회 신앙의 본질은 속죄 신앙이며 부활 신앙이며 재림 신앙이라고 말한다.[60] 함석헌의 증언에서 무교회의 신앙이 무엇인지 잘 보여 준다. "기독교는 논할 것이 아니라 생활할 것이다. 교회 문제는 학문적, 사상적 태도로 임할 것이 아니라 실천적 태도로 임해야 할 것이다. 실천적 태도로 임할 때, 교회 문제는 지극히 중대한 신앙의 근본에 관한 문제가 된다. 기독교는 지금 무교회 문제를 과제로 하여 하나의 성장의 단계에 이르고 있다. 무교회주의는 이론적 주장이라기보다는 역사적 주장이기 때문이다."[61] 무교회주의 신앙의 중심에

---

59 노평구 편, 『김교신 전집 3』, 380.
60 김정환, 『김교신』, 196. 재인용, 오승태, 「김교신과 무교회 신앙」(上·下), 『聖書研究』 제258-9호, 1976년 5-6월.
61 김정환, 『김교신』, 217. 재인용, 함석헌·김교신 공저, 『내촌감삼과 한국』(성서조선사, 1940).

는 교회의 개혁보다는 성서의 진리를 배우고 그리스도의 족적足跡을 따르려는 입장 때문이라고 말한다.[62]

함석헌은 신앙의 문제, 역사의 문제라고 지적하고 있다. 더 나아가 시대적으로 일제 제국주의 통치라는 상황에서 신앙을 유지하며 민족의 영혼을 구원하기 위한 가벼운 몸은 조직의 옷을 입고 신앙 운동을 하는 것보다 비가시적 교회, 무교회주의가 영적인 구원, 나라의 독립을 위해선 불가피한 선택이었다. 따라서 역사적으로 그가 무교회주의자이기 때문에,『성서조선』이라는 신앙 잡지와 문서 운동을 통한 독립 운동이 가능하였다. 당시 조선 기독교의 상황에서 종교와 신앙이라는 구조적 틀은 애국하는 신앙인에게 있어서는 필연적인 형태였다. 일제가 핍박하는 상태에서 교회와 사람이 조직적 교회 형태나 가시적 제도를 넘어설 수 있는 신앙 형태는 무교회적 신앙이었다. 따라서 일제의 탄압이라는 상황을 극복할 수 있는, 무교회주의는 역사적으로 생동하는 신앙과 주장이라고 볼 수 있다. 이 무교회주의는 신앙의 위기에서 나온 구약의 바빌론의 포로 신앙 형태라고 말할 수 있다.

이 무교회주의 운동은 그리스도의 교회, 오늘날의 그리스도의 교회 운동과 맥을 같이한다고 볼 수 있다. 그리스도의 교회가 추구하는 신앙은 초대 교회, 사도행전의 사랑과 성령의 운동을 추구하는 본질을 회복하는 신앙이다.[63] 그리스도의 교회는 인간성과 진리성, 자유와 일치, 하나님 나라와 신약 교회에서 일탈하는 제도와 조직, 인위적인 작위와 신조들을 거부하고 복음의 자유로의 환원還元을 강조한다.

---

62 노평구 편,『김교신 전집 2』, 249-50.
63 이은선·이경 편,『이신의 슐리어리즘과 영의 신학』(서울: 종로서적, 1992), 263-282. 터커 편저,『환원운동의 역사: 초대교회 복귀』, 김익진 역(서울: 태광, 1987), 13-80.

3. 신학자 김교신

1) 역사관

김정환은 김교신의 생애와 사상을 평가하며 다음같이 민족 정신사적, 민족 교육사적의 의의를 든다. "첫째는 민족적 기독교의 이념의 탐색 및 생활화요, 둘째는 종교적 신앙과 교육적 실천의 이상적인 조화요, 셋째는 교육에 있어서의 인격적 감화력의 절대성의 현시顯示요, 넷째는 개인 잡지를 통해서 소신을 밝힘으로써 민족 사회의 온 성원을 교육의 대상으로 포섭한 일이요, 끝으로 그의 동지, 독자들을 통하여 자신의 사상을 다음 세대에 계승·발전시킨 코이노니아의 육성이라고 필자는 생각한다."[64]

일제 강점기의 다양한 독립운동, 서재필, 이승만의 외교 독립운동이나, 안창호의 인격 혁명, 김성수의 민족 경제 독립운동, 김구의 무력항쟁운동, 이승훈의 교육입국 운동 등이 있었다. 하지만 김교신의 성서 조선 운동은 세속사적인 독립 운동보다 차원 높은 것이다. 김교신은 민족의 섭리사적 존재 이유를 찾으려 했다.

"민족을 통해서 신의 섭리를 자각하고, 민족을 통해서 세계사의 발전에 이바지해야 한다는 그의 생각, 이것은 되풀이하여 음미해야 할 귀중한 사상이며, 사실 필자는 이것이야 말로 그의 민족정신사적 업적 중에서도 가장 큰 것이라고 여기고 싶다."[65]

김교신은 성서를 통해 당시의 역사적 상황을 파악할 수 있었고, 곧 해방의 역사가 펼쳐지리라는 것을 예견하였다. 그는 다니엘서를 설명하면서

---

64 김정환, 『김교신』, 26.
65 김정환, 『김교신』, 27.

느부갓네살 나라와 다리우스의 왕위의 운명이 일본 정부의 쇠운과 연관되었다는 것을 암시하고 있다.

"대개 나라가 팽창하여지면 영역이 확대되는 만큼 국내의 민족과 사상도 복잡하여지며 그 복잡다단의 도度가 지나게 되면 국가는 다시 와해 분열의 길을 더듬게 된다. 그 와해의 운세를 당면하였을 때에 최후의 힘을 다하여 여광여취如狂如醉의 태態로써 통제만회統制挽回의 책策을 꾀하려고 함은 동서고금의 국가가 일양一樣이다. 느부갓네살의 나라와 다리우스의 왕위가 그랬던 것과 같이 동양의 문제를 일으키는 금후의 모든 국가들도 저들과 꼭 같은 운명을 면치 못할 것은 조만간의 사실이니, '교만은 패망케 하고 오만한 마음은 전도케 하느니라'(단 16:18)고."[66]

일제의 신사 참배 강요와 군국주의, 제국주의 식민 통치의 결과가 어떻게 될 것이라는 사실을 잘 보여 주고 있다. 김교신은 역사의 흐름을 보면서 가만히 기다리지 않고 하나님 나라를 이 땅에서 만들어 가는 작업도 하였다. 그것은 그의 일기에 장도원 목사의 편지를 소개한 글에서 알 수 있다. 장 목사는 성서 조선 운동을 벌여 나가는 방법을 제시하며 구체적으로 열거한 것을 통해 알 수 있다. 일본 내지 전도, 만주 전도, 조선 내지 설교·전도, 성경 야학, 부인 주학 등을 말하며 『성서 조선』의 발전을 축원한다.[67]

2) 역사가로서 김교신

김교신은 틈나는 대로 역사 문화 탐방을 하며 유적지에 대한 역사의 혼을 불태웠다. "노량진 육신묘로부터 신림리 계변까지 걸으면서 양녕대

---

66 노평구 편, 『김교신 전집 3』, 202-203.
67 노평구 편, 『김교신 전집 5』, 296-299.

군 묘와 강감찬 낙성대 등의 사적을 탐승하니 노정 약 20여 킬로(1934년 9월 16일(일) 일기)"[68] "'물에산에'. 청량리에서 만나 중랑교를 지나, 망우현을 넘어 동구릉에 참배. 영흥永興의 뫼가 황무한 듯이 우거진 태조능 아래에서 약수를 마시면서 일행의 영웅심을 관개灌漑하고, 영조대왕릉 아래에서는 왕후 김씨의 초범超凡한 일화를 이야기하니 왈, 꽃 중에는 면화꽃, 제일 높은 고개는 보릿고개, 제일 긴 것은 길, 처마의 낙수자리로써 기왓골 수를 계산하셨다고(1934년 9월 23일(일) 일기)."[69] 망우리에 얽힌 역사지리를 소개하는 대목은 그가 얼마나 한국 역사에 박학 박식하였는지 보여준다.[70]

　함석헌의 역사 기술을 보면서 눈물 흘리는 예레미야 김교신, 그는 조선의 눈물의 예언자였다. 수난의 역사를 보면서 한없이 흘리는 눈물은 역사의식을 가진 사람들의 몫이었다. "인쇄소에 가서 교정. 함형의 조선역사 500년(제4회 임진란의 부분)을 교정하면서 자주 눈물을 씻으니, 인탁隣卓에서 교정하는 이들이 나를 기이히 보는 모양이나 할 수 없다. 크리스천은 자기 자신을 위하여 회개할뿐더러 동포 형제의 죄를 위한 참회가 없을 수 없으며, 다만 현재의 가족과 동포일 뿐이 아니라, 멀리 조상 유전의 죄의 씨를 위하여도 절실히 회개하지 않을 수 없다. 300년은 결코 먼 과거가 아니다. 우리에게 아담의 원죄를 설명하여도 감당치 못하는 수 없지 않으나, 의주까지 피난하면서도 동인 서인의 당쟁만 일삼고, 하나님이 주신 시련의 찬스를 헛되게 유실한 우리 조상들의 뿌리 깊은 죄악을 책망 받음은 나의 아침에 지은 죄를 저녁에 견책당함과 추호도 다른 것이 없다. 영웅적

68　Ibid., 214.

69　Ibid., 217.

70　Ibid., 263. 1935년 2월 10일(일), '물에산에'.

역사 이야기를 적어 반드시 청소년들을 분발奮發케 하려면야 하필 기독자인 함석헌 형을 요하랴마는 이 망한 백성의 병원病原을 깊이 타진打診하여 그 뇌척수에까지 하나님의 '말씀'으로써 투사하려니 「성서적 입장에서 본 조선역사」가 있게 된 것이요, 이 강한 빛에 비추어 알고 보니 눈물이다."[71]

일제의 핍박이 심할수록, 묵시문학적 어두움의 상황이 놓일 때 『성서조선』에서 조선총독부의 검열을 피하여 독자들에게 행간의 뜻을 전달하려고 했다.[72] "본지 독자에 대한 요망"이란 칼럼에서 김교신은 독자들에게 5가지를 주문한다. 독서력과 구신약성서 통독, 행간의 의미 파악, 성서 본문과 현 세계관 파악, 기도하는 마음, 선심善心으로 구독해 달라고 요구한다.

세 번째 주문으로, "본지 독자는 문자를 문자 그대로 읽는 외에 자간과 행간을 능히 읽는 도량이 있기를 요구하는 때가 종종 있다. 이는 학식의 문제가 아니요, 지혜의 문제이다. 불학무식한 노농老農과 초부樵夫라도 이 지혜를 가진 이는 풍부히 가진다. 옛날부터 참된 것, 옳은 일, 바른 말들은 적나체로 드러내지 못하고 무슨 표의表衣를 입고 나타나는 수가 많다. 신약성서의 묵시록은 그런 종류의 문자 중에 가장 현저한 것이다. 정도의 차는 있으나 본지도 일종의 묵시록이라 할 수 있다. 지금 세대는 비유나 상징이나 은어가 아니고는 진실한 말을 표현할 수 없는 세대이다. 지혜의 자子만 지혜를 이해한다."[73] 역사의 어둠이 짙었을 때 『성서 조선』을 발행하며 독자들과 함께 역사의 방향을 내다보며 함께 지혜를 모아 시대를 깨우는 작업을 하고 있음을 엿볼 수 있는 대목이다. 하지만 『성서 조선』지도 결국 압수

---

71 노평구 편, 『김교신 전집 5』, 331. 1935년 5월 29일(수) 일기.
72 왕대일, 『묵시문학 연구』(서울: 대한기독교서회, 1997), 29-48, 70-80.
73 노평구 편, 『김교신 전집 1』, 326.

되는 상황이 도래 하고 있었다.[74] "소록도 소식에 의하건대 거기서도 성조
지가 압수되는 모양이어서 재송再送한 93호도 받아 볼 수 없었다고 한다
(1936년 12월 12일, 토)."[75] 이 사건은 나중에 『성서 조선』지에 폐간의
전례前例가 되었다.[76] 『성서 조선』지는 신앙 잡지이었지만 독립운동 밀지
密旨보다 더 강력한 역할을 하였다. 신앙을 통한 역사의식 고취, 하느님의
역사役事하심을 고대하는 역사가의 비전이 있었다. 민경배는 민족 교회사
를 공부하면 할수록 그 주류와 명맥은 김교신밖에 없다고 고백한다.[77] 나라
사랑의 길이 조국 한국에 성서와 신앙을 심는 일이라 생각한, 한국 교회사
에 길이 기억해야 할 예언자라고 밝히고 있다. 그는 한국 교회사상 그 유례
를 다시 찾기 어려운 독보적인 공헌을 하였다고 한다. 김교신은 민족 교회
형성 과정에 큰 족적을 남기고 간 위대한 인물이며, 민족 교회의 원형을 제공
했다고 주장하고 있다.

3) 민족 겨레 사랑

김교신은 조선 민족 겨레를 사랑하는 길이 성서를 조선에 주는 길이라
생각하고 『성서 조선』 잡지를 창간하고 발간한다. 그는 『성서 조선』에 대한
열정이 겨레를 사랑하는 만큼 남달랐다. "은과 금은 내게 없거니와 내게
있는 것을 네게 주노니 성서 조선을 받으라"는 것이다. 그것은 "창간 10주

---

74 노평구 편, 『김교신 전집 7』, 347. 「성조통신」을 폐지하고 성서 주해나 학구적인 것만 싣겠다고
한다. 1941년 3월, 146호에서.

75 노평구 편, 『김교신 전집 6: 일기 II』, 141. 이때는 나병인에 대한 차별 대우로 빼앗음.

76 노평구 편, 『김교신 전집 7』, 388. 카타야마 데츠 형에게 보낸 편지에서 잡지가 폐간되어
복간될 가능성이 없고, 구호까지 한 책 안 남기고 압수 처분되었다고 알림(1943년 3월 30일,
편지).

77 김정환, 『김교신』, 194.

년을 당한 오늘까지 제99호인 금월 호까지 모조리 결손 출판이라는 사실이
다. 우리가 천국에 입참할 아무 자격도 구비치 못해서 지옥에 떨어지게
된다 해도 이 성조지 출판의 결손 보고서만은 인간 앞에나 예수 앞에나
내가 휴대하리라."

1942년 『성서 조선』 사건으로 선생과 그 동지들이 옥고를 치를 때 취조
에 나섰던 일본 경찰들이 그들에게 한 말은 역설적으로 선생이 일생 추구한
목표가 무엇이었는지 잘 요약해 준다.

"너희 놈들은 우리가 지금까지 잡은 조선 놈들 가운데 가장 악질적인
부류들이다. 결사니 조국이니 해가면서 파뜩파뜩 뛰어다니는 것들은 오히
려 좋다. 그러나 너희들은 종교의 허울을 쓰고 조선 민족의 정신을 깊이
심어서 백년 후에라도, 아니 5백년 후에라도 독립이 될 수 있게 할 터전을
마련해 두려는 고약한 놈들이다."[78]

김교신이 활동하던 시대는 묵시 문학적 상황이었다. 요한계시록이 기
록되었던 시대와 비슷 상황이었다.

"1935년 4월 25일(목) 송두용 형이 내방하여 여러 가지 기묘한 사실을
보고하여 주었다. '어디로 가느냐?'고 묻는 경관에 대하여 '인천으로 갑니
다'라고 대답하면 인천도 수만 인구가 사는 대도회인데 '인천 어디로 간단
말이냐?' 하곤 경을 치며 '네 가진 보따리가 무엇이냐?'고 물을 때에 '먹을
것이올시다'라고 대답하면 '먹을 것에도 밥도 있고 떡도 있지. 그런 대답
버릇이 어디 있어?' 하고는 따귀를 붙이고, 맞을까 두려워 무의식적으로
팔을 눈두덩에 들면 관헌에게 저항하려는 행동이라고 하여 포승으로 결박
구인되었다는 등등 실화. 콧구멍이 둘이 있어서 참고 견딜뿐더러, 송형은

---

78 노평구 편, 『김교신 전집 1』, 212.

이 일로 인하여 친구의 심회에 동정할 수 있고, 주 예수 그리스도를 좀더 깊이 이해할 수 있었음을 감사하여 마지아니하니, 실로 처치에 곤란한 자는 신앙에 살아 있는 기독자로다. 저들은 어떤 경우에든지 상처를 받지 아니한다."[79]

『성서 조선』지를 만들기 위해 얼마나 동분서주하였는지 그의 일기를 통하여 알 수 있다.[80] 자신의 희생과 노력으로 민족이 살 수 있는 길이라 생각하는 사명감이 아니었으면 원고를 쓰고, 조선총독부로 도청으로, 인쇄소로 학교로 이동하며 교정하고 조판하고 발송하는 일인 다역을 해낼 수 있었겠는가. 그는 역사 문화 신학자로서 문서 작업을 하였고, 그 일은 민족의 신앙인, 역사의 남은 자 소수를 통하여 구원의 역사를 만들어가겠다는 의지가 아니고 무엇이겠는가.

김교신은 일제 강점기에 신앙인으로 나라를 어떻게 구원할 수 있을까 고민하며 그 해답이 성서에 있다고 생각하고 성서 연구에 매달렸다. 그가 애국자로서 삶을 살았다고 제자들과 지인들이 증언한다.[81] 『성서 조선』은 순수한 조선산 기독교 해설과 함께 조선에 대한 사랑의 표현 통로라고 말한다. 김교신의 애국 초점은 신앙에 있어서 강렬한 민족애가 그의 신앙 사상의 큰 맥락을 이루고 있다고 본다. 그는 기독교인 동시에 한국인으로서 약소민족의 쓰라림을 민감하게 체험한 이상주의자였다.

4) 문화관

유동식은 한국의 종교사는 불교, 유교, 기독교 등 세계 종교의 수용과

---

79 노평구 편, 『김교신 전집 5』, 303.

80 노평구 편, 『김교신 전집 6』, 398-99.

81 박명홍, 「김교신의 인물론」, 44-45. 오승태, 김종해, 김성진, 시내원(矢內原) 등이 증언한다.

발전의 역사였다고 하며, 이것을 발전시켜 온 한국인의 영성은 하나로서 이르기를 풍류도라고 이른다.[82] 한국 문화는 풍류도라 하고 예술 문화, 민중 신학, 종교 신학으로 표출된 한 멋진 삶이라고 한다. 이런 의미에서 풍류 인으로서 문화 신학자는 김교신이었다. 문화 신학자로서 김교신은 종교 간의 대화에 적극적이었다. 1930년 10월 20일(월) 일기에 다음과 같이 기록하고 있다.

"오후 5시에 중앙청년회관에서 유, 불, 기, 천도교 등 각종 종교 신도들 의 간친회懇親會가 있다는 통지 있었으므로 다대한 기대와 호기심으로써 병을 무릅쓰고 이 회합에 참렬參列하였다. (중략) 조선의 음악, 조각, 건축, 시가, 전설, 명산, 대천, 사적, 도성 그 어느 것이 깊은 유래를 불교에 두지 않음이 없다. 조선이 가진바 위대하고 영구한 것은 전혀 불교의 소산 이라 하여도 과언이 아닐 것이다. 종교를 무시하는 자는 우선 조선 역사를 상고詳考하여 볼 것이다. 종교로써 설 때에 반도에 위대한 민족이 살았던 것이다. 종교 없이 설 때에 그 존속 여부가 위태하리만큼 소약小弱한 백성 이다."[83]

김교신은 그의 일기(1939. 1. 9)에서 조천부天기도회를 위해 저녁에 찬송가 연습을 하였다고 하고, 이틀 후에 북한산을 오르다가 '푸러리'는 돌아가고 노적봉, 백운대, 상운사, 태고사, 보국문으로 가서 정릉에서 귀환 했는데 '푸러리' 개가 왼쪽 뒷발이 상해서 설상雪上에 붉은 피가 흘러서 애처로웠다고 기록하고 있다(1월 12일). 그는 동식물과 하나 된 자연친화 적 문화인의 모습을 보인다. 농산물을 맛보며 표현한 말을 문화 신학적

—
82 유동식, 『풍류도와 예술 신학』(서울: 한들출판사, 2006), 12.
83 노평구 편, 『김교신 전집 5』, 28-29.

명문을 표현하고 있다. "토마토의 진미를 상찬하면서 가나의 혼연婚宴을 생각하다. 나중에 상주上酒를 주던 것처럼 지금 토마토를 먹을 수 있는 일이 신기하다."[84]

5) 명문의 작가

"나(노평구) 자신은 외람된 말이나 우리의 기독교 입교 백년에 신앙 문장으로서는 선생과 함석헌, 최태용 세 분 것 외에는 별로 볼 만한 것이 없다고 생각하는 터로 선생 전집의 완성은 우리 민족의 종교를 위한 하나의 유산적인 것으로 민족적인 기쁨이라고 믿는다."[85]

김교신의 문장은 수려한 글과, 미려한 필체, 정확한 표현으로 아무도 따를 수 없는 명문가이다. 욥기를 표현한 문장을 보면 단적으로 알 수 있다.

"기하학의 수련이 없는 자는 법률학교에 입족入足할 것이 아니라 하며, 부유한 가정에서 생장한 처녀와 병고의 경험 없이 학교 교육만 마친 청년과는 인생을 담론할 것이 아니라 하면, 과연 욥기(約百記)를 읽지 못한 인간은 인생 문제에 용취容嘴할 자격이 없는 자요, 신앙을 운위하기에 부적한 것이 마치 삼동설한에 단의單衣만 입고 벌벌 떠는 것 같다. 빈약하고 천박하고 가련한 인간이다. 단테의 깊은 것과 셰익스피어의 넓은 것을 미해味解하지 못함이 인생의 손실이라 한다면, 하물며 욥기의 높은 것, 모든 심오한 시성 詩聖의 조종祖宗이요, 위대한 문학의 원천이요, 고결한 영혼의 개적적이고 체험적인 욥기를 읽지 못하였다면 그 얼마나 통탄사일까. 인간으로 나서 욥기를 접할 기회를 얻은 자는 먼저 자기의 행운을 감사하면서 욥과 같이

---

84 노평구 편, 『김교신 전집 6』, 283-285. 1937년 9월 25일(토) 일기.
85 김정환, 『김교신』, 214.

경건한 마음과 겸허하고 인종하는 태도로써 이 책 안에 숨은 한없는 보광寶鑛을 채굴할 것이다."[86]

하지만 문장가인 김교신은 칼라일의 문장을 읽고 자신의 글이 평범하다고 자평한다. "오래간만에 칼라일 선생의 문장에 눈을 던지니 그 힘찬 문장에 압도되어 나 자신의 글월같이 평범한 것을 쓰고 앉았을 욕망이 소산하여지고 만다."[87] 이것은 그가 글을 쓰기 위해 얼마나 노력하였는지 추정케 한다.

6) 신학자로서 김교신

김교신은 매일 희랍어로 성서를 읽는 것으로 일과를 삼았다고 한다.[88] 다음은 김교신의 성서 연구의 선지자 문제를 언급한 본문이다.

"위선지자僞先知者(pseudoprophetes, false prophet)가 무엇인 것을 알려면, 우선 선지자가 무엇인 것을 알아야 하겠다. 선지자라고 번역한 원문은 prophetes인데, 중국과 조선에서는 '선지자'라고 번역하였고, 일본문 성서에는 '예언자'라고 번역하였다. 프로페에테에스에 미래의 일을 미리 말하는 자라는 뜻이 있으므로 '예언자'라고 번역함이 본의에 가까운 듯하나, 이것도 본의의 일면을 표시함에 불과한 것이요, prophetetes에는 그 외에도 하나님의 대언자代言者, 비등沸騰[89]하는 자, '보는' 자 등의 중요한 의의가 포함되었고, 다시 이것을 광의로 해석하면 지도자, 의사, 애국자 등의 내용도 함축되었으니, 적당한 역문을 발견하기 곤란한 자字다. 프로

---

86 노평구 편, 『김교신 전집 3』, 118-119.
87 노평구 편, 『김교신 전집 7』, 98. 1939년 6월 26일(월) 일기.
88 김정환, 『김교신: 그 삶과 믿음과 소망』, 178.
89 액체 또는 열정, 정열, 기세 따위가 끓어 넘침을 의미.

페에테에스의 이상 모든 내용을 염두에 두면서, 이처럼 인류 사회에 중요
한 임무를 가진 자를 가장한 자가 거짓 선지자이니, 고귀한 것일수록 도금,
안조물을 삼가야 할 것도 물론이다. 단, 마태 7장 15절의 위선지자는 특히
거짓僞 기독교 교사로 해석할 것임을 지지하는 이도 있으니(마이엘) 실제
문제로서는 무난할 것이다."⁹⁰

　김교신은 산상수훈 연구에서 '위선지자를 삼가라'(마 7:15-23, 눅 6:
43-45)' 강해에서 위선지자의 정의를 내리고 있다. 성경 원어에 대한 이해
와 본문 비평적 이해를 하고 있고, 일제 강점기라는 시대적 상황에서 예언
자가 독립 운동 지도자나 의사, 열사, 애국자 등을 의미할 수 있음을 해석하
여 암시하고 있다. 이처럼 예언자의 구약 이해를 충분히 하고 있음을 알
수 있다. roeh(보다, 선견자), nabi(대언자), hozeh(환시자, 예언자)를 이
해하고 있다. 또한 마이엘의 주석 책을 참고하여 거짓 교사에 대한 이해와
적용을 하여 설명하고 있다. 이를 통해 신학자로서 김교신의 면모를 잘
보여 주고 있다.

　시편의 연대와 작자에 대하여 설명하는 곳에서 신학적 논쟁 문제를 지
적하며 학자들의 견해들을 소개한다. "군켈 씨와 같은 이는 기원전 3천
년경의 바빌론, 애굽 등의 문헌으로 연구를 시작하여 소위 유별사類別史적
연구에 노력하는 반면에, 둠 씨와 같은 이는 시편 제137편과 같은 전前 6세
기 중엽경의 바빌론 포수시대의 것을 최고의 것으로 단정하고 있다."⁹¹ 더
욱이 김교신은 시편 우리 성경의 번역에 대하여 문제점을 지적하고 우리의
좋은 번역이 나타나기를 소원하고 있다. 이것은 오늘까지도 아직 실현되지

90　노평구 편, 『김교신 전집 4: 성서 연구』, 216.
91　노평구, 『김교신 전집 3』, 140.

못했다. "대개 다른 나라에서는 시편의 역문이 너무 우아하여 원문의 의미를 도리어 상한다고 걱정들인데, 우리말 번역은 아직도 너무 조잡하여 시가의 맛이 현현現顯되지 못하였음은 통탄사이다. 위대한 문학가가 출현하여 이 시편을 우리의 조차지간造次之間에도 부를 수 있는 가사로 역출譯出하는 날이 속히 오기를 바라지 않을 수 없다."[92]

김교신의 신학자로서의 깊은 영성은 무엇보다도 이해하기에 난해한 성서 인물 욥, 예레미야, 호세아 등을 잘 풀어 표현한 데에서 그 면모를 살필 수 있다. 특히 그는 호세아를 이해하는 것이 바로 신약의 복음을 이해하는 지름길이라고 말한다. "호세아가 신약적 복음의 선구자로서 인류 구원의 원칙을 여명기에 천명하기 위하여는 이 피눈물血淚의 기록으로 된 결혼 생활의 비극이 필요하였다. 반역의 고품와 반역자에 대한 애愛의 깊이를 배워야 하였다. 호세아는 결혼 생활의 참혹한 비극을 통하여 견디기 어려운 희생을 바쳤으나, 이 생애를 통하여 하나님의 인류 구원의 심원한 비의秘意를 더듬어 찾았다. 남다른 황야에서 인간의 동정과 위로를 받을 수 없는 현대의 호세아들은 마땅히 본서를 깊이 미해味解함으로써 그 있는 자리를 허비하지 말도록 힘쓸 것이다."[93]

김교신의 '기도(골 1:9-12): 골로새 교회를 위하여'라는 글에서 신약학자, 성서학자로서 주석적 문제를 잘 논술하는 모습을 볼 수 있다.

"이로써 우리도 듣던 날부터 너희를 위하여 기도하기를 그치지 아니하고 구하노니, 너희로 하여금 모든 신령한 지혜와 총명에 하나님의 뜻을 아는 것으로 채우게 하시고, 우리도—우리〈도〉라는 '도' 자는 원문 kai인

92　Ibid., 141.
93　노평구 편,『김교신 전집 3』, 212-213.

데 두 가지 해석이 있다. 하나는 우리 역문譯文처럼 대명사에 붙여서 우리도
—즉 '우리 편에서도'라고 읽어서 골로새 신도들의 신앙과 사랑, 소망에
대립한다고 보는 설이요, 둘은 대명사에 붙이지 않고 동사에 붙여서 '다시
또' 기도하며 구求하여 마지않는다고 읽을 수도 있다. 바울의 문장에는 제2
설의 용례가 많다(롬 3:7, 5:3, 8:11, 24, 9:24, 15:14, 19; 고후 6:1; 엡 6:21;
살전 2:13, 3:5 참조). 그러나 본 절의 해석에는 제1설이 보통이다. '우리'라
는 것은 바울과 디모데이다. 그런즉 골로새 교회를 위하여 기구하는 사람
이 다른 곳에도 있는 중에—예컨대 그 교회의 설립자요, 가장 친밀한 관계
에 있는 에바브라—우리도 한몫 담당하고 기구함을 중지하지 않노라고
한 것이다. 성도의 교제는 육신이 여의어 있는 때에도 기도로써 교통하는
것이라야 한다."[94]

김교신의 골로새서 강의에서 신약 학자로서 면모를 잘 보여 주는 대목
이다. 접속사 kai의 이해를 정확하게 하고 있고 유사 용례로 사용된 신약성
서의 다른 본문들을 열거하고 있어 해박한 신약 원어 실력을 보여 준다.
더 나아가 공동체 골로새 교회의 정황과 그들의 신앙 해석, 그리고 본문
해석을 잘 연결하여 적절하게 설명하고 있다. 김교신은 성서학자로서 성서
의 개론적 문제들을 기술하면서 학문성을 띤 신학 저서들을 읽고 신학적
문제들을 거론한다. 요엘서의 저작 연대를 언급한 문장에서 이를 살필 수
있다. "저작 연대에 관하여는 더욱 막연하다. 이를 이스라엘 추방 이전에
두는 이(카메론 씨, 헤스팅 성서사전)도 있고, 이후라고 주장하는 이(홀튼
씨 N.C.B., 피어링 씨 E.B.)도 있다."[95]

---

94 노평구 편, 『김교신 전집 4』, 240.
95 노평구 편, 『김교신 전집 3』, 217.

7) 문화 신학자 김교신

김교신은 한국 신학의 토착화 작업에 대하여 강조하며 '성서를 조선 위에'라는 기치를 내걸고 그 일을 평생의 사명으로 알고 하였고, 한국 문화 신학을 개척할 인물을 고대하였다. 최태용 환영회를 하는 날(1933년 6월 4일(일) 일기), 그를 극찬하면서 조선 기독교를 세울 인물이라 평가한다. 마라톤 선수보다 한 전도자가 더 귀하지만 조선에는 홀대받고 있다는 사실을 통탄하며, 조선 기독교, 한국적 신학, 토착화 신학을 강조하고 있다. "1인보다도 2천만이 가련하여 못 견딜 일이다. 반도에 기독교가 포교된 지 반세기에 처음으로 외국 세력이나 조직, 기관 등에 의지함이 없이 조선 스스로가 바치는 전도자 하나가 섰다. 금후의 반도 영계에 처음으로 기골 있는 사람을 보리라."[96] 이 전도자가 바로 오늘의 태극 신학자가 아닌가.

그는 복음과 문화가 다른 것임을 우찌무라 간조內村鑑三와의 비교에서 보여 준다. 조국과 문화와 시대적 상황이 각기 다르다. 그리스도와 문화(민족)와의 관계성처럼 한국과 일본의 상황이 다르다. 우찌무라 간조가 애국자이듯 김교신도 애국자이기 때문에 서로의 조국 상황이 다른 점에서 일본적 기독교와 조선적 기독교의 차이와 그 동일성을 분별하였다.[97] 그는 생각하기를 민족 기독교가 조선인의 척골을 세우고 혈액을 만들어야 한다고 본다. 그는 조선인의 기독교, 한국 문화적 기독교를 고민하며 일평생 추구하려고 애썼다.[98] 또한 반선교사적, 토착적 신학을 추구하며 민족 기독교의

---

96   노평구 편, 『김교신 전집 5』, 128.

97   김준봉, 「성서조선에 나타난 김교신의 기독교」(아세아연합신학연구원 학위논문, 1992년), 92-96. 내촌감삼과 김교신, 이들은 둘 다 소위 민족적 기독교를 주장하나 어디까지나 세계를 위하고 그리스도를 위하여 하나님을 위한 것이다(96).

98   김준봉, 앞의 논문, 116-33참조.

이상을 구현하는 것이라고 생각하였다.[99]

김교신은 성서를 해석할 때 한국 문화의 단편을 인용한다. 룻기를 설명하면서 춘향전과 심청전을 비교한다. 한국이 읽고 듣는, 판소리 문화를 통해 성서를 이해하는 작업을 하고 있는 것이다. 이처럼 김교신은 문화 신학자, 태극 신학인이었다.

"자고로 춘향전을 읽음으로써 남녀가 눈물을 뿌리고, 심청전을 구전함으로써 노소 찬탄의 심금을 맞추어 울리던 조선 백성으로서는 정렬과 효성을 일신에 구현한 룻의 행적을 통찰하는 감각이 각별히 예민함에 계급의 별別과 지우智愚의 차를 논할 여지가 없을 것은 차라리 당연한 일이라 할 것이다."[100]

김교신은 아가서를 해석하면서 우리 문학의 사랑 노래를 비교하며 비유하고 있다.

"'나의 사랑하는 자는 나의 것이요, 나는 저의 것이로다.' 운운하니 오늘날 우리의 아리랑이나 유행가곡과 다를 것이 없다. 다 같이 '우리 님을 그리워한다' 하며 '이 몸이 죽고 죽어 일백 번 고쳐 죽어 백골이 진토되어 넋이라도 있고 없고, 님 향한 일편단심이야 가실 줄이 있으랴' 하며, 혹은 '천만리 머나먼 길에 고운 님 여의옵고 내 마음 둘 곳 없어 냇가에 앉았으니, 저 물도 내 안과 같아 울어 밤길 예는고야'라고 하나, '님'이라는 자의字意에 의하여 묘령의 창녀를 불사이자사不思而自思하는 화랑花郎도 될 수 있고, 또한 불운不運에 절개를 불변함이 낙락장송과 같은 만고의 충신을 그 글 속에 찾아볼 수도 있는 바이다."

---

99 Ibid., 81.
100 노평구 편, 『김교신 전집 3』, 61-62.

이처럼 그는 우리 문학과 문화의 지평에서 기독교 성서를 이해하고 있고, 한국 역사와 동양 사상의 근간에서 토착화하여 이해하고 있음을 볼 수 있다. 김교신은 동양 사상과 철학을 근간으로 기독교 이해를 하며 한국 문화의 뿌리가 어디에 있는지, 그 근저에 동양 고전임을 알고 성서 연구와 해석에 이용했다. "김교신은 원래 전통적인 유교 가정에서 자라나서 동양적인 인간상을 가지로 그런 표상적 인물을 기리며 동양의 고전에 심취하기도 했으나, 기독교에 접한 다음 인생관에 큰 전환을 겪었다. 그러나 동양의 고전은 계속 성경 주석에 있어서 종횡무진하게 재생된다."[101]

맺는 말

김교신, 그는 한국 신학과 한국 교회의 이정표를 세웠다. 기독교 백 주년을 기념하는 행사의 하나로 한국 교회의 10대 영성가를 뽑는 작업을 하였다. 그는 거기서 선정되어 대표적 영성가의 첫 번째나 두 번째로 손꼽을 수 있는 분이 되었다. 지금까지의 연구를 통하여 김교신의 신학을 한마디로 말하라고 하면 '말씀의 신학'이라고 말할 수 있다. 칼 바르트가 20세기 하나님 말씀의 신학자로서 새로운 틀(패러다임)을 만들며 신학의 전회轉回를 가진 존재라고 한다면, 김교신은 서구 신학의 틀에서 신학의 막힌 출구를 찾을 수 없을 때, '성서를 조선에게'라는 구호를 외치며 치열하게 신학 활동을 하며 동양 신학과 한국 문화 신학을 통하여 그 길을 열어 준, '행동하는 신앙인'이었다. 식민 통치 시대의 피압박민의 회한悔恨을 안고 성서의

---

101 김정환, 『김교신』, 90.

포로기 신학을 충분히 이해한 그에게 말씀이 곧 삶으로 성육신한 그리스도가 그에게 임하였다. 예수가 김교신을 통하여 다시 화육化肉, 체화體化, 화신化身이 되었던 것이다.

그래서 김교신은 한국인의 문화와 역사, 정신을 간직한 채, 신학자이며 역사가, 지리학자, 박물학자, 성서학자, 민족주의자, 교육가로서 큰 스승이 되었다. 그는 한국 신학자로서 신학의 토착화 작업을 하며 겨레를 사랑하고 한국 문화를 아끼고 가꾸었던 문화 신학자였다. 그는 또 교회가 끊임없이 변화되고 갱신되어야 할 것을 주장하는 교회 개혁자로서 당시 포로 생활을 하고 있는 일제 치하의 묵시 문학적 상황에서 무교회주의라는 옷을 입고 그리스도의 정신을 실현하며 독립운동을 한 조선인이었다. 오늘날 그가 무교회주의자라고 해서 그를 도외시하거나 이단자로 보는 것은 아주 근시안적인 태도이며 몰지성적인 지식인이 될 것이다. 오늘날과 같이 한국 교회와 신학이 활로를 찾지 못할 때, 그에게 가서 그로부터 그리스도교의 본질과 원형을 찾고 한국 신학과 교회의 부흥을 가져야 하리라. 한민족을 너무 사랑하고, 겨레의 역사를 보고 눈물 흘리는 한 인간으로서 김교신은 말씀을 치열하게 연구해 조선의 신학을 맛깔스럽게 풀어냈고, 멋있는 성서 조선 신학을 만들어 내었다. 참으로 그는 한국 신학을 아는 태극인이었다. 김교신의 저작은 한국 문화 신학의 경전이 되었고, 오늘도 한국 문화 신학의 교과서(Text)가 되어 새로운 지평을 열어 주고 있다. 그가 포로민들과 함께 고난 받는 현장에서 순교함으로써 해방의 소식을 알리는 나팔수가 된 것은 오늘날 한국 교회와 신학자, 신학이 어디를 향해야 하는지 가르쳐 준다.

3장

태극 신학, 한국 신학의 새로운 모색

오늘날 한국 신학의 새로운 모색을 어떻게 해야 할까. 초기 한국 문화 신학자들은 일제 강점기 제국의 문화적 상황에서 민족의 자존감을 세우기 위해 탈식민주의 신학과 해방 신학을 추구하며 어려운 상태에서 한국 문화 신학을 창조하였다. 한국인의 종교적 심성과 유불선의 한국 종교 문화를 기독교의 시각으로 재해석하는 작업을 수행하였다.[1] 이들 가운데 탁사 최병헌은 겨레와 신앙 체험을 중심으로 한국적 영성 신학자로서 선구적 역할을 하였고, 다석 유영모는 한국적 기독교를 우리말과 연결하여 맛깔스럽게 풀었다. 복음교회의 설립자 최태용은 한국인 자신의 교회를 세우려고 신학 운동을 하며 영과 진리에 대하여 연구하였다.

한국 근세사의 산 증인이며 고난의 역사를 참예언자로 산 함석헌은 탈민족, 탈기독교적 평화 신학자로서 고난사관에서 '씨올'의 사상으로, 뜻의 민족사에서 섭리의 우주정신을 펼친 한국 평화 학자이었다. 김교신은 한국 초기신학자의 중심에 서서 한국 신학의 정수精髓를 보여 준 선비이었고, 일제 강점기 말 제국에 저항하는 조선 혼을 보여 주며 한국 문화 신학자로

---

1 박신배, "김교신의 선비신학", 『한국 신학, 이것이다』, 한국문화신학회 9집(서울: 한들출판사, 2008), 7

서 '성서 조선' 신학을 통해 진리의 자리에 서서 신학자의 사표師表가 되었고, 기독교 사상가로서 자리매김을 하였다.[2]

한국 신학의 후예들과 같이 호흡하며 한국의 신학을 만들어 낸 유교적 신학자 윤성범, 한국 신학의 자리와 주체가 누구여야 하는지 보여 준 민중 신학자 서남동, 민중 신학의 성서적 지평을 열어 주며 신학과 현장을 일치시킨 심원 안병무, 한국인의 멋을 풍류 신학에 담아 문화 신학의 담론을 편 소금 유동식, 종교 간 대화 신학을 만들어 내며 한국의 종교 평화를 위해 순교의 피를 흘려 밑거름이 된 일아—雅 변선환, 세계의 풍토(미국)에서 한국 신학의 자리를 마련하며 동양 신학과 한국 신학을 역易의 신학으로 푼 이정용 등은 한국 신학의 초기 선구적 작업을 하며 한국 신학의 모형을 준비한 인물들이다. 그 후 토착화 신학의 길(김광식)과 대승적 기독교(김경재), 한의 신학(김상일), 도의 신학(김흡영), 천지인의 신학(허호익), 상생의 신학(박종천), 물의 신학(강원돈), 민담의 신학(박정세) 등을 제창한 2세대 신학자들이 이를 다시 신학화하고 있다.[3]

이제 제3세대의 한국 신학자로서 한국 신학을 종합하며 전개해야 하는 작업이 우리에게 주어졌다. 한국인의 심성과 한국 문화를 담을 수 있는 한국 신학이 무엇이 있을까 고민하며 내놓은 신학 중에 역의 신학, 한의 신학과 도의 신학, 천지인의 신학 등이 태극 신학을 말하고 있다. 이 태극 신학은 타종교, 이단 종파에서 많이 언급하고 있다. 거기서 말하는 내용은 한국 신학의 주제나 중심 논의에서 크게 벗어나고 있다. 그러나 이단 종교가 이 문제를 언급하고 있기 때문에 우리가 이것을 다루면 문제가 있다고

---

2 Ibid., 122-56.
3 허호익,『단군신화와 기독교: 단군신화의 문화사적 해석과 천지인 신학서설』(서울: 대한기독교서회, 2003), 33.

보는 것은 어리석은 태도이다. 따라서 한국인의 심성과 한국 문화의 중심이 태극에 있다고 하면 이 태극도太極道와 태극 정신과 문화를 연구하고 논의해야 할 과제가 있다. 이 책 3장에서는 태극 신학을 새로운 차원에서 통일 신학과 혼의 신학, 무궁화 신학의 관점에서 종합하고 새 가능성을 열며 논의하려 한다. 먼저 태극 신학의 논점이 무엇인지 기독교 교리와 연관하여 생각해 보자.

1. 태극太極 신학

오종관은 한국 기독교의 역사를 사상적인 측면에서 다섯 시기로 분류한다. 즉, 준비기(-1906), 부흥기(1907-1950), 분파기(1951-1959), 새로운 신학 정립기(1960-1979), 새 시대 전망기(1980-) 등이다. 그는 신학 정립기에 우리 신학이 형성되어야 한다고 지적한다. 하지만 신흥 종교인 기독교가 한국적 신학을 이야기하고 있어서 문제가 된다고 말한다. "정통 교회가 한국적 기독교를 형성하기도 전에 이단들이 먼저 한국적 기독교(?)를 만들어 내고야 말았다. 기독교의 진리를 전파하는 데 한국인의 특성을 무시한 것은 허공에 부딪히는 독백이 되고 말 것이다. 만약 한국 기독교가 우리 나름대로의 신학을 정립하지 못하면 신흥종교라는 미명 아래 무수한 사람들을 현혹할 것이다."[4] 이 예언적 이야기는 2008년 현재까지 유효하여 한국 신학이 발전기를 맞이하지 않는다면 한국 신학은 이단 종파나 신흥 종교의 사유물로 여겨져서 한국인의 심성이나 한국 문화를 언급하며 우리

---

4 오영관, 『이야기 신학』(서울: 성아, 1979), 224.

신학을 한다는 것은 위험천만한 일로 여겨질 것이다.

기독교 진리를 동양적 사유로 말하라고 하면 태극의 구조와 같은 9가지 단어로 표현할 수 있다. 삼위일체이신 성부 하나님과 그의 아들 예수 그리스도, 성령 어머니로 셋을 말할 수 있고, 그리스도 자신을 표현한 말(요한 14:6)로 길(The Way), 진리(Truth), 생명(Life) 등 여섯이다. 또 하나님이 무엇이냐, 진리, 생명이 무엇이냐 물으면, 로고스Logos, 아가페Agape, 카이로스Kairos(하나님의 결정적인 시간)라고 말할 수 있다. 기독교 진리는 어느 한 가지를 묻는다면 나머지 8가지 단어로 이 기독교의 이념을 말할 수 있다. 하나님의 나라가 무엇인가. 복음과 선교가 무엇인가. 성부·성자·성령, 길·진리·생명, 로고스·아가페·카이로스로 대답할 때, 무궁無窮과 태극의 구조에서 서로 상통하며 9개의 개념이 서로 통하는 세계를 볼 수 있다. 성서는 바로 이 9가지의 기독교 진리를 이야기하고 있다.

삼위일체 하나님을 인격적으로 이해할 때 하나님의 실재가 우리 인간에게 실체적으로 다가온다. 하나님 아버지, 예수 그리스도-하나님의 아들, 성령 어머니로 표현할 수 있다. 성부와 성자는 교회 전통적으로 자주 표현하여 이상한 느낌이 없지만 성령 어머니는 생소한 느낌이 든다. 성령 어머니는 로마서 8장 26절에 성령이 말할 수 없는 탄식으로 우리를 위해 기도하신다는 표현에서 찾을 수 있다. 성령이 인격화되어 어머니가 자식을 향하여 말할 수 없는 탄식으로 기도한다고 볼 수 있다. 성령 하나님을 이해할 때 가장 가까운 개념은 어머니의 아가페 사랑으로 이해할 수 있다. 따라서 성령 어머니로 이해할 때 보혜사 성령이 우리의 인격적 하나님으로 가까이 다가와 돕는 성령의 실재를 실감할 수 있게 된다. 이 삼위일체 하나님이 태극의 구조에서 서로 통하여 하나로서 볼 수 있게 한다.

이 기독교의 나머지 6가지 단어와 신학도 태극 신학으로 풀 수 있다.

태극 원의 한 극은 하나님 아버지이고, 다른 반대편 극은 예수 그리스도, 그의 아들이다. 가운데의 이 둘의 태극선은 성령 어머니가 중재하고 통일하는 역할을 한다. 예수가 직접 말한 길은 유일한 진리의 길, 하나님의 나라에 이르는 길을 말하고, 이 길은 태극의 한 극 진리에 이르는 길이다. 그 중간의 곡선, 태극선은 생명에 이르는 길을 표현하고 영생Eternal Life을 말한다. 이 생명과 진리, 길인 예수 그리스도는 다시 성부 하나님, 보혜사 성령을 말하며, 이 삼위일체 신은 진리와 말씀의 로고스와 하나님과 그리스도의 사랑 아가페, 그리고 하나님의 결정적인 구원의 시간 카이로스를 말한다. 요한복음 1장의 로고스는 헬라적 의미로 비인격적impersonal 로고스, 이성을 의미하지 않는다. 서양 철학은 "이성의 원리에서 비롯되어 이성이 없으면 모든 것은 존재하지 않는다(nihil est sine ratione)"는 것이 기본 전제가 된다.[5] 이것은 라이프니츠의 원리에서 시작된 철학적 사유로서 하이데거는 라이프니츠와 칸트, 아리스토텔레스와 괴테를 언급한다.

성서의 로고스는 인격적personal 로고스, 즉 하나님의 만남을 말한다. 이 로고스는 아가페 로고스를 말한다. 이 사랑의 로고스는 빛이고 말씀이고, 육신Incarnation인 로고스이다. 이 아가페 로고스는 그리스도의 사랑으로 후광後光, Halo이 있고, 어머니의 사랑과 감동pathos이 있고, 향기 Fragrance가 있어서, 이 아가페 사랑의 향취가 사람을 구원하게 한다. 로고스는 말씀과 빛, 진리로서 인격적 하나님, 즉 하나님의 만남을 통하여 말씀이 육신이 되는 인격적 하나님과 만나게 하고, 빛과 진리의 세계에 이르게 한다. 이 로고스는 하나님의 사랑, 아가페의 차원과 은혜의 보응 관계를

---

5 M. Heidegger, *The Principle of Reason*, tr. by Reginald Lilly (Bloomington and Indianapolis: Indiana University Press, 1996), 3-83.

갖게 한다. 로고스와 아가페의 중간 태극선은 카이로스(하나님의 결정적인 구원의 시간) 시간을 말하며, 역사의 종말, 결정적인 사건을 가진다. 이 카이로스는 크로노스Chronos의 일반적인 시간, 연대기적 시간 속에 구원의 시간을 지칭한다. 카이로스에 이르는 도정道程에서는 사탄의 격렬한 공격에 그리스도인들이 모욕당하고, 위협당하는 상황을 본다. 예수 그리스도의 십자가 사건과 같은 또 다른 성도의 십자가 수난의 사건은 카이로스 시간에서 빛나게 된다.

김흡영은 로고스 신학과 프락시스의 신학을 구분하고, 서구 신학의 한계를 극복하는 신학으로 도道의 신학을 주장한다. "로고스 신학(전통신학)의 정의가 전통적인 '이해를 추구하는 믿음'(fides quarens intellectum, faith-seeking-understanding)이고, 프락시스 신학(해방신학)의 그것은 '행동을 추구하는 소망'(hope-seeking-action)이라면, 도의 신학(theo-tao)의 정의는 '지혜(道)를 추구하는 사랑'(love-seeking-wisdom[tao])이다."[6] 이에 비해 태극 신학의 로고스는 아가페적 로고스로 인격적 사랑, 하나님의 극진한 사랑, 우주적 사랑이다. 이 로고스는 카이로스의 개념을 포괄하며 삼위일체 하나님의 진리와 길과 생명을 말한다. 이 로고스는 하나이면서 모두인, 전체가 통하는 통일 신학이며, 혼의 신학으로 한국의 문화와 혼을 담고 있는, 큰 하나, 혼(Han)이면서 전체, 궁극의 세계 즉, 무궁의 신학을 의미하는 한국의 신학이다. 이는 다시 아가페와 로고스, 카이로스를 추구하는 태극(theo-ontology, teleology)의 신학이라 말할 수 있다.

---

6 김흡영, 유승무 교수의 "역사상의 불교권력"을 논하며,『현대사회에서 종교권력, 무엇이 문제인가』(서울: 동연, 2008), 47. 김흡영,『도의 신학』(서울: 다산글방, 2000), 336-60.

프락시스의 차원은 주체성 보다는 객체, 주관적 주체(Text)보다는 상황(Context)을 중시하며 말씀이 육신이 되는 성육신의 단계, 현실에서 말씀의 성화와 실천을 중요시한다. 이 신학의 실천이 한국에서는 민중 신학으로 체현體現되었다.

카이로스의 시간, 하나님의 역사에 개입함으로 역사의 결정적인 일들이 벌어지는 것을 목격하게 된다. 따라서 절벽에 다다른 인간과 위기에 도달한 공동체가 카이로스의 실재實在를 기대하며 희망의 신학을 말할 수 있는 가능성이 있다. 한국의 상황은 새 민중 신학과 더불어 카이로스의 신학, 성령의 무대인 무궁無窮의 신학에서 미래를 찾아야 할 것이다. 그것을 태극의 신학에서 토론하고 통일과 혼, 무궁의 신학 등, 새 신학을 모색해야 할 과제가 있다. 기독론과 성령론, 교회론과 종말론, 신론과 삼위일체론 등을 태극기의 8궤로 풀이하여 각론으로 이야기할 수 있을 것이다. 오늘의 과학 세계관과 지구의 생태 문제에 대한 해석학의 과제와 신학은 카이로스의 신학에서 진지한 대화를 나눌 수 있다.

한국인의 심성에 맞춘 종교를 만들겠다고 이단 종파, 신흥종교들은 이미 태극의 신학을 말하며 한국인의 입맛에 맞게 토착화 작업을 하여 종교 교리화하였다.[7] 따라서 이런 논의는 한국 기독교가 이단 시비에 빠질 수 있는 위험 요소가 많다. 그럼에도 불구하고 100년밖에 안 된 한국의 기독교가 한국 문화에 맞는 기독교가 되기 위해서는 태극 신학을 말해야 하며, 한국의 신학으로서, 한국의 문화 신학으로 자리 잡고 한국 사람에 맞게 토착화하기 위해서는 태극 신학을 전개해야 할 것이다.

그래서 태극 신학은 기독교 교리의 한국적 이해라고 말할 수 있고 한국

---

7 통일교나 증산교에서 동양 사상을 배경으로 논의를 많이 하였다.

신학이라고 말할 수 있다. 한국 교회의 상황에서 기독교 진리를 어떻게 단순하고Simple, 자유롭고Free(값없이 은혜롭게), 역설적Paradox으로 표현하고 전달할 수 있을까. 기독교 진리는 역설적으로 표현할 수밖에 없다. 실천적인Praxis 차원에서 태극 신학은 쉽고, 자유롭고, 역설적인 세 차원으로 풀 수 있을 것이다. 예수는 진리를 자연의 비유Parable로 설명하여 민중을 쉽게 이해시켰고, 값없이 은혜를 베풀었다. 진리를 역설적인 논리로 표현했다. 오늘날 교회는 돈이 나오지 아니하면 설교하지 않는 풍조가 만연하고, 헌금과 교회 건물을 강조하여 기독교를 값싼 종교로 만들고 있다. 자본주의적 교회, 자본 지향적 교회가 되어 초대 교회의 은혜와 성령의 역사는 찾아보기 힘든 세상이 되었다. 민중들은 바리새인들과 사두개파 사람들을 피하여 예수에게 몰려왔는데 이제는 한국의 바리새인과 사두개인들이 결탁하여 민중을 현혹하고 유인하는 시대가 되어 민중들이 바리새인과 사두개인을 좇는 세상이 되었다.

왜 태극 신학이어야 하는가. 태극은 주역周易에서 나온 것으로서, 우주 만물이 생긴 근원이라고 보는 본체本體 즉, 하늘과 땅이 나뉘기 전, 세상 만물 생성의 근원이 되는 것이라 본다. 주역사상의 근간인 태극太極은 역학易學에서 시작하여 송나라 때 대성한 중국의 철학사상이기도 하였다.[8] 태극의 말뜻은 성서의 창조 사상과 상통한다. 태초에 빛이 있으라 하니 빛이 있었다는 선언과 함께 창조는 시작된다. 세상 만물이 생성되기 전 근원자根源者와 혼돈과 공허가 존재하였다. 그 근원이 바로 태극, 하나님, 하나님의 세계가 되는 것이다. 태극 신학은 우주 창조적 신학을 말하며 하나님 신학, 근원적 신학의 의미를 내포한다. 한국의 사상 태극은 중국의 주역에서 시

---

8 양주동 외 4, "태극", 『대국어사전』(서울: 현문사, 1981), 2091.

작하여 송나라의 철학사상으로 발전하고 뒤이어 후대에 퇴계 이황과 율곡
이이의 사상으로 연결되었고, 한국의 사상이 되어 한국민의 토착화 사상으
로 전개되고, 동양 문화가 된 것을 의미한다. 따라서 한국의 태극 신학은
동양의 사상을 포괄하는 신학을 말하는 것이다. 그래서 이 태극 신학은
한국 신학이면서 동양 신학이다. 이 신학은 서양의 문제를 해결할 수 있는
동양 사유와 새로운 신학의 패러다임을 제시하고 그동안의 신학 문제들을
극복할 수 있는 세계의 신학이라고 볼 수 있다.

이 태극 신학은 통일 신학과 혼의 신학, 무궁화(무궁, 카이로스) 신학을
포괄한다. 동양 신학과 서양 신학이 한국의 땅에서 통일 신학으로 만나고,[9]
혼의 신학은 한반도의 한국 사람의 문화 신학으로 한국의 심성과 문화에
맞는 감칠맛 나는 신학으로, 무궁화의 지속력 있는 발화(무궁화)와 무궁
(궁극이 없고, 다함이 없고, 끝이 없는 세계, 카이로스 시간·역사)의 신학이
태극太極의 신학이라 말할 수 있다.

동양과 서양의 철학·사상·신학이 만나는 통일 신학이 카이로스의 역사
속에 무궁無窮의 신학으로 상보를 이루고, 태극선의 중앙에는 혼 신학이
한국인의 신학, 한국 문화 신학의 접촉점과 통일성이 되어 중심이 되는
태극 구조를 이루어 태극 신학으로 나타난다고 본다.

한발 더 나아가 왜 한국 사람들은 유독 국가적 상징기를 태극기로 표현
하고, 국화國花를 무궁화로 상징하는가. 한국 문화를 담고 있는 태극의 구
조와 무궁無窮의 세계와 무궁화의 생명력과 생태 환경을 깊이 연구할 필요
가 있을 것이다.[10] 이 연구의 결과, 한국 문화 신학의 비밀이 풀릴 수 있는

---

9 곽노순,『동양신학의 토대와 골격』, 기독교사상시리즈 9집(서울: 대한기독교서회, 1997),
   59-68, 225-62.
10 이정배,『한국적 생명신학』(서울: 감신, 1996), 11-388.

여지가 있지 않는가 생각한다.

2. 통일 신학

동양의 철학과 서양의 철학, 동양의 사상과 서양의 사상, 동양의 신학과 서양의 신학이 만나는 통일 신학이 카이로스의 역사 속에 무궁無窮의 신학으로 상보를 이루고 한국 신학 안에서 기독교 신학이 하나로 통일되고 종합하는 작업이 이루어진다. 통일 신학은 분단 신학을 극복하는 곳에서 시작된다. 생명 공동체를 소홀히 하고 무시하는 신학, 남성 중심적 문화에 대한 신학, 제3세계 민중의 억압과 질곡, 기득권자들의 민중 착취 등을 분단 신학이라고 말한다. 이 분단 극복의 신학이 통일 신학이고, 동서양 신학의 통일과 한반도의 통일, 생태학적 자연의 통일과 남성 · 여성의 통일 등의 포괄적 의미의 신학 운동을 말한다.[11]

통일 신학을 기독교 교리에 있어서는 삼위일체론으로 이야기할 수 있고, 한국적 이해의 지평에서 성부 하나님, 성자 예수 그리스도, 보혜사 성령이 통일되어 이야기할 수 있다. 삼위일체론을 한국 문화에서 어떻게 이해할 수 있는지 해천 윤성범은 성誠의 해석학에서 시도하고 있다. 그는 단군 신화와 연관하여 삼위일체론을 논의한다. "나는 단군 신화가 중국 당나라 때에 페르시아에서 온 경교(네스토리우스)에서 유래된 삼위일체론에 근거한 것이 아닌가, 가정하고 연구한 것이다. 그러나 나는 그 뒤에 경교景教

---

11 박신배, "통일 신학과 통일리더십: 문화 신학적 접근", 『구약의 개혁신학』(서울: 크리스천헤럴드, 2006), 342-3.

가 들어오기 이전에도 한국 고유의 사상이기도 한 것임을 알게 되었다. 기독교의 삼위일체론은 지금으로부터 17세기 전으로까지 거슬러 올라갈 수 있으나 그 이전에서는 찾아볼 수 없다. 만일 경교의 영향으로 된 것이라는 가정도 해볼 만한 것이나, 河圖洛書(하도낙서)에서 유래한 것이라면 이것은 3,500년 전 고대의 기록이라 아니할 수 없다."[12] 이러한 삼위일체 해석학은 한국 신학의 토착화에 밑거름이 되었다. 윤성범은 기독교의 신관과 한국 고유의 신의 이해를 서로 잇대어 연구한다. "기독교 신관과 한국 고신도高神道의 신관만이 이러한 특이한 구조를 가지고 있다는 것은 주목할 만한 사실이다."[13]

단군 신화와 천지인 삼재사상과 단군 시대에 담긴 천天 사상에서 고조선의 건국을 본 해천 윤성범은 단군 시대 해석학에서 서구 그리스도교의 교조적인 삼위일체론을 뒤집고, 어우러짐 혹은 묘妙, perichorese라는 삼위일체론을 풀어냈다. 이는 그리스도교와 유교가 각자 지니고 있는 나름대로의 독특한 특징을 포착하여 지평 융합에 이르는 해석학을 추구한 것이다. 해천의 신학적 의도는 히브리적 사고방식과 희랍적 사유 방식의 사이에서 기독교 신앙의 정체성을 구현해 나가려고 했던 그리스도교 삼위일체 교의론의 해석학적 의도를 정확히 읽어 내고 있다. 이것은 바로 통일 신학으로서 한국 신학과 동양 신학의 지평을 열어 주는 길잡이 역할을 한 것이다. 효 그리스도론이 유교 문화의 틀과 율곡과 퇴계 등에서 보이는 인격신으로서의 천天 이해가 삼일신론적인 독자성 위에서 전개되는 한국 신학의 기본 이해가 전제된다. 이것은 기독교의 삼위일체론에서 성부와 성자와 성령의

---

12 이종찬, "해천 윤성범의 말씀절로의 신학: 성의 해석학", 『한국 신학, 이것이다』, 한국문화신학 제9집, 175.
13 Ibid., 176.

인격적인 관계가 연관되었음을 밝히고 한국 신학 안에서 어떻게 통일되고 독자적 역할을 할 수 있는지 연구하였다.[14]

　태극기의 건곤감이乾坤坎離는 하늘과 논밭, 바다와 평지를 표현한 것으로 우주와 인간, 땅을 표현한 것이다. 이는 천지인의 우주법칙과 자연철학이 담긴 한국인의 의식과 문화가 표현된 것이다. 가운데는 황극皇極의 자리로서 하나님의 통치 사상을 말한다. "홍범구주洪範九疇에서는 한가운데를 황극 자리라 한다. 그러므로 주역에서는 주인이 없는 것이다. 우리의 사상 홍범구주는 황극의 자리로 이 지구상을 모두 지배한 민족임을 알 수 있다. 아무리 주역이 발달된 학문이라 하더라도, 주나라가 은나라를 멸망시켰어도, 주인의 자리를 차지하지 못하였다는 증거가 주역팔괘에서 알 수 있다. 홍범구주는 우리 민족이 홍범사상을 가지고 전 세계를 모두 그 하나님의 경계 아래 두었다는 사상을 말한다."[15] 태극기 안에 주역의 사상과 우주관, 신의 통치가 나타난다. 이것은 태극기를 만든 박영효가 기독교인으로서 국제회의에 가지고 가던 때에 동양사상과 기독교 신앙이 만난 문화의 접촉점으로 태극사상 안에 표현했던 것이다.

　역易의 문자는 육갑六甲으로 표시한다. 이 육갑은 천간지지天干地支의 배합으로 하늘은 끝이 없음을 증명하듯 천간의 숫자는 열 개를 의미하며 갑을병정무기경신임계甲乙丙丁戊己庚辛壬癸이고, 지지는 사방을 각각 천지인 삼방으로 구분하여 자축인묘진사오미신유술해子丑寅卯辰巳午未申酉戌亥로 하였다. 이 역의 원리는 음양陰陽이다. 역이라는 것은 일월日月, 하늘과 땅을 말한다. 역이란 바뀐다, 변한다는 뜻이어서 천지만물은 끊임없이 변

14　이종찬, "해천 윤성범의 말씀절로의 신학: 성의 해석학", 183-4.
15　김민호, "풍류도와 동리문학",『유동식의 풍류신학』, 문화와 신학 1집(서울: 한국문화신학회, 2007), 238-9.

화한다는 자연현상의 원리를 논한 것이다. 그래서 이 주역은 팔괘·육십사
괘, 괘사卦辭·효사爻辭·십익十翼으로 되어 있다. 이 주역은 점복서로 활용되
기도 하지만 십익으로 음양철학, 우주관을 설한 철학서가 되었으며 후일
중국인의 세계관과 인생관뿐 아니라 자연과학 분야에, 그리고 우리나라에
많은 영향을 끼쳤다.[16] 천지인과 우주의 변화의 주체가 누군가라는 문제는
신학에서 답을 얻을 수 있고 자연히 이 문제는 신학의 중요한 주제가 된다.

태극기의 건(하늘)은 신론을 다룰 수 있고, 곤(논밭)은 인간론을, 감
(바다)은 성령론, 이(평지)는 성자와 연관지어서 삼위일체 하나님과 인간
의 문제를 이야기할 수 있다. 중앙의 황극 자리는 하나님의 형상, 하나님의
통치, 하나님 나라, 하나님의 선교, 하나님의 역사 등이 위치할 수 있을
것이다. 천지인의 조화가 하나님의 통치하심에서 이루어지는 자리는 황극
皇極의 위치이다. 이 자리는 밖에서 펼쳐지는 건곤감이의 자연과 조화를
이루며 하나님의 세계를 말한다.[17] 우주와 인간, 자연과 한국인의 철학이
조화를 이룬 태극 신학의 차원은 새로운 문화의 지평을 이야기해 주고 있
다. 이스라엘의 신앙에서는 거룩과 성결, 레위인과 제사장, 성막과 성전,
유월절과 안식일이 중심이 되어 우주의 중심에는 바로 이 예루살렘이 있
다.[18] 이것은 바로 태극 신학의 중심에는 바로 하나님과 태극인(한국 그리
스도인), 흔 ·통·무(통일, 무궁 신학)의 한국 신앙 문화를 만들어야 할
것이다. 이것은 구약의 히브리 문화와 신약의 헬라 문화를 아우르는 거룩

---

16 송영봉, "주역", 『원색세계대백과사전』 26집(서울: 한국교육문화사, 1994), 503.

17 허호익, "하나님의 형상론 연구: 하나님의 형상의 삼중적 삼중관계와 천지인의 조화", 『기독교
신학논총』 24집(한국기독교학회, 2002), 302-6.

18 A. Edersheim, *The Temple: Its Ministry and Services* (Peabody: Hendrickson
Publishers, 2006), 1-239.

의 한국 문화이어야 할 것이다.

태극기의 태극선 중앙에는 흔 신학이 한국인의 신학, 한국 문화 신학의 접촉점과 통일성이 되어 중심이 되는 태극 구조를 이루어 태극 신학으로 나타난다고 본다. 통일 신학은 한국 신학의 모든 범주가 하나를 이룬 조화와 화해, 대화와 소통의 신학으로 나가며, 종교 간 대화와 생명·생태 평화의 신학으로 남북통일의 실제적 담론을 만들고 실천적 장을 여는 우주적 신학이라고 말할 수 있다. 고구려가 삼국 시대의 웅비를 펴며 만주 땅을 호령하였듯이,[19] 신라가 화랑정신으로 신라를 통일하였듯이 오늘 우리에게도 통일을 이룩하는 것이 역사의 숙제이자 오랜 숙원이다. 통일신라시대는 안타까운 시대이다. 하지만 역사의 비극은 웅대한 이상을 위해 연단하고 시련한다. 고구려의 후예 발해가 중원에 한민족의 전통을 살린 것처럼, 고려와 조선으로 이어지는 통일 시대를 회고하며 역사의 교훈을 깨달아 통일의 신학을 찾아 한반도의 통일과 평화가 정착될 수 있도록 통일 논의를 하자. 이스라엘 역사에서는 다윗과 솔로몬이 통일의 이념과 영토 확장, 문화적 번성을 주도하여 가장 번성한 시대를 이끌었다.[20] 한국에서는 고구려의 광개토대왕과 발해의 시조 대조영, 조선시대의 세종대왕을 존경한다. 그들을 역사적 모델로 삼고 통일의 이정표를 삼아서 통일 신학 논의를 활발하게 전개해야 할 것이다.

기독교 신앙과 신학에서 가장 어려운 상대는 보수 신학과 자유 신학,

---

19 함석헌, 『뜻으로 본 한국역사』(서울: 한길사, 2005), 164-180.

20 I. Finkelstein and N. A. Silbermann, *David and Solomon* (New York: Free Press, 2007), 121-150. 핑켈스타인과 실버만은 다윗 성전과 왕조의 역사적 과정을 추정하여 기록시대와 실제 역사적 상황(주전 8세기 히스기야 시대)과 고고학 증거물을 비교하여 다윗 시대를 기록한다.

학문적 신학과 개혁 신학이라는 신학의 양대 진영이다. 한편에서는 다른 한편을 이단시하고 대화하지 않으려는 배타적 관계로 인해 신학을 하는 신학자들의 구도자의 자세와 양식이 문제가 된다. 그러다보니 평신도나 교인들은 이를 자유주의 신학이라고 부르며 신新 신학을 하는 인본주의자라고 몰고 있다. 또 거짓 그리스도를 좇는 사람이라고 매도해 버리는 것이 한국 교회의 지배적인 모습이기도 하다. 또 신학과 신앙을 구별하지 못하는 고집쟁이이고 보수주의 색채를 가진 바리새적인 신학자라로 한다. 그리고 그들은 진정한 자유가 무엇인지 모르는 사람이라고 폄하하며 대립·분열하고 있다. 이런 한국 교회의 모습과 신앙 현상은 교회의 분열로 치닫는 불행의 결과를 낳고 있다. 여기에 소위 자유 진영과 보수 진영이 하나가 되어 그리스도의 화해와 복음을 같이 전하는 통일 운동, 통일 신학이 있어야 할 것이다.

통일 신학에서는 하나님, 성부에 대한 신론을 중심으로 신학을 전개할 수 있다. 혼의 신학에서는 기독론을 전개하고, 무궁화 신학에서는 성령론을 전개할 수 있게 된다. 또 그리스도의 길과 진리, 생명론 중에 구원의 길을 제시할 수 있는 것이 바로 길(The Way), 통일의 길, 통일 신학이다. 통일 신학은 우리 조상들의 지혜를 전수받아 통일의 문을 여는 작업을 한다. 이처럼 통일 신학은 유구한 우리의 역사 속에 잠시 잠깐의 분열과 분단이 있는 것을 포착하고 재통일의 논의를 하는 것이다. 우리는 재통일이라는 작업을 역사의 연속선상에서 해결해야 한다. 이것은 아가페의 사랑, 하나님의 대하大河의 사랑과 우주적인 사랑 안에서 가능하다. 카이로스의 때도, 로고스의 진리도 통일이라는 민족의 꿈 앞에서는 묵묵부답인 것처럼 보인다. 아가페의 거대한 사랑의 물결이 이 통일의 논의를 가능하게 한다. 그러므로 우리는 아가페의 신학을 이야기해야 한다. 한편 이 신학은 동양 신학과 서양 신학이 한국의 땅에서 만나 통일 신학으로 꽃피고 열매 맺는 공간이다.

3. 흔의 신학

흔의 신학은 한반도가 중심이 되는 한국 사람의 문화 신학으로 한국인의 심성과 문화에 맞는 신학이다. 이 신학은 감칠맛 나는 토착화 신학으로서 한국 문화 신학으로 전개될 수 있다. 하나님의 아들 예수 그리스도는 육신을 입고 이 땅에 오신, 성육신하신 성자이다. 이 과정은 기독교 복음이 그 나라 문화의 옷을 입고 토착화될 수 있음을 보인다. 이것이 문화 신학이다. 한국 신학은 바로 한국의 상황에 맞는 신학이고 한국 문화의 신학인 것이다.[21] 창조적 문화 신학을 어떻게 수행할 것인가. 한국 신학은 그동안 민중 신학과 토착화 신학, 풍류 신학으로 전개되어 한국의 신학을 세계에 알리게 되었다. 민중 신학은 과거 한국의 독재 정권과 비민주주의 상황에서 한국의 민주화와 자유를 위해 신학적 패러다임을 제공하며 한국의 정신적 지주로서 역할을 감당하였다.

민중 신학은 한국의 신학으로, 한국의 상황에서 그리스도 예수의 의미를 찾아 작은 예수의 실천을 몸소 보인 살아 있는 신학이 되게 하였던 것이다.[22] 예수 운동의 실천적 차원을 어떻게 전개할 것인가 하는 것은 흔의 신학의 과제이다. 탈脫신학과 반反신학으로서 우리 신학을 만들어 낼 수

---

21 최인식, 『예수와 문화』(서울: 예영 커뮤니케이션, 2006), 37-96.
22 김진호, 『실천적 그리스도교를 위하여: 예수운동의 혁명성 연구』(서울: 나단, 1992), 112-150.

있을까, 한국 민중의 민담 신학, 한국인의 이야기 신학, 지배자들의 이데올로기를 벗긴 진실의 신학, 출애굽의 민중해방 전통의 선상에서 새롭게 역사를 쓸 수 있을까,[23] 그것이 진정한 혼 신학의 핵심이다.

태극선의 중앙에는 혼 신학이 한국인의 신학, 한국 문화 신학의 접촉점과 통일성이 되어 중심이 되는 태극 구조를 이루어 태극 신학으로 나타난다고 본다. 한국인의, 한국인을 위한, 한국인에게 하는 신학이 혼 신학이며 태극 신학이다. 예수 그리스도가 로고스로, 진리로 전달되는 것을 고려한다. 길과 생명의 차원에서보다는 진리의 차원에서 여러 종교 중에 한 종교로서 기독교의 독특성과 규범성, 예수 그리스도의 의미를 살필 수 있다. 기독론의 논의를 한국인과 한국 문화의 차원에서 어떻게 풀 수 있을까. 한복을 입고 갓을 쓴 예수, 한국 가옥의 예배당을 상상하고 유대인 예수가 기독교의 그리스도로, 다시 한국의 예수 그리스도로 성육신한 모습을 한국의 문화의 관점에서 재해석할 수 있다.

"한국 교회가 하나님의 뜻대로 모여서 새로운 한 집단이 되고, 이것이 세계 문화 개혁에 공헌을 해야 될 것입니다."[24] 한국 교회에 희망이 있는가. 기독교 신앙의 핵심이 십계명, 주기도문, 시험, 하나님의 뜻에 있다고 볼 때, 구약의 신앙과 신약의 신앙, 예수의 시험에서 인간의 문제, 하나님 나라 등이 교회와 신자들에게 주어진 것이다. 이것이 한국인의 신앙 안에서 체화體化되어 사랑으로 몸에 나타나는 신앙이 되고, 사랑의 실천으로 기독교인이 빛과 소금이 될 때 한국 사회 안에서 영향력을 미칠 수 있고, 더 나아가 세계 문화를 개혁하는 핵核이 되어 세계 문화에 크게 기여할 것이다. 이

---

23 권진관,『성령과 민중』(서울: 한국신학연구소, 1993), 251-53.
24 한태동, "십계명과 주기도",『성서로 본 신학』(서울: 연세대학교출판부, 2003), 1-29.

교회는 초대 교회, 신약 교회의 사랑 공동체로서 환원還元 운동이 일어날 때만 이 문화 개혁이 가능하게 된다.[25] 이를 위해 그리스도의 교회 연구가 선행되어야 할 것이다.

이 신학은 토착화 신학과 만나게 된다. 기독교와 한국 문화가 만나서 100년의 신학의 열매를 맺었다. 그러나 아직도 한국 신학이 한국인의 심성에 맞게 체화하지 못했고, 초기 한국 문화 신학자들의 연구 결과를 넘어서서 발전시키지 못하고 있다. 이러한 상태에서 한 단계 올라선 우리의 토착화 신학을 좀 더 발전시켜야 할 과제가 우리 앞에 놓였다. 이 태극 신학은 그러한 차원에서 한국 신학이 나갈 방향이 어떤 것인지, 어디를 향해 나아가야 서양 신학의 한계와 한국 교회의 정체停滯를 풀 수 있는 열쇠를 가진 문화 신학이 될 수 있을지 새롭게 모색하여야 한다. 태극 신학은 선禪 신학, Zen Theology에서 동양의 신학의 새로운 방법론을 찾아야 할 것이다. 묵상과 명상, 관상의 차원에서 도를 추구하는 기독교의 수도원적 영성을 다시 찾는 작업이 이루어져야 기독교에 희망이 있다. 이미 토마스 머튼이나 토마스 G. 핸드가 동양의 영성 작업을 수행하였다.[26] 서양 기독교의 한계에 부딪힌 두 서양 신부가 동양의 영성을 추구하기 위해 불교를 만나면서 선, 참선의 수행 방법을 만나며 영성의 깊은 세계를 체험하는 작업을 한다. 이러한 동양 영성 추구의 신학에서 미래 한국 기독교의 희망을 찾을 수 있다. 따라서 태극 신학은 선 신학의 지평에서 신학 작업을 행할 때 미래의

---

25 박신배, 『환원신학과 구약성서』(서울: 그리스도대학교 출판국, 2008), 22-125.

26 토마스 G. 핸드, 『동양적 그리스도교영성』, 이희정 역(서울: 한국기독교연구소, 2004), 8-63. 박신배, "종교 간 평화: 기독교와 불교의 평화공존", 제8차 평화학회학술대회발표집(한국평화학회, 2008. 11.1), 15. 재인용, 강건기, "토마스 머튼의 영성과 불교", 『한국그리스도사상』 4집(한국그리스도사상연구소, 1996).

살아 있는 신학을 만들 수 있으리라.

흔 신학은 무궁화 신학으로 체현되어 성령의 역사로 꽃필 수 있는 삼위일체 하나님의 한국적 이해의 신학 표현이라고 볼 수 있다. 역동적인 한국 문화 신학은 무궁화 신학과 연관되어 표출될 수 있으리라. 그러면 이제 무궁화 신학을 살펴보자.

4. 무궁화 신학

태극 신학에서는 무궁화의 지속력 있는 발화發花의 성격으로 한국인의 문화를 말할 수 있는 은근과 끈기의 무형의 문화가 있다. 우리 민족은 수난의 역사 속에 끈질기게 생명력을 보존하며 버티어 왔다. 한국 역사의 신학으로서 하나님의 때, 구원의 시간을 그리스도의 오심과 재림, 오메가 포인트로 메시아 사건을 말할 수 있다. 한국의 구원의 시간은 언제인가. 바로 통일의 시대요, 통일의 미래를 여는 때이다. 이 카이로스의 시간은 바로 오늘 우리의 결단과 비전에 달려 있다. 이것은 무궁無窮의 시간과 공간이다. 잠자는 한국인, 꿈속에 있는 한국 그리스도인들이 일어날 시간이 바로 통일의 카이로스이다.

또한 무궁無窮의 신학은 궁극이 없고 다함이 없고 끝이 없는 세계를 말하며, 역사적으로는 카이로스 시간으로 크로노스(연대기적 시간)의 신학을 뛰어넘는 역사 철학을 말하며, 구원의 역사를 담은 구속사건을 의미한다. 이 무궁의 시간은 성령의 역사에서 가능하다. 그래서 무궁의 신학은 성령의 신학이며 생명의 신학이다. 생태계가 파괴되고 지구 온난화로 땅이 패괴하며 종말론적 상황으로 치닫고 있는 때에 구원의 카이로스는 언제

올 것인가. 창조론과 종말론의 논의를 바로 이 태극 신학의 무궁화론에서
말할 수 있다.

창조론과 진화론에 대한 과학과 신학의 논의는 현대인들에게는 혼란을
주는 문제이다. 더욱이 창조과학이라는 것은 두 가지 다른 성격의 결합이
다. 이 다른 언어의 세계로 인해 하나님의 창조 세계를 과학적 논리로 입증
하려는 시도가 오히려 혼돈을 줄 수 있는 여지가 있다.[27] 창조과학에서는
지구의 나이를 6,000년(우서 4004년) 정도로 본다. 그 이유는 성서의 축자
영감설을 그대로 받아들이기 때문이라고 말한다. 이는 과학적 연구의 결과
를 신뢰하지 않고 성서의 내용을 입증하려는 자세를 갖기 때문이다. 카이
로스의 시간은 하나님의 구원의 시간이며, 인류 구원의 시간은 하나님의
구속사의 때와 섭리의 역사 속에 이미 정해졌다. 그러면 언제 종말이 올
것인가. 오늘의 시대를 모두 종말론적 시대라고 말한다. 종말의 시간에 지
구 온난화 현상이나 이상기온 현상 등이 시대말의 징조를 보여 준다고 말한
다. 지구과학에 따르면 지구의 나이가 약 45억 년인데, 인간으로 보면 이미
중년의 나이라고 한다. 100억 년이 되면 지구는 소멸하게 된다고 말한다.
150억 년에 걸쳐 우주의 진화가 있었다고 보고 우주의 끝에는 '뜨거운 죽음
heat death'이 있을 거라고 예측한다.[28]

진화론자들이 보는 생물학적 인류의 가장 오래된 유인원은 440만 년
전의 아르디피테쿠스 라미두스이다. 그러나 이것이 직립 보행을 했는지,
현생 인류인 호모사피엔스의 직계 조상인지는 분명치 않다. 한편, 최근에

---

27 존 로지,『과학철학의 역사』, 정병훈·최동덕 역(서울: 동연, 2000), 344-345. 과학철학의
    기술주의, 생물학적 진화, 선택과정 이론, 과학사에 대하여 참조하라.
28 존 F. 호트, "진화, 비극, 희망", 테드 피터스 편,『과학과 종교: 새로운 공명』, 김흡영·배국원
    ·윤원철·윤철호·신재식·김윤성 역(서울: 동연, 2002), 402.

규명된 390만 내지 420만 년 전의 오스트랄로피테쿠스 아나멘시스는 분명
히 직립 보행을 했다.[29] 인류의 역사에서 진화론에 나오는 인간과 창조 이야
기에서 나오는 인간은 시기의 차이가 있다. 아담과 호모 에렉투스는 근원
이 다르다. 과학과 신학이 어떻게 조화를 이루며 종말의 시대에 대하여
말하고 종말을 준비할 수 있을까? 한 개인과 국가 민족의 탄생과 멸망의
역사는 하나님의 카이로스의 시간에서 결정되는 것이 아닌가. 카이로스의
신학에서 이 자연과학과 인간의 문제를 깊이 다루어야 한다.[30] 인간의 본질
은 인간의 마음과 영혼, 물질세계와 우주가 연관되었고, 오메가 포인트
Omega point, 궁극의 상태와 그리스도 기원Christogenesis이 진화적 성공과
미래의 본질적 목적이 된다.[31] 인간과 자연, 우주는 불가분리의 하나라는
사실을 태극의 카이로스는 말한다.

　또 멋의 신학으로서의 풍류 신학은 무궁화와 더불어 말할 수 있으며
한 멋진 삶으로서 기독인의 풍류를 이야기할 수 있다. 무궁화 신학은 꽃의
신학으로서 아름다움, 미학美學의 신학을 표출하여 현대의 가시적Visual
사회에서 진정한 미가 무엇인지 논의하고 정의하는 신학적 작업이 진행되
어야 할 것이다. 예술 신학은 바로 21세기 화두로서 문화 신학의 중요한
부분으로 자리 잡는다. 문화 시대의 아이템으로서 예술과 미학, 예술 철학
과 신학은 한국의 멋을 맛깔스럽게 풀어내야 하는 과제가 주어진다. 풍류
신학은 이 멋의 신학을 풀어내었고, 예술 신학으로서 승화하여 인생의 미

---

29 프란시스코 J. 아얄라, "너무나 인간적인 동물: 진화와 윤리학",『과학과 종교: 새로운 공명』,
　　215.
30 김광식,『인간과학과 신학: 생물학, 심리학 및 의학과의 대화를 위하여』(서울: 연세대학교출판
　　부, 1995), 1-6.
31 Teilhard de Chardin, *The Phenomenon of Man* (New York: Harper & Row, 1975),
　　11-28.

학적 차원에서 하나님의 예술성을 드러내며 신학적으로 전개하고 있다.[32]
앞으로의 신학은 무궁화 신학의 담론으로서 예술 신학이 한국의 멋과 아름
다움을 어떻게 풀어왔는지에 초점을 맞추어 현대에 그 멋을 찾아내고 복원
하는 작업이 일어나야 할 것이다. 결국 예술과 신학이 만난 자리에서 우리
문화의 무궁화 신학으로 전개시킬 수 있을 것이다.

오늘날 여성·생태주의ecofeminism 신학은 이 신학에서 충분히 논의할
수 있을 것이다. 한국인의 여성 문화의 특징은 은근과 끈기이며 순종과
희생의 역할을 어머니 문화가 해왔다. 한국 여자의 치마에서 포용의 문화
로 모든 것을 보듬고 가는 신학의 지평을 보일 수 있다. 아시아의 밝은 미래
의 도래는 여성 신학이 꽃피어 만발하고 여성들이 자유와 해방을 누릴 때이
다.[33] 여성의 한恨을 풀 수 있는 신학, 그 여성의 신학이 무궁화 신학의 장이
다.

이 혼의 신학의 역사와 무궁화 신학이 만나는 지점은 태극太極의 신학이
다. 역사와 문화 속에 성령의 역사는 어떻게 진행되는가. 성령의 흐름은
선교와 연결되어 있고 아시아 국가와 민족에게 복음이 전달되는 작업과
아시아 신학이 전개되는 것, 아시아 신학의 장이 마련되는 것이 중요하다.
특히 아시아 지역은 제3세계 국가의 대표적인 나라들이 모여 있어서 가난
하고 미전도 종족이 많은 선교 지역이다. 이곳에 아시아 해방 신학과 선교
신학이 무엇보다도 필요하다.[34] 특히 이 지역은 불교권과 회교권, 유대교,

---

32 손호현, "한 멋진 삶의 풍경화: 유동식의 예술신학 연구", 『유동식의 풍류신학』, 문화와 신학
1집(서울: 한국문화신학회, 2007), 93-130.

33 정현경, 『다시 태양이 되기 위하여: 아시아 여성 신학의 현재와 미래』, 박재순 역(서울: 분도출
판사, 81-94. 2002.

34 알로이스 피어리스, 『아시아의 해방신학』, 성염 역(서울: 분도출판사, 1990), 69-98.

힌두교권이 모여 있어서 이곳은 가장 어려운 선교지역이다. 그래서 태극 신학의 무궁화 신학은 선교 신학의 전개라고 말할 수 있다. 한국은 21세기 선교의 주역으로서 미국 다음으로 가장 많은 수의 선교사를 파송하는 동방의 예루살렘이라 할 수 있다. 우리는 과거 서구 제국주의적 선교 정책을 답습한다고 하면 역사의 비극은 되풀이될 것이다.[35] 서광선은 선교는 먼저 한국의 진정한 개혁과 회개가 선행된 다음에 이루어져야 할 것이라 지적한다. 그는 또 한국이 변화하지 않으면 아시아 선교는 무의미하다고 말한다. 그리고 아시아 민중이 먼저 자신들을 자각하여 복음을 받아들이고 해방 운동을 전개할 수 있도록 도와주는 것이 선교라고 말한다.

진정한 선교가 무엇인지 분명히 파악하여 관계 선교와 간접 선교, 대화 선교로 그곳에 가서 그 문화 속에 아브라함 가문의 4대 선교를 이루며 썩어지는 밀알의 존재가 되는 선교 모델이 이루어져야 한다. 이 아시아 선교와 선교 신학이 동양 신학과 연관되어 있다. 동양 신학이 어떻게 태극 신학과 만나는지 연구하는 것이 무궁화 신학에서 전개해야 할 과제이다. 선교 신학을 깊이 연구하고, 아시아적 상황과 연관하여 동양 사상을 연구하는 작업이 선행되어야 할 것이다.

왜 한국 사람들은 유독 국가적 상징기를 태극기로 표현하고, 국화國花를 무궁화로 상징하는가. 한국 문화를 담고 있는 태극의 구조에서 한국 신학을 말할 수 있는가. 앞으로 지금의 논의를 더 진행하기 위해 무엇을 이야기해야 하는가. 무궁無窮의 세계와 생명, 카이로스의 역사성과 영생, 성령과 태극의 신학을 어떻게 이해하고 설명할 수 있을까 질문한다. 무궁

---

35 서광선, "아시아 상황과 기독교", 성공회대학교 신학연구원 편저, 『제국의 신』(서울: 동연, 2008), 269-275.

화의 생명력과 더불어 무궁화의 식물성과 생태를 연구하고 한국인과 이 식물이 어떻게 연관되는지 설명하는 작업이 필요하다.

또 이 신학과 생태 신학의 관계는 어떤지 연구해야 한다. 1970년, 80년 대에 생태 신학이 논의되었다. 미래의 예언적 신학의 입장에서 지구의 생태의 문제가 심각할 것을 논의하였다. 이 예견이 맞아떨어져서 오늘날의 지구는 온난화와 기후 이상으로 종말론적 상황에 놓이게 되었다. 이미 기업이 환경 친화적 제품을 내놓지 않으면 상품이 팔리지 않을 정도로 이제는 생태 환경을 깊이 연구할 필요가 있다.[36]

이러한 연구 결과를 통해, 한국 문화 신학은 한국 기독교의 미래를 주도할 것이다. 생명 신학으로서 무궁화 신학은 우리에게 많은 것을 가르쳐 줄 것이다. 제3세계의 민초 신학과 여성 생태 신학으로 생명과 성령, 카이로스의 새 역사를 제시할 것이다.

맺는 말

한국 기독교는 막다른 길에 몰렸다. 한국 교회는 성장을 멈추고 세속화에 들어서서 위기에 봉착했다. 한국 선교 100년의 역사 속에 위기의 타개책을 갖지 않으면 한국 교회는 더 이상 희망이 없게 되어 아무런 영향력을 줄 수 없는 종교로 전락하고 말 것이다. 이제 한국의 기독교는 사람들에게 멀어질 것인가. 지금까지 한국 신학의 미래를 열 수 있는 한국의 신학을 살펴보고 한국 문화 신학으로서 태극 신학이 가능한지 연구해 보았다. 또

---

36 이정배, 『한국적 생명신학』(서울: 감신, 1996), 11-388.

이 연구를 통해 한국 신학의 미래는 한국인의 심성과 한국 문화에서 태극의 문화성과 태극 신학을 찾아야만 새로운 비전이 있음을 알게 되었다.

태극의 신학이 통일 신학, 흔의 신학, 무궁화 신학으로 전개되어 한국의 분단 문제와 사상 통일에 대한 논의를 기독교의 교리와 더불어 추구해야 함을 살폈다. 흔의 신학에서는 한국인의 신학으로 토착화 과정과 문화 신학이 연구되어야 함을 알았다. 무궁화 신학에서는 성령의 역사와 카이로스의 구원의 때를 논의하고 생태·여성주의 신학이 태극 신학의 중심에서 전체를 아우르는 담론을 주도할 수 있음을 이야기하였다. 마지막으로 성부·성자·성령의 삼위일체 하나님과 길과 진리, 생명으로서 예수 그리스도의 삶이 서로 상통하는 태극의 구조와 통일성을 이야기하였다. 이와 함께 로고스와 카이로스, 아가페의 신학이 상통하는 9가지 내용을 다뤘다.

이 기독교 교의가 실천적 차원에서 민중 신학으로 나타나 한국 현실에서 정의와 공의가 드러나는 과정이 반드시 있어야 할 것이다. 그리고 한국 문화 신학으로서 토착화 신학과 풍류 신학으로 나타나서 한국인의 심성을 잘 연구한다면 앞으로 한국뿐 아니라 아시아 전반을 아우를 수 있는 태극 신학이 아시아에 평화를 줄 것이다. 그래서 세계의 문제 해결에 동양적 지혜를 추구하고 동양의 신학에서 세계 신학의 미래 좌표와 올바른 방향을 찾게 될 것이다. 태극 신학은 그동안 선배 신학자들이 추구한 신학의 전통과 그 연구의 연속선상 위에서 수행하는 것이다. 앞으로 태극 신학은 한국 문화와 어떻게 연관되어 전개되는지, 한국 역사에서 어떻게 나타났는지, 성서와 어떤 관계를 갖는지 연구 과제가 주어질 것이다.

4장

토착화 신학과 성서

한국의 토착화 신학자 중 그 길을 제시하고 주도한 분들은 여러 신학자들이 있었다. 그중에 김광식 교수는 한국의 문화 신학을 이끌면서 대중들의 자리에 들어가서 토착화 신학을 아직도 여전히 적용하며 신학의 토착화를 실천하고 있다. 이 장에서는 토착화 신학의 길을 걸어온 그의 발자취를 더듬으면서 성서의 관점에서 그 연구들을 평가하고 토착화 신학과 성서신학의 관계에서 이야기를 진행하고자 한다. 또 토착화 신학과의 대화를 통해 앞으로 한국 성서 신학이 토착화 신학과 한국 문화적 신학에 기여할 수 있는지 그 가능성을 타진하고자 한다.

토착화 신학이 한국 문화에 맞게 이해할 수 있는 차원에서 선교 신학의 관점을 가질 수 있는지, 김광식 교수의 토착화 신학이 어떻게 전개하고 변화되었는지 살피며, 이 토착화 신학이 어떻게 성서의 본문을 사용하였고, 적용했는지 고찰하고자 한다. 이 장은 한국 성서 신학의 갈 길을 제시할 것이다. 한국 토착화 신학의 관점에서 성서 신학이 무엇을 연구해야 하고 한국인의 심성에 맞는 성서 해석과 문화 해석을 어떻게 해야 할지를 새로운 차원에서 도전받는 기회가 되기를 바라며, 토착화 신학의 작업이 새 차원에서 태극太極 신학으로 발전할 수 있는지 그 가능성에 대한 연구를 시작하고자 한다.

1. 선교 신학으로서 토착화 신학

현대 신학에서 타종교와의 대화와 선교의 차원까지 확장할 수 있을까. 대화 신학의 아버지인 하인리히 오트는 칼 바르트의 신정통주의 신학과 폴 틸리히의 실존론적 신학의 전통을 이어받아 그들의 신학을 중재하는 입장에서 선교와 대화의 신학으로서 타종교와의 대화 문제를 제기한다. 폴 틸리히는 이 땅에서의 실존, 그리스도가 이 땅에 임하는 카이로스kairos를 문제 삼는다.[1] 그리스도의 보편적 계시, 궁극적 계시가 한국 땅에서 어떻게 신학적으로 이해될 수 있을까. 실존론적, 드라마적, 종말론적인 상황과 사고가 그의 신학의 자리이다. 그 신학이 오늘의 한국에서 토착화 신학과 태극太極 신학으로 발현된다.

"하인리히 오트는 종교 간 대화의 새로운 모델을 제시하고 있다. 즉 기독교 신학자가 타종교와의 대화를 시도할 때 결코 제3의 위치에 서지 못하고 어디까지나 신앙고백적 입장을 고수하게 된다는 것을 분명히 의식하여야 한다는 것이다. 말하자면 기독교인이 결코 불교인일 수 없고 불교인이 결코 기독교인일 수 없으나 양자 사이에는 대화가 가능하다는 것이다. 이 경우의 대화는 일방이 타방을 극복하는 것도 아니고 제3의 입장에서 쌍방을 비교하는 것도 아니며 단지 두 종교의 만남에서 공통성보다는 오히려 상이성을 찾아 상호조명해 보고자 시도한다."[2]

대화 신학자 하인리히 오트는 공통점을 접촉점으로 삼아 기독교와 불

---

[1] I. C. 헤네르 편, 『폴 틸리히의 그리스도교 사상사』, 송기득 역(서울: 한국신학연구소, 1983), 23-24.

[2] 김광식, "종교다원주의와 토착화", 『현대와 신학』18집(연세대학교 연합신학대학원, 1994), 28.

교의 상호조명相互照明의 가능성을 모색하고 있다. 이 상호조명법은 차이점에 대하여는 아무 관심이 없다. 그에게 접촉점으로서의 공통점은 본질적인 것을 의미하나 차이점은 비본질적인 어떤 것으로서 고려의 대상에서 제외될 수밖에 없다. 이 상호조명법의 이점을 중심으로 하되, 진정한 대화는 공통점의 발견에만 있는 것이 아니라 도리어 차이점의 재발견에서부터 본질적인 것을 조명해 보는 데서 성립한다.[3] '선교의 차원에서 타종교와의 대화 문제가 제기되고, 진정한 대화에 어떤 신학적 방법이 유효한가'라는 문제에 대하여 오트의 방법론은 아주 유익한 논의를 이끈다. 오트는 변증법적 신학자인 칼 바르트의 차별법을 통하여 타종교를 불신앙으로 규정한 것에서 한 걸음 더 나아가는 진보를 이루었다. 그는 하나님의 계시와 인간의 종교라는 관점에서 위로부터의 계시와 아래로부터의 인간학적 관점의 이해를 할 수 있음을 본다.[4]

하인리히 오트의 신학 방법은 교의적이고 실존론적이다. 그는 『신학해제』서론에서 자신의 신학이 신 개념과 인간관에서 인격주의적이고, 사상적 소지로 보아서는 계시 신학적이고 그리스도 중심적이며 방법론에서는 실존론이라고 밝힌다.[5] 오트의 신학은 김광식의 신학에 중요한 영향을 미친다. 김광식의 책 모든 장에 오트의 방법론과 신학을 소개하고 있으니 말이다.

선교와 토착화의 관계에서 오트의 대화 신학과 신학 방법론을 한국적 상황에 적용하고 창조적으로 이해하려는 김광식의 토착화 작업이 있었다.

---

3 Ibid., 57.
4 김광식, "하느님의 계시와 인간의 종교", 한태동 교수 화갑기념장집,『신학논단』16집(연세대학교 신과대학, 1983), 199-19.
5 하인리히 오트,『조직신학 입문: 신학해제』, 김광식 역(서울: 한국신학연구소, 1974), 24.

그의 토착화 신학은 언행일치의 신학, 신토불이 신학, 복의 신학이다. 언행
일치의 신학은 기독교와 유교의 대화를 전제로 한 논의에서 출발한다. 유
교의 성誠의 개념을 풀이하기 위해 도입한 개념이 언행일치의 신학이다.
김광식은 『선교와 토착화』(1975)라는 책을 『언행일치의 신학』(2000)이
라는 책으로 개정한다. 그는 성부의 원형적 언행일치(the archetypical
integrity of the Father)가 창조 신앙으로 표현되고, 성자의 역사적 언행일
치(the historical integrity of Jesus Christ, the Son of God), 즉 성육신으
로 구원의 사건이 일어난다고 보았다. 또한 오늘날의 한국 교회의 문제점
은 이 언행일치 신학의 부재에서 비롯된다고 예언자 통찰력을 가진 신학으
로 피력하고, 참된 구원의 언행일치는 오직 성령의 도우심으로 가능하다는
성령론을 전개한다.

　신토불이 신학은 불교와의 대화를 전제한다. "불교의 교리와 기독교의
교리를 비교 연구한다는 식의 대화가 아니라, 불교적 전통에 사는 한국인
이 기독교의 교리를 어떻게 이해하느냐는 차원에서 우리의 신앙과 인격
내부에서 일어나는 무의식적인 대화를 전제한다."[6] 이율곡의 불이不二사상
에서 근원하여, 디에트리히 리츨 교수의 포스트모더니즘과 종교다원주의
장의 논찬에서 simul Christianus et paganus(기독교인인 동시에 이방인)
의 주제를 발전시킨 것이 신토불이身土不二였다. 여기서 더 나아가 神土不
二는 토착화 신神 개념을, 身土不二는 토착화된 그리스도 신앙 내지 교회관
을, 信土不二는 토착화된 신앙 이해 및 구원관을 그리고 마지막으로 新土
不二는 토착화된 종말 이해를 표현하는 것이라고 생각한다.[7] 도덕경의 一

6　김광식, "토착화 신학의 길", 『한국신학, 이것이다』, 한국문화신학 9집(서울: 한들출판사,
　2008), 342.
7　Kwang-Shik Kim, "Nonduality of Novum and Earth", *Yonsei Journal of Theology*, Vol.

而二는 도道에서 만물이 생긴다는 것과 태극太極에서 만상이 전개된다는 주역의 가르침에서 동일성identity과 불이nonduality의 개념을 발전시킨다.

"민족신으로서의 하느님과 성서적 기독교적 신은 神土不二의 관계에 있다. 민족신인 하느님은 한국인의 사람다움humanity이며 재래 종교를 대표하는 영적인 땅을 상징한다. 기독교의 신은 한국의 종교적인 땅, 즉 하느님과 만나서 토착화된 기독교의 신으로 섬김을 받고 복을 주신다."[8] 성서의 하느님이 복음의 토착화의 과정을 통하여 한국 민족의 신으로 하나 되는 과정을 신토불이의 신학으로 신론, 기독론, 교회론, 종말론으로 풀어낸다. 여기서 더 나아가 방법론으로 태극 신학이 삼위일체론, 신론, 기독론으로부터 새롭게 기독교 진리를 이해하고, 한국 신학의 관점에서 한 차원 높게 전개할 필요가 대두된다.

복의 신학은 무교巫敎와 연관하여 기독교 신앙을 재조명해 보는 학문적 성찰이다. 김광식은 복의 신학의 단초가 되는 연구로서 *Theologische Zeitschrift 55*(1999)에 "한국 교회 성장과 아시아 가치"라는 글에서 제시한다. 이 글은 한국 교회의 급속한 성장과 발전이 토착화의 폭발이라는 취지에서 쓴 것이다.[9] 복의 신학은 김광식의 신학의 말기에 청평의 강남금식기도원에서 매주 토요일 설교를 통하여 토착화 작업이 이루어지고 있다. 그 결실이 「나의 인생에 믿음의 길잡이 - 주님의 기도와 사도신경 토착화 작업」이라고 볼 수 있다.[10] 그는 구약의 요약으로 십계명을 연구하여 설교

---

4 (UGST Yonsei Univ., 1999), 85-96.

8 김광식, "토착화 신학의 길", 344.

9 김광식, "한국교회의 성장과 아시아적 가치", 은준관 은퇴기념장집, 『신학논단』 26집(연세대학교 신과대학, 1999), 79-95.

10 김광식, "토착화 신학의 길", 345-47.

하였다. 모세 오경과 역사서에 나타난 사상은 축복과 저주의 역사로 본다. 예언서들은 구원과 심판을 중심 주제로 삼고 있고, 성문서는 지혜와 경건에 관하여 말하며 특히 축복과 저주를 주제로 하여 십계명을 해설하는 것이 중요하다고 본다. 기도원은 축복과 저주의 문제를 다루는 곳이고, 복의 신학이 서 있는 삶 속의 자리Sitz im Leben라고 말한다. 특히 구약성서를 십계명에서 그 정체晶體를 파악하고 구약의 신학을 복의 신학으로 파악하고 있는 것은 신명기 신학의 토라 신학에서 착안한 것으로 보이며 성서 신학의 개념을 포착하고 있다고 보겠다.

타종교와의 대화 문제를 통해 선교의 차원으로 토착화 작업을 하는 것은 에큐메니칼 신토불이라고 말할 수 있고, 한국 교회의 신토불이는 한국적 의식 세계의 유불선 사상을 기독교적 신학으로 이해하고 풀이하는 작업이다. 이 신토불이, 토착화 작업이 평생의 그의 신학 노정이었다.

1) 해석학적 방법

토착화 신학의 해석학은 무엇인가. 김광식은 동양 사유와 서양 사유의 차이를 규명한다. 서양의 사유는 분석종합적 사고라 소외疏外의 개념이 없이 이해할 수 없다는 것이다. 서양의 사고는 두 요소의 분리를 전제하고 있고, 두 요소의 관계를 논리적으로 정립하기 위해 연역법, 귀납법, 변증법, 역리逆理법을 사용한다. 동양적 사유에서도 이 논리적 방법을 부분적으로 사용하지만 근본에 있어서는 근원根源에서부터 형식形式에 이르는 구조를 기본적이고 논리적인 방법으로 사용한다. 동양적 사유에서는 소외 없는 전개展開의 구조를 가지고 있다.

"가령 신플라톤주의에 있어서 유출流出설은 전개설과 유사하지만, 유출설에는 소외가 들어 있다. 즉 일자一者로부터 만물에 이르는 과정은 하나

의 타락의 과정이다. 성서의 구조는 타락의 과정이 아니다. 이런 점에서
볼 때 성서적 창조 사상과 동양의 전개 사상은 상통하는 바가 있다. 유생어
無有生於無 혹은 도생일道生一과 같은 도교의 전개설이나 혹은 태극·양의兩
儀·사상四象·팔괘八卦 등 유교의 전개설은 소외를 알지 못한다."[11]

　김광식은 조화전개적 사유와 성령의 관계를 말하며 토착화 신학에 있
어서 중요한 요소임을 강조한다. "조화전개적 사유에 있어서 성령은 근원
에서 형식에 이르는 구조가 된다. 조화전개적으로 역사하시는 성령은 토착
화의 주님이시다. 이것은 예수 그리스도께서 선교의 주님이 되시는 것과
대조적이다. 그러나 권능의 주님인 성령과 가르침의 주님이신 예수 그리스
도는 둘이 아니라 하나이다."[12] 이 조화전개적 사유는 하이데거의 존재론적
사유에 영향을 받는다. 마르틴 하이데거가 철학의 서양적 전통을 해체하면
서 지열枝劣적 사고와 원시적 사유를 구별하였다. 하이데거의 본질적 사유
와 동양의 조화전개적 사유는 가까운 개념이라고 지적한다. 폴 틸리히는
계몽주의의 본질 개념 중에 조화의 개념을 이야기한다.[13] 따라서 조화전개
적 사유는 원시적 사유로서 서양의 대화의 신학과 동양의 조화전개적 사유
를 통하여 신학하려는 토착화 신학사이에 학문적 대화가 가능하다고 말한
다.[14]

　김광식은 원시적 사유와 신비적 신화적 사유, 논리를 초월한 사유가

11　김광식, "타종교와의 대화와 토착화 신학", 『현대와 신학』 11집(서울: 연세대학교 연합신학대
　　학원, 1987), 51.

12　김광식, "타종교와의 대화와 토착화 신학", 52.

13　폴 틸리히, 『19-20세기 프로테스탄트 사상사』, 송기득 역(서울: 한국신학연구소, 1980),
　　41-59. 1) 자율의 칸트 정의, 2) 이성의 개념-이성(로고스), 비판적 이성, 직관적 이성, 기술
　　적 이성, 3) 자연의 개념, 4) 조화의 개념-역설적 개념, 섭리, 변증법적 과정 등.

14　김광식, "타종교와의 대화와 토착화 신학", 54.

동양적 사유라는 사실을 조화전개적 사유라고 주장한다. 이를 유불선의
사유 체계를 포괄한 통일적 사유 체계라고 언급하고 있다. 분석적 사유를
뛰어넘는 사유, 논리적 사유를 넘어선 동양적 사유의 세계를 통일(포괄)
·명상(침묵)적 사유라고 말하는 것이 더 나을 것 같다. 마치 이것은 미술의
세계에서 서양화과 동양화의 차이와도 유사하다. 서양적 예술의 미는 화폭
에 담긴 공간의 미에 달려 있다고 하면, 동양적 미술의 아름다움은 여백의
공간에 예술의 정취가 담겨 있는 것과 유사하다. 논리와 언어를 뛰어넘는
사유 세계, 연역과 귀납, 변증과 역설(패러독스)을 뛰어넘는 사유 세계가
동양 사유이다. 바로 이 통일적 묵언默言 사유는 토착화 신학에 중요한 해석
학적 방법이라고 볼 수 있다. 이 사유는 또 태극적 사유라고 할 수 있다.
태극의 선線처럼 상하, 좌우 소통케 하여 기독교 진리, 즉 성부 하나님과
성자 예수 그리스도, 성령 어머니가 길과 진리, 생명으로서 나타나고, 하나
님의 아가페 사랑과 예수의 로고스 진리, 성령의 카이로스 임재, 종말론적
구원이 상통하며 자유롭게 사유할 수 있는 특징이 있다.

이 동양의 사유 개념은 연세대 교회사 교수로서 '인식론'과 한국 문화에
대한 관심을 가지고 토착화 작업을 한 한태동 교수의 영향이 아닌가 생각한
다.[15] 하지만 한태동의 인식론 분석에서는 조화전개적 사유 개념이라 표현
하지는 않는다. 따라서 김광식의 동양의 조화전개적 사유 개념의 포착은
뛰어난 발견이다. 또 이 동양 사유 개념이 교회의 에큐메니칼 차원과 복음
의 토착화 측면에서 전개되는 것을 신학화한 것이 토착화 신학이다.[16] 그것
이 종교 다원주의와 토착화에 대한 논의이다. 그는 하나님의 자기 계시가

---

15 한태동, 『사유의 흐름』(서울: 연세대학교출판부, 2003), 35-48.
16 김광식, "교회의 에큐메니칼 차원과 복음의 토착화", 『현대와 신학』 19집(연세대학교 연합신
  학대학원, 1994), 31-50.

그리스도와 성서를 통해서만 이루어진다는 입장을 견지하여 복음주의적 신학을 주장한다. 웨슬레와 칼 바르트의 신학 전통 위에 서서 오트의 신학과 한국적 신학이 만나는 창조적 작업을 보인다.[17]

2. 토착화 신학의 변화, 전개

한국 신학이 1960년대 활발하게 논의되면서 토착화 신학이 발표되었다. 김광식은 최병헌과 송창근, 채필근, 장병일, 유동식, 윤성범의 작업을 소개한다.[18] "단군에서 율곡까지"라는 장에서 단군 신화의 논쟁에 대한 윤성범의 신학 방법과 토착화론의 대비를 소개하고 신학자들의 논쟁을 소개함으로 토착화 신학의 길의 시작을 알린다. 그는 풍류 신학이 토착화 신학의 한계 안에 있는 신학이라고 명명한다.[19] 토착화의 신학으로 풍류 신학이라고 말하여야 하며, 유동식의 풍류 신학은 민중 신학과 더불어 한국의 대표적인 토착화 신학이다. 한국 종교의 유불선교를 포함한 풍류 신학은 해천 윤성범의 성의 신학과 더불어 토착화 신학의 작업을 주도한다.

김광식은 종교 다원주의와 토착화라는 장에서 홍정수, 변선환 교수의 문제를 다룬다. 한국 감리교회에서 일어났던 "종교 재판"을 이야기하며 포스트모더니즘과 종교 다원주의의 문제를 언급한다. 포스트모더니즘이

---

17 지동식, "칼바르트와 그의 신학사상", 오토베버, 『칼 바르트의 교회교의학』, 김광식 역(서울: 대한기독교출판사, 1980), 404-414.

18 김광식, "1960년대 한국 신학의 토착화 논쟁에 대한 소론", 『한국교회와 신학의 과제』(서울: 연세대학교출판부, 1985), 22-45.

19 김광식, "풍류의 길과 신학적 사유", 『유동식의 풍류신학: 문화와 신학』 1집(서울: 한국문화신학회, 2007), 18-27.

종교 다원주의를 가능하게 만든 사상적 배경이 되었고, 보수주의적 교회가 타종교의 구원에 대한 가능성을 개방할 수 없고 교회 성장의 차원에서 용납할 수 없는 문제라는 사실을 지적한다. "사실상 변선환 교수의 종교 다원주의에 대한 감리교의 정죄는 종교 다원주의 일반에 대한 정죄라고 할 수 없다. 거기서 특히 문제가 된 것은 예수와 부처의 평준화이다. 즉 예수가 기독교의 그리스도이듯이 부처는 불교의 그리스도라는 주장이 크게 문제가 된 것이다."[20] 김광식은 웨슬리의 보편적 구원론과 구원론의 문제에 있어선 문제가 되지 않지만 기독론의 문제가 신학적으로 문제가 된다고 지적한다. "게다가 홍정수 교수가 말했다고 하는 소위 포스트모더니즘의 '예수의 피' 논쟁이 일어나면서 더욱더 기독론적 명제가 심각하게 위협받는다고 생각되었던 것이다.[21] 또한 신학적 문제에서 한발 더 나아가 신앙적 문제에 적당하지 않다고 평가한다. "한국 감리교회로서는 그대로 받아들이기 어려운 일이라 아니할 수 없다. 비록 학문적 정당성을 인정한다고 해도 교회의 경건한 신앙에는 전혀 어울리지 못한다."[22]

김광식은 '그리스도 일원론과 그리스도 다원주의' 장에서 기독론의 문제를 설명한다. 바르트의 삼위일체와 기독론을 설명하고, 칼 라너의 익명적 기독교를 소개하며 그리스도는 언제나 어디서나 구세주가 되신다는 포괄주의를 언급한다. "교회 밖의 구원"이라는 한스 큉의 로마 가톨릭의 포괄주의는 이 세상에 오직 예수 그리스도 외에는 구세주가 없다는 데서 출발한다고 말한다. 이에 호응하는 개신교 신학자로가 하인리히 오트라고 말하며

---

20 김광식, "종교다원주의와 토착화", 『현대와 신학』 18집(서울: 연세대학교 연합신학대학원, 1994), 22.

21 Ibid., 23.

22 Ibid.

그리스도 일원론으로 예수 그리스도를 유일한 구세주로 고백하는 것이 포괄주의의 공통점이라고 밝힌다. 이론적으로 '종교 재판'의 문제점은 논리적으로 명백하게 설명하고 있지만 종교 재판의 종교 권력의 실상과 배후 등에 대해서는 논의하고 있지 않고 토착화 과정에서 벌어진 종교 다원주의와 포스트모더니즘에 대한 철학적 배경에 대한 논의는 언급하고 있지 않다. 역사의 중심 세력과 교회 권력이, 복음의 주변성과 진리 탐구의 학문적 논의 과정을 무시하고 간섭하고 지배하려는 움직임과 현상을 파악하고 고발하는 학자의 엄정한 판단이 이 글에서 요구된다.

후에 김광식은 이 종교 재판의 문제와 그 실체를 언급하며 진실의 추구가 학자적 양심이라며 변선환의 종교 다원주의 신학을 옹호한다. "종교 다원주의라는 하나의 도전적 신학이 한국 신학계에 등장하고 있다. 종교 신학이 은인자중하며 온건 노선을 걷고 있는 동안에 종교 다원주의 신학을 파괴적이고 공격적인 방법으로 선전을 일삼은 덕분에 신학계에서만 아니라 타분야에서조차도 관심거리가 되었고 평신도들에게는 큰 충격을 주고 문화 신학자들에게는 분노를 일으켰다. 그 결과는 종교 재판에 의한 출교로 매듭지어졌다. 그러나 종교 재판으로 모든 문제가 해결될 수는 없는 것이다. 더구나 종교 재판이 학문적 논의 없이 다중의 힘과 광신적 열심과 교회 정치적 조작에 의하여 좌우될 수 있었다는 의구심을 떨쳐버릴 수 없기 때문에 더욱 그러하다."[23]

이 문제에 대해서 김광식은 보다 분명하게 입장을 표명한다. "신학자들로서는 이러한 실천적 종교 다원주의 문제를 이론적으로 정죄하고 신학

---

23 김광식, "토착화 신학에서 본 문화 신학", 『한국종교문화와 그리스도』, 한국문화신학회 편 제1집(서울: 한들출판사, 1996), 16-17.

적으로 책임져야 한다. 특히 교회의 신학이 이 문제를 그냥 외면해 버린다고 해서 교회에 봉사할 수 있는 것이 아니다. 도리어 교회의 신학이 진정으로 종교 다원주의를 학문적으로 신앙적으로 책임지는 연구를 통하여 해명하고 설명하고 계몽해야 한다."[24] 그는 포스트모더니즘에 대한 오해가 홍정수를 무신론자라는 정죄로 몰았다고 말하며, 문화 신학과 토착화 신학에 대한 논의를 전개한다. 토착화 신학이 문화 신학으로, 문화 신학이 민중 신학, 종교 신학, 통일 신학, 민족 신학 등 국내의 모든 사변들을 포괄하고, 해석학적 신학, 해방 신학, 대화 신학, 환경 신학 등 외래적 신학까지 모두 망라해서 통합하여 인간의 길과 하늘의 길(人道와 天道)을 추구한다고 말한다. 동서양의 모든 범학제 간 대화를 하고, 에큐메니칼 신학으로 세계화의 신학을 포괄하고 종합하는 학문이 문화 신학이라고 밝힌다.[25]

보수적 한국 교회는 계속해서 종교 재판을 열고 있고, 신학과 신앙의 관계를 오해한 종교 권력자들은 학자들을 사지로 몰고 있다. 이는 도스토예프스키의 『카라마조프의 형제들』이란 책에서 대심문관의 재판 장면에서 예수를 죄인으로 모는 것과 유사하다. 김광식은 1993년 12월 『현대와 신학』 17집에 "토착화 신학에서 본 교리사 이해"라는 글을 기고한다. 교리의 역사적 관점에서 토착화 신학에 대한 근거와 자리를 정초定礎하려는 시도를 하고 있다. 교리가 무엇인지 정의하고, 성서와 교리Dogma의 관계에 대하여, 성서와 교리가 일치할 수 있는가, 성서와 역사가 일치하는가 하는 문제를 개신교 신학자, 불트만, 하르나크의 입장을 비교하며 전개한다. "초기 기독교의 케리그마는 교리사의 출발점이 된다. 하르나크는 교리

---

24 Ibid., 18.
25 Ibid., 22-23.

사를 복음 이해의 타락 과정으로 생각했던 것이라고 한다면 불트만은 오히
려 사도적 증언에서 초기 공동체 증언, 교회의 케리그마와 교리에 이르는
시종일관된 교리 발전을 긍정하고 있다고 할 수 있다. 신약성서 케리그마
의 다양성은 부활하신 분이 사도들에게 가르칠 의무를 주셨기 때문에(마
28:18-20; 행 1:8) 생긴 결과이다. 이것은 두말할 것도 없이 토착화에 관계
된 것이다."[26]

초기 가톨릭주의에서 토착화 신학이 어떻게 전개되는지 하르나크의
〈기독교의 본질〉이라는 강의(1899-1900 겨울학기)에서 그리스 가톨릭
주의와 로마 가톨릭주의, 개신교주의에 대하여 논의했다. 그리스 가톨릭
주의, 즉 동방교회의 교리는 그리스 정신의 작품이고 로마 가톨릭주의는
라틴 정신으로 해석·수용하였고, 프로테스탄트주의는 독일 정신의 재해석
인 것이다. 교회의 토착화 작업은 그리스 로마 세계의 정신과 문명의 영향
을 받았고, 헬라주의의 유입과 함께 기독교의 복음과 그리스 정신의 연합
은 2세기 교회사의 최대의 사실이었다. 로고스 기독론이 그리스 철학과
사도적 전승이 혼합된 결과였다. 초기 가톨릭주의는 헬라주의화의 과정
중에도 복음적 동일성을 지켜나갔다고 본다. 그 다음 그리스 가톨릭주의는
전통주의와 지성주의에 의해 종교적 특징을 획득하였다. 이외에도 예전주
의ritualism로 형성된 대다수의 신자들은 예전의 상징을 통하여 신비에 접
근할 수 있다. 한편 이러한 세 가지 전통에 저항하는 수도원주의가 발전하
였다. 토착화 신학은 초기 기독교 역사에서부터 진행되었다고 본다.

로마 가톨릭 주의는 로마와 게르만을 중심으로 서방 교회를 형성한다.

---

26 김광식, "토착화 신학에서 본 교리사 이해", 『현대와 신학』 17집(서울: 연세대학교 연합신학대
   학원, 1993), 27.

로마 가톨릭 교회의 특징은 동방과 공유하는 가톨릭주의, 라틴 정신과 로마 제국, 아우구스티누스의 정신과 종교적 열심 등의 세 가지로 요약할 수 있다. 특이하게 교황과 교회의 이름으로 전통과 교리가 수정되거나 새롭게 만들어졌다. "그리스도에 의해 왕국으로 세워진 가톨릭교회는 영적인 칼과 세속적인 칼을 받았으나 복음을 세속화시켰다는 것이다." 하르나크에게는 정치 신학이 복음에 낯선 것으로 보였던 것이다.[27] 개신교주의는 가톨릭주의에 대립해서 종교 개혁과 혁명으로 이해되어야 한다. 개신교주의는 종교 개혁으로서 구원의 교리에 관한 갱신이다. 루터의 종교 개혁 결과는 독일적 토착화 작업이라고 본다. 가톨릭과의 대화 문제와 가톨릭의 신학에 대한 관심을 가지고 에큐메니칼 대화의 차원에서 트리엔트 공의회(1545-1563, 일명 반종교 개혁)의 칭의론에 대하여 다룬다.[28] 김광식은 계속하여 하르나크의 개신교주의의 입장을 소개하며 자유주의적 개신교주의는 결국 독일 정신 즉 독일 관념론의 신학적 열매가 아닌가 생각한다. 따라서 하르나크의 교리사 이해는 독일 정신에 의한 복음의 회복을 겨냥한 것이었다고 본다.[29] 독일의 토착화 신학이 루터의 종교 개혁이고 개신교주의라는 결론에 이르게 된다.

토착화 신학과 교리사 연구는 중요한 주제로서, 복음의 토착화라는 각도에서 교리 형성사를 재조명하는 것은 의미 있는 일이다. 개신교 안에서 루터파와 개혁파, 장로교와 감리교 사이의 교리적 신학적 차이도 부분적으로는 토착화의 문제와 관련 있다고 주장한 것은 토착화 신학자로서 보는 예리한 통찰력이다. 여기에 더 나아가 "오늘날 한국 개신교의 경우만 하더

---

27 김광식, "토착화 신학에서 본 교리사 이해", 34-36.
28 김광식, "트리엔트 공의회의 칭의론", 『신학논단』 23집(연세대학교 신과대학, 1995), 63-79.
29 김광식, "토착화 신학에서 본 교리사 이해", 38.

라도 교파를 넘어서 공통적으로 공유하는 한국적인 것이 있다고 할 수 있
다"면서 문화 신학의 필요성을 지적한 것은 아주 의미 있는 것이다. 이것은
또한 한국 문화 신학의 차원에서 복음을 재규명해야 하며, 성서를 한국
문화적 관점에서 재해석해야 하는 과제가 있다는 것을 말하는 것이다.[30]

교회사에 나오는 교파들이 한국에 들어와서는 한국 문화의 옷을 입고
한국인의 의식 속에서 교리와 신학이 이해되고 표현되기에 한국적 토착화
신학으로 발현되고 있다고 보겠다. 루터와 칼빈, 웨슬레와 알렉산더 캠벨
의 신학이 한국 신학자들과 새롭게 만나고 한국적 신학으로 체화體化된
다.[31] 특히 감리교와 기독교 장로교의 초기 신학자들이 한국 토착화 신학에
선구적 작업을 수행한다.[32] 이는 웨슬레의 기독론이 토착화 신학에 영향을
미치고 있다. 웨슬레는 그리스도의 사역에서 중보적 활동과 비중보적 활동
을 구분하고 창조와 섭리, 은혜에 대하여 말한다. 칭의와 성화의 하나님
나라와 은혜의 왕국, 영광의 왕국이 그리스도의 중보적 왕국과 삼위일체
하나님의 영원한 나라에서 통합되는 교리이다.[33] 교회사의 대사상가 신학
자들의 사상이 한국 문화 속에 용해되어 동양적 사유의 새로운 창조적 신학
이 나와 중세 1,000년, 기독교 2,000년의 판을 새로 짜는 기독교 사상이
형성될 수 있으리라 기대된다. 토착화 신학자들이 한국 기독교 100년의
신학 작업 속에서 이 토대를 이루었다. 희망은 동양의 신학에 있다.[34] 이제

30 박신배, "한국 문화적 성서 해석 방법론", 『신학사상』 140집(서울: 한국신학연구소, 2008),
    41-67.
31 박신배, 『환원신학과 구약성서』(서울: 그리스도대학교출판국, 2008), 136-60.
32 유동식, 『한국 신학의 광맥』(서울: 전망사, 1990), 71-214.
33 김광식, 『웨슬리의 기독론』, 『신학논단』 22집(연세대학교 신과대학, 1994), 117. 익명적 그리
    스도의 사역, 126-30.
34 알로이스 피어리스, 『아시아의 해방신학』, 성염 역(서울: 분도출판사, 1990), 228-255. 토마

4장_ 토착화 신학과 성서

서양의 이분법화된 신학 구조를 넘어선 조화와 전개의 사유 구조로 된 동양의 신학, 태극太極 신학에서 남은 밀레니엄 시대의 희망과 종말의 신학을 태동시킬 수 있다고 본다.

3. 토착화 신학의 성서 적용

성서학자(신약학자)로서 연세대에서 토착화 신학을 전개한 학자는 문상희 교수이다. 그는 엘리아데의 종교학의 개념으로 샤머니즘을 연구하고 한국 민간 신앙, 신흥 종교, 기독교계 신흥 종교를 다루며 한국 문화 신학을 전개하였다. 단군 신화와 기독교 신비주의 연구를 통해 토착화 신학을 적용하기도 한다. 그의 신학은 한국 성서 신학이 어디에 기초하여 성서학을 연구해야 할지 이정표를 보여 준 연구의 효시가 되었다.[35] 특히 토착화론의 초기 문제와 개념, 그리고 한국적 신학을 모색하는 과정을 설명해 준다.[36]

토착화 신학과 성서의 관계는 어떤가. 김광식은 성서 해석의 역사를 초기 교부 시대부터 현대의 조직신학자, 토착화 신학과 민중 신학까지 다루며, 신학적 해석학의 역사 관점에서 성서 해석 방식을 다룬다.[37] 알렉산드리아 학파의 이중적 의미(영적인 의미와 육적인 의미), 오리겐의 세 가지 의미(육적인 의미: 문자적 역사적 의미 즉 문법적 의미, 혼적인 의미: 도덕

스 G. 핸드,『동양적 그리스도교 영성』, 이희정 역(서울: 한국기독교연구소, 2004), 212-25.
35 문상희,『종교, 문화, 신비』(서울: 대한기독교서회, 2008), 15-452.
36 Ibid., 505-09.
37 김광식, "성서해석학의 역사와 과제", 문상희·유동식 교수 화갑기념장집,『신학논단』15집(서울: 연세대학교 신과대학, 1982), 169-95.

적 의미, 영적인 의미: 우의적 내지 신비적 의미) 성서 해석을 소개한다. 안디옥 학파는 아리스토텔레스 입장에서 역사적·문법적 주석을 내세운다. 서방의 라틴 학파에서는 터툴리안의 성서해석 방법론을 확립하여 신앙의 규칙regula fidei을 해석의 길잡이로 삼았다. 그 후에 아우구스티누스가 중세 성서의 해석학적 규범을 마련하였다. 성서의 사중적 의미(문자적 의미, 도덕적 의미, 우의적 의미, 신비적 의미)에서 토마스 아퀴나스의 문자적 의미 강조에까지, 그리고 루터의 성서 원리와 그리스도 중심의 해석을 주장하는 해석사를 다룬다.

그 후에 불트만의 실존론적 차원의 해석과 슐라이어마허의 심리학적 감정 이입 해석, 딜타이의 '표현'이라는 해석 기제를 소개한다. 또한 칼 바르트의 로마서 주석에서 역사 비평적 방법을 넘는 성경의 영 해석을 말한다. 바르트는 심리적·역사적 종교관에 대항한 신앙을 주장하여, "본문의 저자의 말을 들으려는 것이 아니라 본문 속에서 말씀하시는 그리스도의 영의 말씀을 듣고자 하였다"라고 말한다. 새로운 해석학이 에른스트 푹스와 게르하르트 에벨링에 의해 주창된다. 그들은 언어의 문제, 말씀의 구술적 성격을 중요시 한다. 언어 사건을 강조한다. 그리고 볼프하르트 판넨베르크의 보편사 해석을 하여 전체 역사를 강조한다. 그는 구약과 신약, 교회사와 세계사를 전승사라는 개념의 도움으로 결합시키고, 역사의 전체성을 그의 역사 신학 속에 구현시키고자 하였다. 하인리히 오트는 바르트와 불트만의 중재적 해석학의 가교架橋로서 교의의 실존론적 해석을 한다. 불트만과 하이데거의 신학 이론을 넘어서는 오트의 신학은 대화의 신학으로서 토착화의 논의를 이끌 수 있음을 제시한다.[38] 이러한 성서 해석학의 지평

---

38 Ibid., 181-95.

위에 토착화 신학이 자리 잡고 있음을 말하려 한다.

최근에 손호현은 토착화 신학과 문화 신학과의 관계를 동일선상에서 말하며, 문화 신학의 해석학적 모델이 슐라이어마허, 틸리히, 피오렌자라고 소개한다.[39] 그는 문화 신학적 성서 해석학 이론을 각각 해석학적 화살 모델, 해석학적 대화 모델, 해석학적 뗏목 모델 등으로 제시한다. 슐라이어마허의 화살 모델은 텍스트에서 해석자로 이행하는, 진리를 고전적 텍스트에 숨겨진 저자의 원래 의도의 재구성으로 본다. 틸리히의 해석학적 대화 모델은 텍스트와 해석자 사이에 상통하는 구조를 지닌다. 진리를 해석자의 문화적 질문에 촉발되고, 항상 텍스트를 통해서 대답하는 영원한 메시지로 이해하는 정체적인 진리 이해라고 하며, 여성 신학의 피오렌자의 뗏목 모델은 텍스트와 해석자, 문화의 이론을 통합할 수 있다고 본다. 진리를 텍스트-배경 이론-해석자가 서로 만나는 삼각형 안의 한 역사적 균형점으로 보았다. 손호현은 전통적인 슐라이어마허의 해석학의 문제점을 밝히고, 틸리히의 문화 신학적 상관 방법의 대화 모델을 포착하고, 여성신학자 피오렌자의 해석학을 텍스트와 배경 이론(문화), 해석자의 관계에서 유기적 성서 해석 방법을 통해 다양한 문화 속에 한국 문화의 토착화 작업을 수행할 수 있는 성서 해석학임을 주장한다. 피오렌자의 해석학을 넘어서는 방법론과 해석학은 없을까. 필자는 "한국 문화적 성서 해석"이라는 졸고에서 구조주의 비평과 한국 문화적 해석의 조합을 통한 새로운 모색을 한다.[40] 동양과 서양을 아우르는 성서 해석학, 통일 신학과 한韓 신학을 통합하는 신학, 태극太極 신학이 전개될 수 있다.

---

39 손호현, "문화신학의 해석학적 모델을 찾아서: 슐라이어마허, 틸리히, 피오렌자", 『문화와 신학』 2집(서울: 한국문화신학회, 2008), 173-39.

40 박신배, "한국 문화적 성서해석 방법론", 『신학사상』 140집, 41-67.

다음으로 토착화와 성령의 역사에 대하여 논의한다. 성육신의 원리와 성령의 역사에 대하여 다룬 장에서 김광식은 종교 간 대화와 토착화의 구별이 분명해야 한다고 주장한다.[41] 토착화를 성령의 역사로 이해하지만 오해의 여지가 있을 수 있다고 본다. 첫째로 성령의 역사를 부흥 운동의 전유물로 여기는 교회적 인식 때문에 생긴다. 신유, 방언, 예언, 환시, 환청 등 각종 기적과 이적이 성령의 역사라고 생각하는 이들은 기독교가 신비주의화하는 것을 토착화라고 하느냐고 반문한다. 둘째 오해는 이미 이루어진 것이면 무엇이든지 긍정하는 것이 토착화 신학의 과제이냐는 질문 속에 들어 있다. 성령의 역사로 이루어진 모든 혼합주의가 과연 기독교적이고 복음적일 수 있겠느냐는 것이다. 성령과 악령의 구별은 성육신의 원리에 입각하여 이루어져야 한다(요일 4:1-3). 토착화 사건이 성육신의 원리에 근거하지 않는다면 그것은 단순히 맹목적인 혼합주의에 불과할 것이다. 셋째 오해는 성령의 은사의 다양성만 강조하면 결국 복음의 정체성이 의문시된다는 우려에서 생긴다. 교회에 다양성이 있음에도 불구하고 통일성을 유지하게 하는 것은 기독론적 고백이 있기 때문이다. 성령의 역사로서 토착화는 기독론적 고백을 떠나서는 있을 수 없는 것이다. 성령으로 말미암지 않고서는 예수를 주님으로 고백할 수 없기 때문이다(고전 12:3).

김광식은 성령의 역사와 토착화 신학을 성서적 관점에서 신학적으로 성찰하려고 노력하고 있다. 그는 '타종교와의 대화와 토착화 신학'이라는 장 결론부에서 토착화 신학의 과제는 이 종의 형체와 사람의 모양을 연구해야 할 것이라고 제시한다.[42] 예수 그리스도는 "근본에 있어서 하느님의 본

---

41 김광식, "종교다원주의와 토착화", 30-32.

42 김광식, "타종교와의 대화와 토착화 신학", 『현대와 신학』 11집(서울: 연세대학교 연합신학대학원, 1987), 58-59.

체이시나 하느님과 동등됨을 취할 것으로 여기지 아니하시고 오히려 자기
를 비워 종의 형체를 가져 사람들과 같이 되었고 사람의 모양으로 나타나셨
기"(빌 2:6-8a) 때문이다. 종의 형체인 종교적 아프리오리를 그분이 가지
지 않으셨다면 '사람의 모양'으로 나타나지 못하실 것이다. '종의 형체'가
종교적 아프리오리와 유비된다면 '사람의 모양'은 토착화와 대비된다고 할
수 있을 것이다. 그래서 타종교와의 대화와 토착화 신학의 문제는 기독론
과 성령론의 차원에서 재조명해야 할 것이라고 주장한다. 그는 기독론과
성령론에서 말씀이 육신이 되었다는 로고스Logos 신학에서 토착화 신학의
가능성을 찾는다. 죄인이면서 동시에 의인, 유대인이면서 동시에 이방인,
그리스도인이면서 동시에 이방인인 구조가 구원과 선교의 가능성으로 보
여 준다. 갈라디아서 2장 20절의 종교개혁가의 칭의 이해는 루터와 웨슬레
의 신학을 근거로 전개한다.[43]

　토착화 신학에서 한국의 구체적 상황에서 문제되고 있는 하나님 신명
문제를 다루고 있다. 김광식은 하나님과 하느님의 신명神名 문제에 대하여
토착화 신학의 관점에 거론한다.[44] "일반적으로 보수적인 성향을 가진 기
독교인들은 개역성서에 사용된 '하나님'이 기독교 신명으로 가장 적절하다
고 생각하고 있다. 반면에 개신교 측의 진보적 성향을 가진 신자들은 천주
교와 성공회처럼 '하느님'을 즐겨 사용한다. 전자를 사용하는 이들은 하나
님이라는 신명이 하나(一)에 님 자를 붙인 신명으로 한 분의 신을 표시한다

43　Kwang Shik Kim, "Christological Foundation and Pneumatological Actualization", *Korea Journal of Systematic Theology*, Vol. 1 (Seoul: STSIKS, 1997), 59-60.

44　Kwang Shik Kim, "Nonduality of God and Earth", *Korea Journal of Systematic Theology*, Vol. 2 (Seoul: STSIKS, 1998), 45-55. 신토불이, 하나님과 땅의 불이(不二)성의 관점에서 다룬다.

고 주장한다."[45] 일반적인 뜻에서 하느님이 하나의 의미를 가진 이름이고, 성서가 말하는 하나님으로 표시한 것은 숫자상의 하나(一)가 아닌 하늘 또는 하날에서 나온 신명을 사용하였다고 주장한다.

더 나아가 구약의 신명 여호와와 엘로힘을 다룬다. '야웨'라는 신명의 신비성과 인격성을 말하며 노자의 도덕경의 일부를 소개한다. "이것이야 말로 道可道 非常道가 아니겠는가? 또한 名可名 非常名이 아니겠는가? 하느님은 有名者인 동시에 無名者이다."[46] 유명과 무명의 변증법은 하나님의 형상Imago Dei과 형상금지계명(출 20:4) 사이의 관계를 지시해 준다고 본다. 또한 마르틴 하이데거의 '밝혀줌의 역사'가 또한 '존재 망각의 역사'라고 했던 것도 이러한 사태를 존재론적으로 언급한 것이라고 논한다. 김 광식은 선교의 차원에서 알지 못하는 신과 알려진 신 사이의 관계에 대하여 설명한다. "선교와 우상 숭배를 혼동하면 안 된다. 그러나 신명 사용에 있어서 이러한 혼동과 오류가 일어날 수 있다. 이미 잘 알려져 있는 '알지 못하는 신'을 성서에 계시된 하나님으로 선호하는 것이 선교이다. 모든 민족과 문화에는 '알지 못하는 신'이 잘 알려져 있다. 이것을 종교성 혹은 경건이라고 부를 수 있을 것이다. 기독교의 선교는 이러한 종교성 내지 경건을 중요시 한다. 기독교적 영성이 비기독교적 경건과 만나는 사건이 복음의 토착화라고 할 수 있다."[47]

한편, '하나'(一)를 지나치게 존중한 나머지 '님'을 붙인 형식이 '하나님'이다. 여기서 하나님의 칭호가 인위적인 수신數神 숭배 즉 우상 숭배를 위한 것이 될 수 있음을 지적한다. 문법적 오류와 신앙고백적 오류를 거론하며

---

45 김광식, "하나님과 하느님", 『신학논단』 27집(서울: 연세대학교 신과대학, 1999), 115-30.
46 Ibid.,117.
47 Ibid.,119.

교회사에서 수신 숭배의 오류를 밝힌다. 역동적 군주 신론dynamic monar-
chianism과 입양설adoptionism, 양태설적 군주신론modalistic monarchiansm
의 문제점을 밝히며 삼위일체의 하나님은 세례고백의 전통에서 생긴 실천
적 동기를 가진 교리라고 말한다. "삼위일체의 신비를 억지로 풀면 이단이
될 수밖에 없다. 특히 하느님이 한 분이라고 해서 하나(一)님이라고 해야
한다는 주장은 군주신론의 오류를 다시 반복하는 것이다. 만일 하나(一)님
이 인정된다면 마찬가지로 둘(二)님, 셋(三)님 등등이 모두 인정되어야 한
다. 유일신론monotheism이 아닌 단일신론henotheism이 되고 만다. 바로 여
기에 수신 숭배의 오류가 극명하게 드러나는 것이다."[48] 김광식은 하나님의
신명이 갖는 플라톤 주의적 범신론적 일자 숭배의 가능성을 언급하며 하나
님이 인격성이 없는 철학적 범신론에 빠질 수 있는 가능성을 설명한다.
신명의 번역 작업에 하느님이라는 신명을 사용하면서 이미 하느님 신앙에
담겨 있던 유불선 종교의 전통이 함께 받아들여진 토착화 신학의 결과를
높이 평가하였다.[49] 더 나아가 하느님이라는 신명의 사용은 선교적으로나
혹은 토착화적으로나 정당할 뿐만 아니라 에큐메니칼 차원에서도 반드시
이루어져야 할 과제라고 주장한다.

4. 태극太極 신학을 향하여

기독교 진리를 동양적 사유로 말하라고 하면 9가지 단어로 태극의 구조

---

48 Ibid., 122.
49 Ibid., 127.

를 표현할 수 있다. 삼위일체 하나님이신 성부 하나님과 그의 아들 예수 그리스도, 성령 어머니로 셋을 말할 수 있고, 그리스도 자신을 표현한 말(요 14: 6), 길(The Way), 진리(Truth), 생명(Life) 등 여섯이다. 또 하나님이 무엇이냐 물으면, 진리, 생명이 무엇이냐 물으면, 로고스Logos, 아가페 Agape, 카이로스Kairos(하나님의 결정적인 시간)라고 말할 수 있다. 기독교 진리는 어느 한 가지를 묻는다면 나머지 8가지 단어로 이 기독교의 이념을 말할 수 있다. 하나님의 나라가 무엇인가. 복음과 선교가 무엇인가. 성부·성자·성령, 길·진리·생명, 로고스·아가페·카이로스로 대답할 때, 무궁無窮과 태극의 구조에서 서로 상통하며 7개의 개념이 서로 통하는 세계를 볼 수 있다. 성서는 바로 이 9가지의 기독교 진리를 이야기하고 있다.

  삼위일체 하나님을 인격적으로 이해할 때 하나님의 실재가 우리 인간에게 실체적으로 다가온다. 하나님 아버지, 예수 그리스도-하나님의 아들, 성령 어머니로 표현할 수 있다. 성부와 성자는 교회 전통적으로 자주 표현하여 이상한 느낌이 없지만 성령 어머니는 생소한 느낌이 있다. 성령 어머니는 로마서 8장 26절에 성령이 말할 수 없는 탄식으로 우리를 위해 기도하신다는 표현에서 찾을 수 있다. 성령이 인격화되어 어머니가 자식을 향하여 말할 수 없는 탄식으로 기도한다고 볼 수 있다. 성령 하나님을 이해할 때 가장 가까운 개념은 어머니의 아가페 사랑으로 이해할 수 있다. 따라서 성령 어머니로 이해할 때 보혜사 성령이 우리의 인격적 하나님으로 가까이 다가와 돕는 성령의 실재를 실감할 수 있게 된다. 이 삼위일체 하나님이 태극의 구조에서 서로 통하여 하나로서 볼 수 있게 한다.

  이 기독교의 나머지 6가지 단어와 신학도 태극 신학으로 풀 수 있다. 태극의 원의 한 극은 하나님 아버지이고, 다른 반대편은 예수 그리스도, 그의 아들이다. 가운데의 이 둘의 태극선은 성령 어머니가 중재하고 통일

하는 역할을 한다. 예수가 직접 말한 길은 유일한 진리의 길, 하나님의 나라에 이르는 길을 말하고, 이 길은 태극의 한 극 진리에 이르는 길이다. 그 중간의 곡선의 태극선은 생명에 이르는 길을 표현하고 영생Eternal Life을 말한다. 이 생명과 진리, 길인 예수와 하나님, 성령은 바로 로고스와 아가페, 카이로스를 말한다. 요한복음 1장의 로고스는 헬라적 의미로 비인격적impersonal 로고스, 이성을 의미하지 않는다. 성서의 로고스는 인격적personal 로고스, 즉 하나님의 만남을 말한다. 이 로고스는 아가페 로고스를 말한다. 이 사랑의 로고스는 빛이고 말씀이고, 육신Incarnation인 로고스이다. 이 아가페 로고스는 그리스도의 사랑으로 후광後光, Halo이 있고, 어머니의 사랑과 감동pathos이 있고, 향기Fragrance가 있어서 사랑의 향취가 사람을 구원하게 한다.

로고스는 말씀과 빛, 진리로서 인격적 하나님, 즉 하나님의 만남을 통하여 말씀이 육신이 되는 인격적 하나님과 만나게 되고, 빛과 진리의 세계에 이르게 된다. 이 로고스는 하나님의 사랑, 아가페의 차원과 보응의 관계를 갖게 된다. 로고스와 아가페의 중간 태극선은 카이로스(하나님의 결정적인 구원의 시간) 시간, 역사의 종말, 결정적인 사건을 가진다. 이 카이로스는 크로노스Chronos의 일반적인 시간, 연대기적 시간 속에 사탄의 공격에 그리스도인들이 모욕당하고, 위협당하는 상황을 본다. 십자가 사건이 카이로스 시간에서 빛나게 된다.

김흡영은 로고스 신학과 프락시스의 신학을 구분하고, 서구 신학의 한계를 극복하는 신학으로 도道의 신학을 주장한다. "로고스 신학(전통 신학)의 정의가 전통적인 '이해를 추구하는 믿음'(fides quarens intellectum, faith-seeking-understanding)이고, 프락시스 신학(해방 신학)의 그것은 '행동을 추구하는 소망'(hope-seeking-action)이라면, 도의 신학(theo-

tao)의 정의는 '지혜(道)를 추구하는 사랑'(love-seeking-wisdom[tao])
이다."[50] 태극 신학의 로고스는 아가페적 로고스로 인격적 사랑, 이 로고스
는 카이로스의 개념을 포괄하며 삼위일체의 하나님의 진리와 길과 생명을
말한다. 이 로고스는 하나이면서 모두인 전체가 통하는 통일 신학이며, 혼
의 신학으로 한국의 문화와 혼을 담고 있는, 큰 하나, 혼(Han)이면서 전체,
궁극의 세계 무궁의 신학을 의미하는 한국의 신학이다. 아카페와 로고스,
카이로스를 추구하는 태극(theo-ontology, teleology)의 신학이라 말할
수 있다.

　한국의 상황은 새 민중 신학과 더불어 카이로스의 신학, 무궁無窮의 신
학에서 미래를 찾아야 할 것이다. 그것이 태극의 신학에서 토론하고 새
신학으로 모색해야 할 과제이다. 기독론과 성령론, 교회론과 종말론, 삼위
일체론 등을 태극기의 8궤로 풀이하여 각론으로 이야기할 수 있을 것이다.
오늘의 과학 세계관과 지구의 생태 문제에 대한 해석학의 과제와 신학은
카이로스의 신학에서 진지한 대화를 나눌 수 있다.

　태극 신학은 기독교 교리의 한국적 이해라고 말할 수 있고 한국 신학이
라고 말할 수 있다. 한국 교회의 상황에서 기독교 진리를 어떻게 단순하고
Simple, 자유롭고Free(값없이 은혜롭게), 역설적Paradox으로 표현하고 전
달할 수 있을까. 기독교 진리는 역설적으로 표현할 수밖에 없다. 실천적인
Praxis 차원에서 태극 신학은 쉽고, 자유롭고, 역설적인 세 차원으로 풀어줄
수 있을 것이다. 예수는 진리를 자연의 비유Parable로 설명하여 민중을 쉽
게 이해시켰고, 값없이 은혜를 베풀었다. 진리를 역설적인 논리로 표현했

50　김흡영·유승무 교수의 "역사상의 불교권력"을 논하며,『현대사회에서 종교권력, 무엇이 문제
　인가』(서울: 동연, 2008), 47. 김흡영,『도의 신학』(서울: 다산글방, 2000), 336-60.

다. 그러나 오늘날 교회는 돈이 아니면 설교하지 않는 풍조가 만연하였고, 복음의 대가를 지불해야만 하는 값비싼 종교로 만들어 결국 헌금과 교회 건물이 강조되는 기독교가 되었다. 그래서 교회는 자본주의적 교회, 자본 지향적 교회가 되어 초대 교회의 은혜와 성령의 역사는 찾아보기 힘든 세상이 되었다. 민중들은 바리새인들과 사두개파 사람들을 피하여 예수에게 몰려왔는데 이제는 한국의 바리새인과 사두개인들이 결탁하여 민중을 현혹하고 유인하는 시대가 되어 민중들이 바리새인과 사두개인을 좇는 세상이 되었다.

이 태극 신학은 통일 신학과 혼의 신학, 무궁화(무궁, 카이로스) 신학을 포괄한다. 동양 신학과 서양 신학이 한국의 땅에서 통일 신학으로 만나고, 혼의 신학은 한반도의 한국 사람의 문화 신학으로 한국의 심성과 문화의 맞는 감칠맛 나는 신학으로, 무궁화의 지속력 있는 발화(무궁화)와 무궁(궁극이 없고, 다함이 없고, 끝이 없는 세계, 카이로스 시간·역사)의 신학이 태극太極의 신학이라 말할 수 있다.

동양의 철학과 서양의 철학, 동양의 사상과 서양의 사상, 동양의 신학과 서양의 신학이 만나는 통일 신학이 카이로스의 역사 속에 무궁無窮의 신학으로 상보를 이루고, 태극선의 중앙에는 혼 신학이 한국인의 신학, 한국 문화 신학의 접촉점과 통일성이 되어 중심이 되는 태극 구조를 이루어 태극 신학으로 나타난다고 본다. 한발 더 나아가 왜 한국 사람들은 유독 국가 상징기를 태극기로 표현하고, 국화國花를 무궁화로 상징하는가. 한국 문화를 담고 있는 태극의 구조와 무궁無窮의 세계와 무궁화의 생명력과 생태 환경을 깊이 연구할 필요가 있을 것이다. 이 연구의 결과, 한국 문화 신학의 비밀이 풀릴 수 있는 여지가 있지 않는가 생각한다.

맺는 말

이제 한국 신학이 2세기를 향해 새로운 작업을 하며 토착화 신학의 정초定礎 단계에서 발전 승화하여 독창적 한국 신학의 절정絶頂을 향해 가고 있다. 그동안 유동식의 풍류 신학과 한국의 민중 신학이라는 괄목할 만한 선구적 작업 위에 뛰어난 신학자들이 창조적 작업을 많이 하였다. 이제 동양의 신학과 서양의 신학을 아우를 통일 신학이 요구된다. 한(훈) 신학으로 한국의 사상을 담고 서구의 신학을 포괄할 수 있는 신학이 필요하다. 무궁화의 지속력 있는 발화發花의 시간만큼 은근과 끈기, 인고忍苦의 신학, 한국인의 문화와 정서를 담아 낼 수 있는 신학을 개발하는 것이 요구된다. 김광식의 토착화 신학의 작업 위에 통일 신학, 한(훈) 신학, 무궁화 신학으로서 한국 태극太極 신학의 모색이 가능한지 타진할 수 있는 여지를 가질 수 있다. 이는 동양 사유의 조화전개적 해석학과 종교 다원주의 상황에서 대화의 신학 방법론으로 신학화하여 신토불이의 기독론과 성령론, 교회론과 종말론을 펼치는 작업이 수행되어야 한다.

앞으로 한국인의 정서와 문화를 담을 수 있는 복의 토착화 신학을 보다 높은 차원에서 전개하며, 계속하여 성서와 한국 문화가 새롭게 만나는 작업을 할 때 한국 문화적 성서 해석이 일어날 것이다. 이제 한국인의 의식에 맞는 성육신의 말씀 강화講和가 일어나 언행일치의 신학이 새로운 차원에서 일어나서 말씀 사건이 인격의 변화를 일으켜야 한다. 그래서 말씀의 토착화, 선교의 내면화가 이루어져 한 차원 높은 성숙한 한국 기독교가 되기를 소원한다. 그것은 새롭게 성령의 어머니의 인격화된 이해에서, 성부 하나님과 성자 그리스도의 전통적 신론, 기독론, 삼위일체론을 새로운 빛에서 설명하게 하고, 길과 진리, 생명의 기독교 윤리가 로고스Logos와 아가페Agape, 카이로스Kairos의 기독교 진리 체계에서 상통하는 태극太極의 소통 신학으로 동양적 사유의 이해로 기독교 교리는 새롭게 거듭나게 될 것이다.

5장

풍류 신학과 성서

한국 신학의 선구적 역할을 한 유동식의, 풍류 신학은 한국 종교들을 포괄하여 기독교 신학이 한국 문화에 맞게 토착화하는 작업을 수행하였다. 이 장에서는 풍류 신학과 성서와의 관계에서 성서를 어떻게 연구하였는지 살피고자 한다.

유동식은 자신의 신학 작업의 과정 전반을 풍류 신학의 여로라고 한다. 1943년 일본의 동부 신학교에 입학할 때부터 시작하여 1948년 감리교 신학교, 1958년 보스턴 대학교 신학부(신학석사)를 마치기까지, 전후 15년간 신학 행각을 하였다고 고백한다.[1] 자신의 나름대로의 신학적 사고를 하기 시작한 것은 1960년경부터라고 한다. 주체적으로 자신의 신학을 하면서 70년대, 80년대에 신학적 관심이 조금씩 변했다고 한다. 전체 신학적 주제는 토착적인 한국 신학의 모색이고, 80년대에 도달한 것이 풍류 신학이라고 밝힌다.[2] 이 장에서는 유동식 선생이 한국의 풍류도를 풍류 신학으로 전개하는 데 어떻게 성서를 인용하고 해석했는지 관찰하는 것이 연구의 목적이다.

---

1 유동식, 『풍류신학으로의 여로』(서울: 전망사, 1988), 9.
2 Ibid., 9.

1. 풍류 신학의 전개와 성서

유동식 선생이 관심을 가지고 신학 작업을 한 것이 선교 신학으로서의 토착화론(60년대)이다.[3] 그는 기독교와 한국 문화와의 관계를 해명하는 일을 신학 작업의 우선이라고 생각하였다. "복음의 씨가 어떻게 한국인의 마음 밭에 깊이 뿌리를 내리고 한국인을 온통 새로운 존재가 되게 하느냐 하는 것이 선교 신학적 관심이요, 토착화론에 대한 관심이었다." 복음과 한국 문화, 한국 문화와 기독교의 관계를 해명하려고 한 것이『한국 종교와 기독교』(1965, 기독교서회)이며, 토착화론을 중심으로 한 선교 신학에 관한 장들을 모아 놓은 것이 후에 간행된『도와 로고스』(1978, 기독교서회) 이다.

두 번째 신학 작업은 한국인의 영성과 종교 문화(70년대)이다. 그는 우리의 종교 문화사의 바닥을 흐르고 있는 물줄기가 무교라고 보았다. 한국인의 영성을 이해하기 위해 무교를 연구한 것이『한국 무교의 역사와 구조』(1975, 연세대학교출판부),『민속 종교와 한국문화』(1978, 현대사상사)이다. 무교적 영성이 승화된 것이 풍류도이다. 이 풍류도를 토대로 종교 문화사를 전개한 것이『한국 신학의 광맥』(1982, 전망사)이다.

세 번째 한국 신학으로서의 풍류 신학(80년대)을 연구한다. 그는 한국인의 영성을 풍류도로 파악하고, 우리의 영성을 통해 주체적으로 복음의 진리와 구원을 해명하기 위해 풍류 신학을 정립하려는 신학적 노력을 한다. 처음 발표한 것은, 풍류 신학, 1983년,『신학사상』(41호, 신학사상), "풍유

---

3 로버트 슈라이터,『신학의 토착화』, 황애경 역(서울: 가톨릭출판사, 1985), 17-58. 저자는 토착화 신학에 대한 논의를 토착화 신학, 문화 연구, 교회 전통, 그리스도교의 아이덴티티, 대중 종교, 혼합주의, 이중 종교 체계 등 다양하게 한다.

도와 기독교"이고, 『신학논단』 제16집(연세대 신과대학, 1983. 11.), "한국문화와 신학사상: 풍류신학의 의미", 『신학사상』 제47호(한국신학연구소, 1984 겨울) 등이다. 그는 오늘의 새로운 선교적 상황이 풍류 신학을 가져오게 하였으며, 선교 신학의 요청으로 풍류 신학이 시작된다고 말한다.[4] 이것은 한국 신학 사상사의 맥락으로 볼 때 한국 신학이 어디를 향해야 할지를 질문한 연구의 결과이었다.[5]

풍류 신학의 중심 본문은 요한복음이다. "우리의 영성과 호흡을 같이 할 수 있는 것은 요한의 복음 이해이다. 그러므로 풍류 신학은 요한 신학을 중심으로 성서 전체를 이해하려고 한다."[6] 풍류 신학의 복음 이해를 멋의 신학이라고 정의하고 풍류도의 뿌리는 가무강신, 신인융합에서 기원 성취를 꿈꾸던 옛 제천의식에 있다고 밝힌다. '한 멋진 삶', 이 셋이 서로 내재하는 삼태극적인 구조, 셋이면서 하나인 3·1구조가 바로 풍류도의 구조라고 한다. 성육신의 사건(빌 2:7; 요 1:14, 14:20), 풍류 신학, 진리의 성령(요 14:15-17)으로 자유와 사랑의 기쁨과 평화를 창조하며 살아가는 삶(요 20:22; 엡 2:14)을 이야기한다. 이 신학이 바로 풍류 신학, 성령의 신학, 멋의 신학이라고 말한다.[7]

유동식 교수는 성서들 중 요한복음서에서 풍류 신학의 뿌리를 찾는다. 그의 생애 끝에 풍류도와 요한복음이라는 책에서 요한복음에 대한 생각을 피력한다. "내 관심은 언제나 한국인의 영성인 풍류도와 성서의 꽃인 요한복음에 쏠려 왔다. 풍류도는 한인의 궁극적 관심의 원형 구조를 지니고

---

4 유동식, 『풍류신학으로의 여로』, 28-29.

5 유동식, 『한국 신학의 광맥: 한구신학사상사 서설』(서울: 전망사, 1982), 329-69.

6 Ibid., 30.

7 유동식, 『풍류신학으로의 여로』, 30-31.

있다. 따라서 우리들의 논의나 성서나 문화 해석의 바닥에는 풍류도가 깔려 있다."[8] 그는 『풍류도와 요한복음』 책에서 다원 계시와 그리스도의 관계를 소개하며 에베소서 4장 6절과 히브리서 1장 1, 2절을 인용하며 초월적 하나님을 알 수 있는 길은 그의 말씀이라고 말한다. 그리고 그 하나님의 계시가 이스라엘 백성들에게 나타났고(출 20:2-6), 율법을 통해 계약을 맺고 하나님의 의義를 이룰 수 없어서 그리스도의 특별 계시가 필요했다고 주장한다(사 53:1-12; 렘 31:31-34). 이스라엘 민족을 통해 구체적으로 하나님의 성격을 보여 주었고, 세계 각 민족들에게는 그들의 종교 문화사를 통해 하나님께서 말씀하시었다고 말한다.

"우리 한인에게는 이와는 달리 세계 종교들을 수렴하여 풍요로운 종교 문화를 형성해 갈 수 있는 영성을 주신 것이다. 이것이 풍류도이다. 풍류도는 실로 세계 종교의 종자들을 다 포함한 것이며, 이것이 한인으로 하여금 한인 되게 하는 것이라 했다(최치원)"[9] 풍류도는 한국 종교 문화의 뿌리가 되었고, 불교문화와 유교 문화를 포괄하는 한국의 종교 문화를 형성하였다. 최근에 기독교가 들어와 한국에 서구 문화를 형성하며 한국 문화가 변화되고 있고 서구 문화의 실체인 기독교가 한국 문화에 영향을 주어 하나님의 역사 경륜의 첨단에 서 있게 되었다.

요한복음서가 왜 중요한 한국 종교 문화사의 교과서가 되어야 하는가. 그리스-로마 문화인 헬레니즘 속에서 신앙의 눈으로 예수의 생애를 새롭게 해석한 일종의 신학서이기 때문이다. 요한복음서는 헬레니즘의 새로운 문화 환경 속에서 유대 문화를 배경으로 한 복음을 새롭게 이해한 책이다.

---

8 유동식, 『풍류도와 요한복음』(서울: 한들 출판사, 2007), 6.
9 Ibid., 13-14.

생명과 영생이라는 보편적 개념을 사용했고, 역사적 종말론의 논의가 아닌, 종말론적 현재 또는 이미 실현된 종말론을 말하고 있다.[10] 유동식은 풍류도와 요한복음이 어떻게 상통하는지, 한·멋·삶, 한 멋진 삶의 문화를 설명하여 풍류도는 한인의 궁극적 관심의 원형을 간직한 영성이라고 말한다.

　풍류도의 경전이라 할 수 있는 천부경과 요한복음 1장 1-4절을 비교하여 하나님의 창조와 인간화 문제의 유사점을 지적한다. 그리고 요한복음 1장, 4장, 3장, 6장, 8장, 11장, 14장, 19장, 20장이 무엇을 의미하는지, 우주 창조의 시원始原과 우리 민족의 전통적 종교 문화의 의미, 그리스도인의 근본적 삶의 양식, 생명의 원동력 사랑, 그리스도 죽음의 의미, 신인합일의 통전적 우주인 그리스도, 십자가의 죽음-종말론적 존재, 새 하늘과 새 땅을 연 하나님의 아들 등을 각각 가리키며, 한 멋진 삶의 실현을 보여 준다고 주장한다.[11]

　유동식은 요한계시록 21장 1-4절을 통해 새로운 천년을 예언한다. 그는 예술 문화, 예술 신학이 미래의 신학이 될 것임을 보여 준다. "제1천년기의 문화가 초월적인 종교에 치우친 종교 문화였고, 제2천년기의 문화가 세속에 치우친 세속 문화였다고 하면, 제3천년기의 문화는 종교와 세속, 영원과 시간이 하나로 아우러진 임마누엘의 예술 문화로 전개될 것이다." 그는 한국 종교 문화 전통이 새 천년의 신학 미래와 종교 문화를 이끌어 나갈 수 있다고 보았다. 유동식은 유불선 삼교와 우리 민족의 시조 단군의 가르침을 전해 주는 천부경을 소개하며 동서 문화의 아우름을 제시한다. "이제는 동서의 그리스도인들이 자신의 문화적 전통 위에 서서 서로 보완

10　Ibid., 18-19.
11　Ibid., 25-27.

하는 가운데 조화로운 인류 문화의 전개를 도모해야 할 것이다." 유동식은
성서의 사건을 예술 신학의 관점에서 세례식을 행위 예술로 해석하고(롬
6:3-5), 인간 존재를 성령이 연주하는 피리로 비유하며, 인생과 성령의
역사는 하나님을 찬양하는 하나의 우주적 교향악을 전개한다고 표현한
다.[12] 소리의 창조(시 33:3)적 관점에서 인간을 이해하여 예술, 음악적으로
표현하고 있다.[13] 그는 우주의 영성, 우주의 예술을 소개한다. "영성은 기원
전 약 천년에 걸쳐 동서양에서 일어난 정신혁명을 통해 나타났다. 이것은
새로 형성되었다기보다 본시 우리 안에 있던 하나님의 형상에 대한 자각이
다. 이 영성을 통해 인간은 하나님과 영성 우주를 알고 그 안에서 살 수 있게
된 것이다."[14]

그는 영성 우주에 이르는 길(요 14:6)을 십자가와 부활, '복음 원리'로
설명한다. 영성 우주와 시공 우주가 통전 우주로 포괄되는 과정을 육체(원
자 137억 년), 감성(생명사 30억 년), 이성(사유인사 10만 년), 영성(정신
혁명사 반만 년) 등의 육적 생명과 지적 생명, 영적 생명 등으로 인간이
구성되었고, 생명의 3 양태로 구분되었다고 본다. 인간이 영적 생명으로
승화되어 영의 사람이 되는 것, 그것이 예술이라는 것이다. "그리스도인이
된다는 것은 바로 이러한 미적 가치를 생산하는 예술가가 된다는 뜻이다.
여기에 그리스도인의 풍요로운 삶이 있다."[15] 또한 인간 존재의 본질이 사
랑인 것을 막달라 마리아와 진성 여왕의 사랑 이야기를 들어 설명하고,

---

12 유동식, "한국교회와 성령 운동", 『한국 교회 성령운동의 현상과 구조』(서울: 크리스챤아카데
　　미, 1982), 9-22. 여기서 민중 신학은 부성적 성령 운동이라 하고, 무교적, 부흥회 성령 운동은
　　모성적 운동이라 칭한다.
13 유동식, 『풍류도와 요한복음』, 78-79.
14 Ibid., 85.
15 Ibid., 94.

십자가의 평화가 한반도의 평화를 상징하는 것으로, 1998년 소떼를 끌고 북한으로 올라간 고 정주영 씨의 사건이 행위 예술이라고 지적한다. 이를 통해 한국은 문화적으로 요한복음을 이해(요 8:5, 14:27)하고 있는 것을 볼 수 있다. 복음의 십자가 이해보다 삼태극(천지인) 이해도 그런 맥락에서 볼 수 있다.[16]

그는 복음의 이해를 위해 신약성서의 인물 세 사람에게 주목한다. 예수와 바울, 요한이다. 『예수·바울·요한』이라는 책에서 성서의 주인공 예수와 예수의 복음을 가장 깊이 해석한 첫 제자 바울, 초대 교회의 신앙이 원숙해졌을 무렵 예수의 활동과 교훈을 다시 깊이 통찰하며 복음의 참 뜻을 이해한 요한을 소개한다.[17] 이를 통해 먼저 그리스도와 복음에 대한 정확한 이해를 일반 독자들에게 쉽게 풀어주며 정리한다.

"요컨대 우리가 알 수 있는 것은 그의 숨겨진 30여 년 간을 통하여 그는 많은 공부와 사색의 시간을 가졌으리라는 사실이다. 필경 그는 조상들의 신앙 진수를 파악하였을 것이며, 망국의 역사를 알고는 통탄하였을 것이다. 또한 당시 로마의 압제 밑에 있는 히브리 민족의 운명을 보고는 울분을 느끼지 않을 수 없을 것이다. 하나님이 선택한 백성이라는 유대 민족의 운명과 하나님의 섭리와는 어떠한 관계 속에 있는 것일까에 대하여 깊이 생각하지 않을 수 없었을 것이다. 따라서 그의 마음은 생계를 위한 목수 일에 매여 있기보다 점점 하나의 진리를 향해 달음질치고 있었을 것임에 틀림없다."[18]

이 단락은 단편적이고 대표적으로 쉽게 기술하고 있지만, 유동식은 예

---

16 유동식, 『풍류도와 요한복음』, 82-155.

17 유동식, 『예수·바울·요한』(서울: 대한기독교 서회, 1975), 3-4.

18 Ibid., 22.

언자적 통찰력을 가지고 당시 예수의 생각과 예수의 보이지 않는 세계를 어떻게 읽고 있는지 보여 준다. 예수의 생활과 교훈을 설명하는 중에 비유에 대하여 말하는 대목 중 탕자의 비유(눅 15:11-32)를 보자. "기독교의 본질을 완전히 드러내고 있는 한 구절이 있다면 그것은 요한복음 3장 16절일 것이다. 즉 하나님의 사랑과 예수의 십자가 그리고 이에 대한 우리들의 신앙 속에 약속되는 영생이 표현되어 있다. 이제 예수가 직접 말씀하신 하나의 이야기 속에 기독교의 본질이 완전히 들어 있는 것을 지적한다면 그것은 탕자의 비유이다. 이 비유 속에는 실로 창세기로부터 묵시록까지 꿰뚫는 복음의 내용이 들어 있다. 즉 인간의 타락과 회개가 있으며 하나님의 사랑과 축복과 즐거움이 있다. 그러므로 흔히 이 비유를 불러서 '복음서 중의 복음'이라고도 한다."[19]

바울을 소개하는 도입 문장을 보자. "영웅 알렉산더 대왕은 무력으로 세계를 정복하려고 했다. 그러나 예수의 종 바울은 그리스도의 복음으로써 세계를 정복하였다. 그는 실로 선교사 이상의 영웅적인 존재이기도 하다."[20] 그리스도교를 박해하는 총사령관 바울이 기적적으로 변하여 그리스도교 전파의 용장으로서 세계를 무대로 맹활동하였고, 영웅적인 선교사이자 독실한 연구자, 깊은 사색가였다고 말한다. 또 유대교 경전을 철저히 공부한 바울은 기독교의 복음을 조직적으로 해석한 첫 학자여서 그가 남긴 편지들은 신약성경의 가장 중요한 부분을 형성하였다고 한다. 그는 높은 인격의 소유자로 많은 사람의 존경과 사랑을 받은 인물이라고 소개한다. 바울의 세계 전도로 그리스도교는 서구 문화의 정신적 기초가 되었으며

---

19 유동식, 『예수·바울·요한』, 93-94.

20 Ibid., 117.

현대에 이르러서는 세계 문화의 중요한 기초가 되었다고 지적한다.[21]

바울의 복음 해석이 세계 전도에 헌신하게 하였다는 것이다. 하나님을 유대인의 독점에서 탈피하여 세계 만민의 하나님으로 믿고 해석하게 하였다. 구세주로서 예수는 유대인의 메시아일 뿐만 아니라 온 세계 인류의 메시아요 구주로 이해하였다. 그리스도교를 유대의 민족적 종교에서 탈피하여 전 세계 인류의 종교로 해석하였다. 바울은 일생을 두고 그리스도교의 독립과 자유를 위해 투쟁하였다. 바울은 교회를 그리스도의 몸이라 하고 모든 신도를 몸의 지체라고 하였다. 그러므로 한 몸의 한 지체가 된 세계 인류는 그리스도 안에서 한 형제자매가 된 것이라고 하여, 그 복음 해석의 의미를 찾는다.

유동식은 신약성서가 기독교의 핵심이 되고, 그중에 예수의 복음과 바울의 복음 전도가 뿌리가 됨을 밝힌다. 먼저 20여 년간 한 세대에 서신서가 복음 전도의 과정에서 나왔고, 그 후 또 한 세대에 공관복음서가 기록되었고, "바울서신과 공관복음서의 큰 두 기둥을 연결시키는 대들보를 요청하고 있었던 것이다. 여기 나타난 것이 이 요한복음서이다. 이것은 신앙의 눈으로 역사적 예수를 새롭게 해석한 형태로 나타나게 되었다. 신앙과 역사를 한 몸에 지닌 셈이다. 역사에 근거를 두고 신앙을 풀이하였다. 그러므로 모든 예수의 사건은 영적인 신앙의 눈으로 설명되었으며 영적 신앙적 가치 있는 예수의 사건만이 취급되었다. 단순한 예수의 전기가 아니라 신앙의 눈으로 예수의 일생을 새롭게 해석한 것이 요한복음이다." 유동식은 요한 신학에서 완전히 새로운 종교, 영의 종교가 생성되었다고 보며 요한 서신에서 재림과 종말론을 소개하며 초대 교회의 묵시 문학적 삶의 자리를

---

21 Ibid., 231.

설명하며 새 세계와 새 사람으로서 그리스도인의 사명을 말한다.[22]

　유동식의 기독교 이해는 주로 신약성서에 나타난 예수, 바울, 요한을 통해 있었고, 따라서 구약성서 이해와 인용은 그다지 많지 않다. 그는 예수의 어린 시절을 묘사하는 부분에서 구약성서를 언급하고 있다. 이것은 예수의 어록에 담긴 부분을 통하여 유추할 수 있다. "특히 그에게 깊은 감명을 주었던 책은 구약성경 중에서도 신명기, 시편, 이사야, 다니엘서 등이었던 것을 알 수 있다."[23]

　유동식에게 경전은 성서이지만, 한국 문화를 이해하기 위한 외경으로서 한국의 종교, 민족 종교 도교, 한국 문화, 예술 등이 연구 소재였다. 복음 이해에서 시작한 신학 작업은 복음의 한국 토착화 작업이라는 선교 신학의 관점에서 한국 종교와 한국 문화를 이해하려는 작업이 계속되었다. 그것이 바로 풍류도 연구에서 시작하여 풍류 신학으로, 한국 문화 신학으로 자리를 잡은 것이고, 성서 해석도 그 차원에서 이루어지게 되었다. 성서의 중요 본문이 요한복음이 될 수밖에 없는 배경에는 우리 문화의 특징과 요한복음 신학의 저술 상황과 목적이 일치하는 측면이 있기 때문이다. 우리 문화에 샤머니즘적인, 도교적 성향과 영의 세계에 대한 요한복음의 강조 등이 어느 정도 유사하기 때문이다. 유동식의 성서 해석과 경전 연구의 틀은 4가지 차원에서 이루어진다. 한국학과 한국 종교 연구가 기본이 되고, 현대 신학과(조직신학) 신학자들의 연구가 해석 원리가 되며, 성서(요한복음, 복음서, 신약, 구약)가 규범이 된다. 그리고 현대적 의미에서 해석학이 크게 적용된다. 김교신에게 성서 연구는 핵심에 위치한다고 하면, 유동식의 성

---

22 유동식,『예수·바울·요한』, 295-54.
23 Ibid., 21.

서 연구는 절대적이기보다는 상대적이고 보완적이다.[24] 한국 문화의 경전과 해석학, 현대 신학 등이 중요한 요소가 되기 때문이다. 유동식 신학에 있어서 한 멋진 삶의 원리는 풍류 신학이 한의 신학으로, 종교 신학이 삶의 신학으로, 예술 신학이 멋의 신학으로 잘 짜인 삼각 구조로 엇물려 있는 꼴이다.

유동식은 종교 통일 작업을 한다. 서구의 종교와 동양의 종교, 한국 종교와 대화와 일치를 꾀하려는 작업을 한 것이다. 다시 말해 서구 신학을 한국, 동양이라는 사상적 맥락에서 통합·이해·일치시키려는 작업을 한다. 그는 서구 신학과 동양 신학의 만남을 통해 통일 신학으로서 풍류 신학을 제창한 것이다. 곧 한국 문화적 성서 해석을 풍류 신학으로 표현한 것으로 한국 문화적 성서 해석 방법론을 적용하여 비교종교학적 차원에서 시도하고 있다.[25] 그 중심에는 신약 성서가 있고, 요한복음, 요한 신학이 자리 잡고 있다. 그는 풍류 신학을 전개하면서 신약 복음서에서 그 신학의 근거를 찾았고, 특히 요한복음의 로고스 개념에서 풍류도의 원형을 찾은 것이다. 최근의 예술 신학 연구에서도 요한복음 연구가 중심이 되고 있음을 살필 수 있었다.

---

24 박신배, "한국문화신학자 김교신", 『한국 신학, 이것이다』, 한국문화신학회 춘계학술대회 발표문(3월 16일)(그리스도대학교 학술연구소, 2007), 1-27.

25 박신배, "한국 문화적 성서 해석 방법론: 한국문화신학의 과거와 현재", 『한국교회와 신학의 회고와 책임, 2007년 춘계학술대회 자료집』(한국기독교학회, 5월 18일 발표문), 89-100.

2. 종교 문화와 성서

한국의 종교 문화를 분석하는 작업이 선행되어야 한국 기독교, 한국 문화적 기독교, 한국 신학 형성을 모색하는 작업이 이루어질 수 있다. 유동식은 『한국 종교와 기독교』(1965)라는 책에서 한국 종교들을 연구한다. 무교가 한국인의 심성心性을 결정하는 역할을 하였고,[26] 불교가 한국의 이상理想을 주었고,[27] 유교가 군자도君子道를 제시하며 한국을 고루固陋하게 하였다고 본다. 천도교는 한국의 창의성을 과시하였다고 평가하며 기독교는 한국의 장래를 짊어진 종교라고 주장한다.

"한국 문화사의 한 특이성은 한국 문화를 지배하는 종교가 시대를 따라 완전히 교체되었다는 데에 있다. 선사시대에는 원시 종교인 샤머니즘의 독무대였다. 그러나 신라와 고구려 시대에는 불교가 한민족을 지배하였으며, 조선에 이르러서는 불교를 배척하고 유교가 전적으로 지배하였던 것이다. 그러나 조선이 멸망하자 유교 역시 그 자취를 감추고 오늘날 한국의 지배적인 종교로 기독교가 새롭게 등장한 것이다."[28] 한국에는 민족과 더불어 시종일관 운명을 같이한 민족 종교가 없다고 지적하며 한국은 세계 종교의 실험대와 같다고 한다. 따라서 한국 종교사는 세계 종교사라고 말할 수 있다고 한다.

한국의 고대 원시시대부터 현대에 이르기까지 저변에는 무교(샤머니

26　김인회,『한국무속사상연구』(서울: 집문당, 1987), 29-56. 연구사 참조. 전통 한국 문화가 무속이라는 것과 무속문화태, 무속의 고대사부터 현대까지 전반적으로 다루고 있다.

27　야기 세이이치·레너드 스위들러,『불교와 그리스도교를 잇다』, 이찬수 역(왜관: 분도출판사, 1996), 233-69. 송천성,『대자대비하신 하느님』, 이덕주 역(왜관: 분도출판사, 1985), 213-49.

28　유동식,『한국 종교와 기독교』(서울: 대한기독교서회, 1965), 13.

즘)가 자리 잡고 있고, 그 위에 불교가 고구려 소수림왕 2년(372년) 때 전래된 이래 계속하여 한국 문화에 자리하고 있다. 공자(주전 552-479년) 의 종교인 유교가 한국에 들어온 것은 불교와 역사를 같이한다. 고구려 소수림왕 2년(372년)에 태학이 건립되고, 백제는 285년에 왕인을 일본에 보내 논어와 천자문을 전했다. 신라는 682년(신문왕 2년)에 국학을 세운 다.[29] 조선시대의 유교는 통치 종교로서 성리학(율곡), 당쟁 시대, 실학파 시대를 거치며 무신론적 현실주의와 군자도의 성격을 지녔다.

조선 후기 최수운(1824년생)을 통해 동학이 창시되었다. 유동식은 최 수운의 동학東學은 기독교의 본질을 가진 것이라고 보았다. 당시에 나타난 기독교의 폐습과 토착화 신학으로 심화되어 전도하지 못했던 것은 기독교 의 본질을 추구하면서 한국적 기독교 이상을 찾으려 한 시도라고 주장한 다.[30] "기독교와 동학東學은 같으면서도 다르다고 하였다. 도道는 같으나 이理는 다르다는 것이다. 천주天主를 모시고 천도天道라고 하는 데에는 다 를 바 없겠지마는 그 이치理致와 운영運營에 있어서는 다르다는 것이다. 그는 기독교가 지니고 있는 진리眞理와 도道 자체를 못 본 것이 아니었다. 그는 그 도道를 곧 참된 것이라고 보았다. 그러나 운영되어 가는 기독교의 이치와 실제가 참된 것이 아니라는 점을 예리하게 보았다."[31] 더욱이 최수 운을 한국 기독교의 사도가 될 수 있는 인물이라고 평가한다. "당시의 기독 교가 참으로 복음적인 것이었더라면 최수운은 필경 한국 기독교의 위대한 사도가 되었을 것이었다. 왜냐하면 수운水雲이 평생을 두고 찾던 천도天道 는 바로 기독교의 진리眞理였기 때문이다."[32]

---

29 Ibid., 72.
30 유동식,『한국 종교와 기독교』, 108-12.
31 Ibid., 109.

윤성범은 천도교를 기독교의 한 분파로 생각한다.[33] 하지만 유동식은
기독교의 죄 관념이나 십자가 부활의 영생 관념이 없기 때문에 기독교로
보기 힘들다고 한다. 그러나 고등종교로서 한국의 종교로 높이 평가할 만
하다고 주장한다. 동학東學이 기독교의 정신으로 한국적 종교, 이상 세계를
추구하려는 작업은 한국 기독교가 배워야 할 대목이다. 따라서 최수운의
저작, 『동경대전東經大全』, 『용담유사龍潭遺詞』, 그리고 인내천人乃天 사상
은 앞으로 연구할 가치가 있다.[34] 동학은 한국적 종교, 한국 토착화 신학
연구에 중요한 연구 대상이 되었다고 볼 수 있다.

유동식은 한국 종교와 기독교를 다루면서 그리스도의 의미에 대하여
질문한다. 우주적 그리스도 사건과 복음의 보편주의 관계를 묻는다. 그리
스도 안에서 우주 만물이 통일이 된다는 사실(엡 1:10, 1:22; 골 1:18),
그리스도가 교회의 머리이고, 우주의 주가 되어 오직 그리스도를 통해서만
모든 인간이 구원을 얻는다고 성서를 통해 제시한다(빌 2:9; 요 3:16; 마
23:10; 엡 4:5; 고전 8:6; 딤전 2:5; 행 4:12; 고후 5:17). 그리스도 예수를
통한 구원의 유일성과 더불어 복음의 보편성(모든 사람이 구원받기를 원
하심)이 있다. 그는 골로새서 1:16-20, 로마서 5:8, 고린도후서 5:14-17,
요한1서 2:2, 에베소서 4:6 등을 통해 기독교의 보편주의를 설명한다.[35]

32 Ibid., 112.
33 Ibid., 117. 윤성범, "천도교는 기독교의 한 종파인가?"(사상계, 1963)
34 윤이흠, 『한국종교연구』(서울: 집문당, 1988), 105-129. 윤이흠은 동학운동의 개벽 사상을
중심으로 총체적 이해를 하려 한다.
35 토마스 G. 핸드, 『동양적 그리스도교 영성』, 이희정 역(서울: 국기독교연구소, 2004), 134.
칼 라너의 75세 생일 연설은 복음의 보편주의를 잘 보여 준다. "나는 한 발 물러서서 조금
거리를 둔 시점에서 신학을 마음속에 그려봅니다. 그것은 적어도 교회 전반에 걸쳐서 부분적
인 것이 아니라, 전 세계 교회의 신학이 되어야 할 것입니다. 이 신학은 이미 지나간 중세기의
역사를 말하는 것이 아니고, 동양의 지혜에 귀를 기울이고, 중남미의 해방을 염원할 뿐만

폴 틸리히의 '숨어 있는 교회latent Church'와 '드러난 교회manifested Chur-
ch'를 통해 역사는 숨은 교회에서 드러난 교회로 실현되어 가는 과정이라고
한다. 십자가와 부활과 더불어 성육신의 과정, 로고스(창 1:3, 6, 9; 시 32:6,
3:6; 렘 1:4)의 발현이 이루어진 현장이 '성속聖俗이 일치한 곳이라고 한다
(빌 2:6-11).[36]

그는 풍류도와 기독교를 잘 연결한다. 풍류도는 우리 문화 속에 있는
각종 종교를 포용한 것으로서 삼교(유불선)의 윤리를 내포한다. 기독교의
본질은 그리스도의 인격과 생활 그 자체에 있다. 그리스도는 하나님의 말
씀이 육신을 입고 인간이 되신 분이다. 곧 예수 안에서 초월적인 하나님과
인간이 하나로 융합되어 있다.

"풍류객 예수는 삼교의 본질을 포함하고 있을 뿐만 아니라, 뭇 사람이
하나님의 형상을 회복하고 사람 구실을 하며 살아갈 수 있도록 구원하신
것이다. 그리스도는 실로 풍류객風流客이요, 포함삼교자包含三教者요, 접화
군생자接化群生者이다."[37] 또 화랑花郎이 한국 문화의 초석을 닦았다고 본
다. 그는 흩어진 삼국을 통일했고, 독자적인 문화 창조에 이바지한 주체적
인 청년들이었다고 한다. "화랑이란 한 멋진 사람이며, 풍류도의 꿈은 우리
민족이 한 멋진 삶을 실현하는 데 있다. 이 꿈의 실현을 위해 화랑들은 삼국
통일에 앞장섰던 것이다."[38] 역사적 과제 앞에 풍류 문화를 만든 화랑을
언급하면서 오늘의 화랑을 요구하고 있다. 이것은 마찬가지로 오늘 통일

아니라. 아프리카의 북소리를 들으려는, 그러한 신학입니다."

36 유동식,『한국 종교와 기독교』, 165-76.
37 유동식, "풍류도(風流道)와 기독교",『한태동교수 화갑 기념장집 신학논단 16집』(연세대학교
　　신과대학, 1983), 325.
38 Ibid., 326.

신학을 하며 통일 리더십을 갖고 풍류 신학을 전개할 풍류객을 부르는 것과 일맥상통하다.[39] 여기서 유동식의 역사관은 재고할 부분이 있다. 화랑정신은 좋지만 화랑을 통한 삼국 통일의 역사 위업에 대한 것은 비판적인 연구가 필요하다. 고구려 중심의 대륙 발전 웅비 사관(단재 신채호의 역사관)이 필요한 때이다. 중국의 동북 공정이 노골화되고 있는 시점에서 대조영과 연개소문, 을지문덕, 광개토대왕 등이 주목받고 있는 것은 바로 사관史觀의 문제가 아닌가.

복음의 한국적 이해, 동양적 이해에서 도道와 로고스(진리)의 관계가 거론되었다. 노자의 도덕경에서 도道의 동양적 개념을 찾고, 성서의 요한복음에서 로고스의 개념을 이해하여 상호 관련성을 찾는다. 바울과 요한이 유대 묵시 문학적 요소를 가지고 헬레니즘의 로고스 개념을 이용하여 설명하였듯이, 복음의 한국적 이해 작업이 필요하다. 그것이 바로 토착화론이었다.[40] 더 나아가 타종교와의 대화, 재래 종교와의 관계, 복음의 세속화론 등을 논하면서 70년 후반에 한국 신학이 대답할 것은 종교-우주적 신학이라고 예견한다.[41] 이 논의에서 창세기 9장, 시편 19:1, 히브리서 11:3, 요한복음 1:4, 빌립보서 2:6 이하, 요한복음 14:20, 로마서 8:18-25, 골로새서 1:15-20, 에베소서 1:22, 로마서 6:3-5 등이 강조되고 있다.

한국인의 종교 의식에 있어서, 무교巫敎는 복福을, 불교는 괴로움苦을, 기독교는 하나님 나라와 십자가, 부활을 강조한다. 이 종교들이 한국 문화 안에서 한국의 심성과 합하여 복福의 문화를 만들어 왔다. 유동식은 한국 기독교 문화가 복의 신학, 생명력의 신학, 멋의 신학을 만들어 낼 수 있지

---

39 박신배, 『구약의 개혁 신학』(서울: 크리스천헤럴드, 2006), 321-47.
40 유동식, 『도(道)와 로고스』(서울: 대한기독교출판사, 1978), 40-64.
41 Ibid., 87-256.

않는지 질문한다.[42] 여기서 후에 예술 신학으로 발전하게 된다. 한국 종교
와 기독교의 만남, 유불선의 삼교에서 과거의 한국의 문화가 형성되었고,
기독교의 수용으로 현대의 한국 문화가 새롭게 형성되고 있다. 한국인의
심성을 이해하는 것이 민속 종교 연구이고, 그중에 노자의 도道 사상이 한
국인의 심성을 잘 보여 준다고 생각하고, 요한복음의 로고스 이해를 통한
풍류 신학을 전개하였다. 이것이 곧 유동식의 종교 신학이었고, 이러한 지
평 위에서 동양 신학, 동아시아인의 심성과 신학이 연구되기도 하였다.[43]

　　한국 개신교의 문화 신학이라는 차원에서 김경재 교수는 폴 틸리히의
상관 방법, 가다머의 지평 융합, 쿤의 패러다임 전환이라는 해석학적 이해
이론을 바탕으로, 한국의 토착화 신학과 문화 신학을 평가하며, 선교 신학
적 모델을 네 가지(파종 모델, 발효 모델, 접목 모델, 합류 모델) 유형으로
분류·비판한다. 그는 한국의 보수주의적 신학자 박형룡의 근본주의 신학
을 파종 모델로, 한국 개신교의 진보주의적 교회들의 신학 입장인 김재준
의 문화변혁주의 문화 신학을 발효 모델로 나눈다. 또 한국 개신교의 자유
주의 신학의 성숙한 선교 신학 모델인 접목 모델은 유동식의 토착화 신학으
로 분류하며, 마지막으로 합류 모델은 급진적인 한국 개신교 민중 신학자
서남동의 선교 신학이라고 정의한다.[44] 여기서 유동식의 종교 신학을 접목
모델로 한국의 재래 종교에서 종교적 이상 가치를 이해하며, 기독교의 본
질을 한국식으로 이해하여 동일종으로 접목하는 것으로 본다. 그는 한국인

42　유동식, 『민속종교와 한국 문화』(서울: 현대사상사, 1978), 122-26.

43　한정권, 『아시아인의 신학과 신앙』(서울: 카톨릭출판사, 1994), 17-246. 송천성, 『아시아인의
　　심성과 신학』, 성념 역(왜관: 분도출판사, 1982), 13-28. 알로이스 피어리스, 『아시아의 해방
　　신학』, 성념 역(왜관: 분도출판사, 1988), 67-288.

44　김경재, 『해석학과 종교 신학』(서울: 한국신학연구소, 1997), 187-88.

의 얼과 혼과 심장에서 우러나온, 신학과 신앙의 토착화를 추구한다.

김경재는 접목 모델에 동의하면서 한국 종교 신학의 방향과 과제를 발전적으로 제안한다. 그는 가다머의 지평 융합의 관점에서 동아시아의 종교 융합의 과정이 종교적 혼합 현상으로 이해되어서는 안 된다고 지적한다. 동아시아의 문화 역사적 상황 속에 '상관관계'적으로 해석되어야 하며, 동아시아의 신학이 몸의 신학으로서 고난의 신학이었음을 말한다. 동아시아 종교에서 두 종류의 구원 체험의 패러다임은 상보적 관계임을 인정해야 한다고 주장한다. 그는 종교 간 창조적 지평 융합을 계속하여야 하며, 세계 개방성을 가지고 새 하늘과 새 땅을 향해 가는 창조적 수렴 운동으로 종교 신학적 작업을 지속해야 한다고 주장한다. "종교 신학은 그 지평 융합 과정의 운동 방식과 그 의미를 해석학적 조명을 통하여 보다 명료하게 밝혀내어 교회의 선교에 봉사하는 학문적 작업이라고 말할 것이다."[45] 김경재의 종교 신학에 대한 평가와 해석학적(조직신학적) 이해를 통해 유동식의 풍류 신학이 어떤 위치에 있는지 알 수 있다. 김광식은 해석학이 토착화 신학의 중요한 연구 대상이 되어야 한다고 강조한다.[46]

유동식은 한국 문화라는 텍스트Text에서 성서(Context)로 옮겨가는 작업을 한다. 또 구원의 유일성을 가진 그리스도(Text)에서 성서와 한국 문화(Context)로 이동하는 신학 작업을 통해 한국인의 마음과 몸에서 기독교를 창조적으로 이해한다. 그래서 그는 하나님 나라를 도래하게 하는 창조적 종교 신학, 풍류 신학을 발현하였다. 정의와 자유(호 6:5; 암 5:23, 24), 공평과 정의(렘 23:5; 사 9:7; 눅 4:18, 19), 평등과 공평(롬 7:18, 24;

---

45 Ibid., 309.

46 김광식, "성서해석학의 역사와 과제", 문상희·유동식 교수 화갑기념장집, 『신학논단』 15집(연세대학교 신과대학, 1982), 193-195.

레 19:16), 인격의 존엄성과 절대성(창 1:27), 대화(막 2:17; 엡 6:10-18) 등이 성서의 종교적 실현의 가치와 방법이자 목표였다.[47]

3. 예술 신학과 성서

예술가인 유동식은 2006년에『풍류도와 예술 신학』이란 책을 내놓는다. 하지만 먼저『민속종교와 한국 문화』(1987년)에서 예술 신학을 이야기하고 있다.[48] 이미 한 멋진 삶이라는 풍류 신학의 가치를 논할 때, 멋진 삶이 바로 예술 신학인 것이다. 이 예술 신학은 한국인의 무교 문화에서 그 원형에서 찾을 수 있다. 무교巫敎는 가무로써 신화적 융합의 세계로 되돌아간다. 여기에는 분리가 없고 신과 인간 사이에 갈등도 없다. 그리스도의 십자가가 재통합, 융합을 가능하게 한 것(엡 2:16)처럼 통일을 가져온다. "삶에서 예술을 창작하는 것이 아니라, 삶이 곧 예술이다. 삶을 위한 종교가 아니라 삶이 곧 신앙이다. 삶과 자기가 완전한 통합을 이루는 세계이다. 그곳에는 장애도 억압도 없다. 다만 삶의 범람과 환희와 만족이 있을 뿐이다. 그러므로 거기에는 부정이 아니라 긍정만이 크게 울려 퍼지고 있다. 지성과 감성, 삶과 죽음이 재결합된 문화, 자유와 환희가 억압 없이 역사를 창조하는 문화, 이것이 무교 문화의 전망이다."[49]

한국 신학이 풍류 신학風流神學이라는 것을 유동식은 계속 강조한다.[50]

---

47 유동식,『민속종교와 한국문화』, 311-325.

48 Ibid., 125-126.

49 유동식,『한국무교의 역사와 구조』(서울: 연세대학교출판부, 1975), 352-53.

50 Sung Soo Choi, "Kurzer Überblick über die Pungryu: Theologie Tong-Shik Ryus",

그럼 여기서 이 풍류도에 대한 이야기를 먼저 살펴보자. 신라시대 최치원
은 이 풍류도를 난랑비 서문에서 밝히고 있다.

"우리나라에는 현묘玄妙한 도道가 있으니 그것을 풍류도라 한다고 칭하
였다. 그 교의 기원은 선사에 자세히 실려 있거니와, 실로 이는 삼교를 포함
한 것으로, 모든 민중과 접촉하여 이를 교화하였다. 그들은 그들이 집에
들어오면 부모에게 효도하고 나아가면 나라에 충성을 다하니, 이는 공자의
가르침이며 또한 모든 일을 거리낌 없이 처리하고, 말을 아니 하면서 일을
실행하는 것은 노자의 가르침이며 모든 악한 일을 행하지 않고…."[51]

유동식은 일본이 무사도武士道 정신을 강조하는 데 반해, 한국의 사상은
무엇인가라는 질문을 통하여 이 풍류 신학을 연구하게 되었다고 한다.[52]
그러면 그의 풍류 신학은 무엇인가. "풍류도와 예술 신학"에서 풍류도를
해석의 틀로 한 문화와 복음 이해라고 한다. 풍류 신학은 한마디로 한 멋진
삶이다. 한 멋진 삶은 각각 다음과 같이 세 가지 신학으로 나타난다. 멋은
풍류도의 체體로서 예술성을 나타내 예술 신학으로 전개된다. 한은 상相으
로서 포함삼교包含三敎, 유교·불교·기독교를 포함하여 초월하는 성격을
가진다. 그것은 포월성包越性을 가진 종교 신학으로 나타난다. 삶은 용用으
로 접화군생接化群生, 인간화이다. 이것은 한국의 민중 신학이다. 그는 한국
의 신학이 풍류 신학으로 위의 셋으로 이해될 수 있다고 주장한다.

Theology of Korean Culture (Seoul: CLSK, 2002), 46-77. 최성수, "한국신학의 '신학적
과제 인식'에 대한 신학적 성찰: 유동식의 '풍류신학'을 중심으로", 『한국문화신학을 위한 담
론들』, 한국문화신학회 제3집(서울: 한들출판사, 1999), 216-49. 최성수는 윤리적 상황, 종
교사적 상황, 종교신학적 관점, 도(道)기독론과 교회론 관점에서 풍류 신학의 의미를 다룬다.
한글 장에서는 신학적 상황과 과제, 신학적 과제의 발견, 인식과정에 나타난 신학적 방법
등을 다룬다.
51 유동식, 『풍류도와 예술 신학』(서울: 한들출판사, 2006), 13-14.
52 Ibid., 44-45.

다시 말해 '한 멋진 삶'은 한으로서 90년대 세계화 시대에 종교 신학이고, 멋으로서 새 천년 시대(창조적 예술 시대)에 고운孤雲 최치원의 예술론으로서 예술 신학이다. 삶으로서 70·80년대 독재 시대의 민중 신학이다. 이 민중 신학은 한국 신학의 역사성을 가진다. 그는 역사순歷史順이라는 말을 하는데 이는 역사에 동참하는 것이라고 한다.

이 민중 신학은 세 가지 차원에서 생각해 볼 수 있다. 먼저 윤리적·종교적 차원에서 본래적 존재로부터 소외된 민중의 인간 회복이라 한다.[53] 한국 민중 신학은 윤리적 차원을 중시하여 정치·경제·사회 등에서 정의 사회 실현을 추구한다고 본다. 유동식은 민중 신학을 2000년대의 의미로 다시 재해석한다. 다음은 과학 기술 문명사회에서 얼을 상실한 현대인, 오늘의 민중들을 생각할 수 있다. 즉 "컴퓨터만 있고 시가 없는 한국의 교육"이다. 시詩는 존재(神)를 닮았다. 시는 말씀 언言 변에 모실 시侍를 달았다. 시란 말씀을 모신 것이다. 셋째, 풍류 신학으로서의 민중 신학은 시의 회복[言(logos)+侍=그리스도인]을 주장한다. 인간은 지상에서 시인으로 산다.[54] 또 풍류 신학의 종교 신학은 기독교와 타종교 간의 관계 설정을 한다. 대화적 관계로서 상호 이해와 공존을 모색한다. 종교 다원주의 사회에서 주관적 독단獨斷을 배제排除하려 한다. 두 번째, 한국 종교사의 유기적 관계와 다원 계시多元啓示(히 1:1, 2)를 살핀다. 세 번째 한국 종교사의 수렴收斂과 풍류 신학, 기독교 역사의 전사前史로서의 한국 종교사를 볼 때 유불선을

---

53 Volker Küster, "Contextual Transformations-Minjung Theology Yesterday and Today", *Madang*, Vol. 5 (June, 2006), 23-43. 폴커 퀴스터는 민중 신학의 1, 2세대를 소개하며 3세대의 역할과 과제를 제시한다. 정치적 저항의 그림(홍성담), 일상의 그림, 생태 농장(김봉천), 문화 종교 그림(김지하, 이철수)을 소개하고, 김용복, 현영학, 안병무의 신학을 소개하기도 한다.

54 Ibid., 104-05.

포괄하여 신학 작업을 해야 한다고 본다. 따라서 외경으로서의 불경佛經과 유경儒經을 연구해야 한다고 주장한다. 이처럼 예술 신학에서 풍류 신학은 말하고자 하는 것을 반복하며 간략하게 요약하고 그동안 연구된 결과들을 다시 반추하며 재해석하고 있다.[55]

마지막으로 예술 신학을 한 멋진 삶의 구조에서 전개한다. 한과 종교 · 예술적 통찰에서 만유의 피조성은 전경前景에 무상無常으로 예수, 인간 예수로 나타난다. 신적 영성靈性의 내재는 후경後景으로 진여眞如, 로고스神像로 나타난다.

> 범소유상凡所有相 개시허망皆是虛妄 취허망중就虛妄中 공덕무량功德無量
> 무릇 모든 것이 형상을 가지니 비로소 허망하구나 비고 비우니 공덕이 무량하구나

삶과 영원의 형상화에서 예술은 신(영원, 天)과 인간(시공時空 · 땅地)으로 나타나고, 그 둘 사이의 가교架橋로 그리스도가 오신 것이다. 창작은 신의神意로서 자유와 평화, 사랑으로 형상화되었다. 그리고 일상적 삶의 영원화永遠化는 한 폭의 풍경화風景畵와 같다고 한다. 소금素琴 유동식 선생의《DMZ2000》이라는 그림에서 역사적 현장, 복음적 통찰을 통해 형성된 기독교 예술의 새로운 유형의 작품을 구상構想 예술imaginative structural art이라고 설명한다. 그리고 에베소서 2장 14절에서 그리스도는 우리의 평화이시다. 이 둘을 하나의 새 민족으로 만드셔서 평화를 이룩하셨다고

---

55 유동식,『풍류도와 예술 신학』, 109-11. 김경재의 접목 모델을 소개하며 풍류도와 복음과의 상관관계를 밝힌다.

성서를 인용하며 그의 예술 신학을 전개한다.[56]

화가이자 신학자이었던 이신 박사의 신학은 슐리어리즘Surrealism 신학, 종말론적이고 묵시 문학적 지평에서 영(카리스마)의 신학을 말한다.[57] 전위 예술avant-garde과 신학에서 원형archetype적 상과 묵시 문학적 상imagery이 민족 전체의 수난에서 나온 것처럼 억압에서 해방된 자유로운 천지다. 고난의 삶을 살았던 이신 박사의 신학은 성령의 신학과 참된 그리스도의 교회를 갈구하는 예술적 신학의 삶이었다.[58] 예술 신학자 두 분이 함께 실존하였다고 하면, 김동리와 이광수, 두보와 이태백, 키에르케고르와 본회퍼, 톨스토이와 도스토예프스키와 같이 예술 신학의 쌍벽을 이루는 존재가 되었을 것이다.

의연화니懿蓮花尼 앙연화장仰蓮花藏 탁유위연託有爲緣 사무애상寫無碍像

아름다운 연화니가 연화장을 우러러보며 있음을 빌려 인연을 삼고 무애의 상을 그리었도다

멋과 신천지新天地의 전개에서 그리스도의 현현現顯, 임마누엘로서 신천지(계 21:1-4)이고 신국神國의 멋은 자유·평화·사랑이다. 유천희해遊天戲海, 하늘 나그네 인생을 사는 것이다. 여기서 요한복음 11장 25절, "내가 곧 부활이요 생명이니, 나를 믿는 사람은 죽어도 살겠고, 살아서 믿는 사람

---

56 Ibid., 130.

57 이은선·이경 엮음, 『李信의 슐리어리즘과 靈의 신학』(서울: 종로서적, 1992), 107-70.

58 손호현, "한 멋진 삶의 풍경화: 유동식의 예술 신학 연구", 「한국문화신학회 2007년 정기학술회: 풍류도와 문화 신학」, 한국문화신학회, 6월 14일 발표문, 주9번에서 이신 박사의 때 이른 죽음이 한국 예술신학의 발전의 큰 손실이라고 언급한다.

은 영원히 죽지 아니하리라" 언급하며 사사무애의 세계를 언급한다. 이사야 2장 4절의 평화의 메시지를 통해 한반도의 평화와 메시아 종말의 비전을 내다보며 칼을 보습으로 창을 낫으로 만들 날을 그리고 있다.[59]

> 보운개월寶雲開月 향해정랑香海停浪 호괘선범好掛仙帆 온부자항穩浮慈航
> 보배로운 구름 달이 뜨고 향기가 바다에 머무니 파도가 잔잔해지누나 아름다운 신선 돛단배 몰아 평온하게 떠가니 사랑의 항해라

그리스도를 모신 곳이 새 하늘과 새 땅인 신천지(계 21:1-4)라는 것, 이것이 바로 부활의 세계요 기독교 예술의 도달점이라고 본다. 이사야 53장 3-5절과 메시아의 고난, 그리고 6·25 전쟁에서 대속의 사건을 보며, 벌거벗은 겨울나무가 그려진 박수근의《나무와 두 여인》(1962)을 설명한다. 그리고 하늘 나그네의 노래, 율곡과 단원의 시와 소금素琴 유동식의 시를 소개하며 예술시를 마감한다.[60]

풍류도는 한국 문화와 복음 이해의 중심이 된다. 민족의 꿈이 한 멋진 삶과 풍류 문화로 체현된다. 민족적 생활 문화사의 이성과 감성의 차원보다는 영성의 차원에서 볼 때, 우리 민족의 보편적 영성은 집단 무의식과 풍류 신학(예술·종교·민중 신학)으로 구현된다. 민족적 영성은 풍류도(体, 멋)와 포함삼교(相, 한), 군화위생(用, 삶)으로 나타난다. 그것은 풍류문화, 한·멋·삶이라는 삼태극이 중세의 불교 문화사(한)로, 근세에 유교 문화(삶), 현대에 기독교 문화(멋)를 형성하며 발전하였다. 그는 달팽이

---

59 Ibid., 135.
60 Ibid., 139-40.

그림에 유선형 그림으로 표현한다. 두 번째 한국 예술 신학의 역사적 위치로서 한국 기독교의 예술 신학적 과제를 생각해 볼 수 있다. 또 풍류 신학의 본체로서의 예술 신학(한과 삶이 수렴+멋)을, 풍류도적 유기성으로 종교(한)·예술(멋)·인생(삶)이 불가분리성이 아닌 하나로 어우러지는 세계를 만들어야 한다.

예술과 복음의 관계에서 십자가와 부활의 사건을 해석하여 하나님과 인간, 그리스도인으로 새 존재가 된다는(롬 14:20) 것이다. 그는 한국 종교사에서 기독교의 위치가 어디냐는 질문에 대하여 윤리적이고 보편 진리적인 것, 현실적이고 역사적인 것으로 답하기보다는 예술적 차원으로 접근해야 한다고 강조한다. 천 년 된 불교, 오백 년 된 유교와 경쟁할 수 있는 것이 무엇인가. 그것은 예술적 차원에서 아우르는 신학이라고 한다. 특히 그림 중에 한반도 지도에 동쪽으로 해맞이하려 가는 차량 행렬과 고 정주영 씨가 아산의 소를 몰고 평양으로 올라가는 떼거리 모양을 십자가로 형상화한 것은 아주 인상적이다. 매항리 폭탄 비둘기와 더불어 이 그림에서 한국 예술 신학의 진가는 시사성과 역사성, 미래 예언자 상이라 생각한다.

화가로서 유동식 교수는 폴 틸리히처럼 무언의 계시, 예술 신학을 말한다. 그는 멋있는 신학의 세계를 펼치고 도인으로 살아오면서 고난받는 한국 현실에 역사의 증인으로서 삶을 살기 위해 십자가를 지고 걸어가기도 하였다. 예술 신학은 한 인간의 생애를 표현하기도 한다. 성서를 통하여 신학을 예술로 승화시키고, 성서를 중심으로 한 생애 전체 멋있는 도인의 삶으로 산 그의 인생은 풍류 신학의 원동력이 되고 있다.

그의 생애 마지막에서 예술 신학은 간결한 예술적 언어와 그동안 펼쳐온 풍류 신학을 신학 수첩으로 성서와 함께 그림에서 마지막 관인을 찍듯이 한 폭의 동양화로 나타낸다. 하나님이 창조한 세계를 보고 "보시기에 좋았더라(וטב)"라고 말씀하셨듯이, 예술 신학은 성서 말씀과 그림, 한시를 가지고 무형의 하늘 세계를 설명하기 위해 도인의 필치인 시로 표현하고 있다. 구약은 나 이외의 다른 신을 섬기지 말라. 우상을 만들지 말라는 무형의 예술 세계였다.[61] 그래서 구약의 그림은 생생하게 움직이는, 역사의 그림이었다. 소리도 인격 있는 인간의 육성을 좋아하였다. 부르짖는 소리는 마다하지 않고 구원의 나팔 소리와 함께 역사하셨다. 아카펠라의 찬양을 아름답게 받으시고, 구원의 교향악을 서막으로 보내시며 인류의 구원의 소리, 그리스도 복음의 소식을 알리셨다. 그것이 바로 요한복음의 예술 세계인 것을 지금까지 살펴보았다. 예술가로서 시인으로서 풍류객으로 참 그리스도인이 되어 살아가기를 풍류 신학은 계속 소곤거리고 있다.

맺는 말

우리는 풍류 신학이 민중 신학과 더불어 한국 신학의 대표적 신학으로서 자리 매김할 수 있는 가능성을 보았다. 또한 더욱이 한국 신학에서 한국 문화 신학적 작업을 하려 할 때 그 중심의 자리에 유불선 종교를 포괄하는 풍류도와 풍류 신학이 있음을 연구하였다. 한국 신학 연구에 있어서 풍류 신학의 핵심과 그 본질을 추구하여야 그 연구가 의미 있게 된다. 풍류도가 한국 사상과 문학의 핵이라고 한다면, 성서 중 구약에는 히브리 문화가, 신약에는 그리스 문화가 히브리적 기독교 사상을 담고 있는 것처럼 두 문

---

61 폴 틸리히, 『19-20세기 프로테스탄트 사상사』, 송기득 역(서울: 한국신학연구소, 1980), 72-74. 문화의 악(惡)에 대한 생각(루소), 진보한 사회의 예술과 학문이 원시의 자연 상태보다 우월한가? 도덕적으로 선한가? 그렇지 않다는 것이다.

화, 아니 한국 문화까지 세 문화를 담고 있는 것이 풍류 신학, 한국 문화 신학이다. 성서는 히브리 문화가 기독교 문화의 옷을 입고 유대적 이스라엘 신앙을 예수가 개혁하여 기독교가 된 문화 서적이 된 것이다. 이에 비해 풍류 신학은 한국적 기독교를 추구하는 학문이다. 유동식은 풍류 신학으로 이러한 신학 작업을 시도하고 있다는 점에서 큰 의의를 가진다. 하지만 요한복음을 중심으로 도道와 로고스를 연결하는 작업과 구약과 풍류 신학의 관계에 대하여 좀 더 심도 깊게 연구하지 못한 한계를 가지고 있어서 앞으로 후학들이 이 작업을 해야 할 과제가 있다. 또한 풍류 신학 안에서 구약의 위치와 역할, 구약과 풍류 신학의 관계에 대한 연구 등을 다루지 못한 아쉬움이 있다.[62] 하지만 그것도 그럴 것이 풍류 신학을 제창하고 풍류 도의 이론을 전개하는 신학적 작업을 하는 데 전념하기에도 여념이 없었기 때문일 것이다. 앞으로 한국 사상을 나타내는 경전들과 성서 전반에 걸친 비교 연구가 있어야 한다. 아울러 해동 불교의 거봉인 원효와 구약의 예언자 이사야 사이에 일치점과 차이점 등을 비교함으로써 사상적 교류를 시도하는 작업들이 있어야 할 것이다. 풍류 신학은 한국적 신학을 시도하고자 하는 한국 문화 신학자들에게 교과서가 된 것이다. 이제 한국 문화적 신학을 심도 깊게 하고 한국 경전을 성서와 비교하며 연구해야 할 때이다.

　이런 점에서 유동식의 풍류 신학은 선구자적 작업이었다. 그의 신학 작업은 한국 문화 신학의 좌표가 되었다. 필자는 풍류 신학의 정신이 한국 신학과 한국 문화 신학에 중심이 되기를 바란다. 또한 앞으로 한국 문화 신학 작업이 더욱 심화 발전되어야 할 것이다. 이것은 이제 우리의 몫이

62　방석종,『신화와 역사』(서울: 감리교신학대학교 출판부, 2006), 7-13, 164-73. 단군 신화와 구약성서를 연결하여 역사 비평적 방법으로 연구하였다.

되었다. 한국 문화 연구와 더불어 성서 연구 작업, 경전 비교 연구 등이
풍류 신학의 관점에서 연구해야 할 남은 과제가 되었다.

2부

구약성서와
한   국
문   화

*

1부에서는 한국 문화 신학으로서 태극 신학을 다루었다. 이제 한국 신학의 문화적 차원에서 태극 신학에 대해 살펴보자. 종교 다원주의적 상황에서 문화 신학을 연구할 때 중요한 문제가 종교 간 대화, 종교 간 평화이다. 특히 종교적, 종파적인 세력을 가진 기독교와 불교는 타종교와의 대화를 주제로 서로 연구해야 한다. 따라서 이 책 2부에서는 먼저 종교 간 평화 문제를 태극 신학의 통일 신학 관점에서 다루고자 한다. 무궁화 신학과 혼 신학은 1부에서 다뤘지만 2부에서도 어느 정도 전개할 것이다. 특히 결론부에 접어들면서 통일 신학을 논의하겠다. 구약의 생사生死 문제와 한국 문화는 기독교인의 생사관을 생각하게 하고, 한국인으로서 어떠한 생사관을 가지고 있는지 이해하며 현대의 한국 문화 속에서 기독교적인 바른 문화로 토착화할 수 있는지 고민할 것이다. 또한 우리 시대에 남북통일의 과제를 해결하기 위해 통일 신학 운동이 일어나고 동서양의 신학이 통일되어 한국의 태극 신학 안에서 새롭게 창조될 수 있는지 가능성을 타진할 것이다. 이제 종교 간 평화의 문제로 들어가 보자.

6장

종교 간 평화: 기독교와 불교의 평화 공존

최근 불교계는 정부가 불교를 탄압한다며 시위를 벌였다. 종교 간 갈등 문제가 심각하게 대두된 것이다. 문제의 발단은 촛불 시위를 주도한 혐의로 검찰이 조계사에 대하여 검문을 하는 도중, 조계사 주지를 차에서 내리게 한 후 몸수색을 하여 불교계 수장의 권위를 실추케 했다는 데에서 비롯했다. 정부의 종교 편향 정책을 도마 위에 올린 것이다. 불교계는 정부가 발행한 지도에는 교회 표시는 되어 있는 반면 절 표시가 없다는 것을 한 예로 들었다.

이명박 대통령이 기독교인이라는 것과 강남의 대형 교회인 소망교회 장로로서 대통령 당선이 하나님이 행하신 일이라고 홍보하며 기독교 신앙을 강조한 것이 국민적 반감을 불러일으켰다. 이에 국가 운영도 기독교인 중심으로 펼칠 수 있다는 불안감에서 불교계가 긴장하며 정부에 압박을 가하는 측면도 없지 않았다.

일이 풀리지 않자 나중에는 경찰청장이 나섰다. 총무원장 스님에게 직접 찾아가서 사죄를 했다. 대통령은 담화를 통해 사과했다. 그렇게 정부와 불교계의 갈등은 수그러들게 되어 종교 전쟁으로 비화되지는 않았다. 한국 최악의 상황은 종교 분쟁이 일어나는 것이다. 불교도가 많은데 기독교와 적절하게 소통이 이루어지지 않는다면 언제 다시 종소리를 울릴지 모르는

상황이다. 개신교와 천주교도 대립할 여지가 많다. 따라서 불교와 기독교
의 대화가 시급하며, 서로 좋은 관계를 맺으며 공존하는 풍토가 자리 잡아
야 한다. 인도에서는 힌두교가 지배적이어서 극렬 힌두교도들이 당을 만들
어 기독교인들을 핍박하고 외국 선교사들을 죽이고 배척하는 일이 다반사
가 되었다. 터키에서도 마찬가지로 회교도들이 외국 선교사들을 살해하는
일이 최근 발생하였다. 이란에서는 회교도 수아파와 시아파가 극심하게
대립하여 유혈 사태까지 벌어진다. 세계적으로 종교 분쟁으로 몸살을 앓고
있는 나라들이 수없이 많다. 종교 분쟁의 불행을 당하지 않고 평화롭게
살 수 있는 방법이 무엇일까 연구하며, 이 장에서는 종교 갈등의 문제와
그 본질을 찾고자 한다.

1. 기독교 배타주의

기독교가 자신의 종교만이 유일한 구원의 길이라고 주장하는 배타성을
가진 배경에는 유대교의 유일신Monotheism 신앙이 뒷짐 지고 버티고 있다.
'나 이외에 다른 신을 섬기지 말라, 우상을 만들지 말라'는 십계명의 제1
·2계명은 타종교를 인정하지 않는 조항이다. 따라서 다른 신을 인정하는
행위를 우상 숭배하는 것으로 몰아세우며 문제 삼는다. 근본주의 기독교인
은 '참 신'과 '거짓 신'을 구별하고, 타종교의 신앙 대상을 우상 숭배로 배격
하는 배타성을 보인다. 한국 기독교의 배타성은 미국 근본주의 신앙의 문
자주의적 성서 해석에 영향을 받아서, 강력한 자기 종교 중심적 교회 문화
를 형성하고 있다.

"한국 기독교는 2000년 역사를 통해 형성된 그리스도교의 다양한 신학

사상과 풍부한 영성 전통들을 도외시하는 지극히 편협한 성서 이해와 복음 이해에서 벗어나야 한다."[1]

기독교와 유대교의 경전 구약성서(TaNaK)는 신명기 신학과 배타적 유대교를 주장한다. 유대교는 유일신관과 절대 윤리를 기초로 한다.[2] 유일 신관에서 윤리 종교가 나오고, 윤리 종교가 유일신관을 강화한다. 신명기 신학은 토라에 순종하면 복을 받고, 토라(율법)에 불순종하면 저주를 받고 죽임을 당한다는 사상이 지배적이다. 또 후기 예언서 말라기, 에스라, 느헤미야서에는 혼혈 결혼을 금지하는 배타적인 유대교를 주장하고 있어서 타종교에 대한 폐쇄성과 유일신 신앙Monotheism을 강력하게 촉구한다. 이러한 신앙이 신약시대에는 소종파 종교로 기독교가 핍박받는 종교가 되었다. 초대 교회 기독교들은 지하 교회(카타쿰)에서 신앙생활을 하며 순교적 신앙으로 나가야 하는 철저하고 절박한 신앙이 요구되는 상황이었다. 초기 기독교는 공격성을 가진 종교가 아니라 수세적이고 수비적인 종교로서 피해와 핍박을 당하는 처지였다. 그래서 십자가 종교의 성격으로 희생하고 순교하는 신앙의 모습으로, 이상적인 인류의 종교로 승화될 수 있는 여지를 가지게 되었다. 그러나 세월이 지나고 교회가 세상을 지배하는 시대가 되면서 기독교는 통치자의 종교가 되었고, 십자군 전쟁처럼 서방을 지배하고 세상을 기독교의 나라로 만든다는 기치 아래 살육과 전쟁을 벌이는 가증스럽고 비상식적인 일을 행하고, 결국 비극으로 치달으면서 기독교의 배타성과 공격성이 나타나게 되었다.

길희성은 기독교 배타주의에 대하여 문제점을 정확하게 지적한다. 구

1 길희성, "한국 기독교의 배타성은 어디서 오나?", 「한국 기독교의 배타주의 – 근원과 현상」, 공동학술대회자료집(2008. 9. 30), 1.
2 최인식, 『유대교 산책』(서울: 예루살렘 아카데미, 2008), 74-75.

원의 종교는 기독교, 예수 그리스도에게 있다는 사실을 고백하지만, 선교
적 접근 방법으로 예수의 유일성만을 주장하면서 대화에 나서면 안 된다는
것이다. 이런 관점에서 이야기해야 할 때 여과 없이 말한 것은 문제점이
있다. 즉, 타종교에서도 특별 계시가 이루어진 것이 아니라 자연 계시가
이루어졌다고 분명하게 이야기해야 할 것을 기독교 배타주의를 강조하다
보니 두루뭉술하게 하나님의 계시가 타종교에도 이루어졌다고 표현하고
있다. "그리스도교의 배타성과 공격적 선교의 문제는 예수 그리스도가 하
나님의 특별하고 결정적인 계시임을 긍정하면서도 결코 유일무이한 계시
는 아니고 타종교에서도 하나님의 계시가 이루어졌고 구원이 가능하다는
것을 인정하지 않는 한 결코 해결되지 않는다."[3] 그의 주장은 결국 대화의
관점에서 타종교의 구원을 인정해야 한다는 것이다.

1) 기독교의 종교 권력

이진구는 한국 개신교의 종교 권력이 어떻게 탄생하였는지, 어떠한 방
식으로 작동하고 있는지를 교회 내부와 시민 사회 영역, 정치 영역 관계에
서 규명한다.[4] 한국 개신교인은 2005년 860여만 명이며, 교계의 추산에
따르면 교회 수 5-6만 개, 목회자 수 10여만 명이다. 오늘날 개신교는 남한
사회의 어떤 종교나 어떤 집단도 넘보기 힘들 정도의 방대한 인적·물적
·조직적 기반을 세웠다. 한국 개신교는 미국의 종교 교파의 하나로서 선교
사의 역할이 커서 초기에는 비정치적 노선에 따라 병원과 학교를 중심으로
농촌 계몽 운동을 하며 사회저변으로 파고 들어갔다. 해방 이후 이승만

---

3 길희성, 위의 글, 1.
4 이진구, "한국 개신교와 종교 권력", 『현대 사회에서 종교권력, 무엇이 문제인가』(서울: 동연,
   2008), 131-66.

정권은 개신교 정책으로 한국 사회에 기독교를 주류 종교로 만드는 데 결정적 역할을 하였다. 이어 박정희 군사 정권이 친개신교 정책을 펼치지는 않았지만 개신교의 성장은 폭발적이었다. 여의도에서 대형 부흥 집회를 자주 개최하면서 1980년대에는 인구 5명 중 한 명이 개신교인이 되었던 놀라운 현상이 나타났다. 한 세기 만에 한국 사회의 최대 종교로 등장한 개신교는 오늘날 내부의 위기와 외부의 도전에 의해 쇠퇴의 길로 들어서게 되었다.

기독교의 종교 권력은 심각한 문제가 되었다. 교회 안의 종교 권력은 교회 세습으로 나타나 권력의 자기 복제 현상이 되었다. 한국의 대형 교회들은 세습 체제로 이어져 '권위주의의 창궐'과 '민주주의 결핍'이라는 특징을 가지게 되었다. 또 대형 교회들은 돈과 권력의 무풍지대가 되어서 교회 예산 대부분을 담임 목사 1인이 관리하는 체제가 되고 교권을 남발하며 현대판 면죄부를 파는 악의 세력이 되었다. 또 교회의 남성 중심적 문화와 가부장적 위계화로서 성 차별 문화가 심각한 상태가 되었다. 남성 중심의 문화는 교회 안에서 그대로 이루어져 사회와 교회가 동시에 남성의 여성 억압 구조를 만들어 불평등한 모순의 상태로 가시화되었다.

시민 사회 영역에서 교회의 대형화와 종교 권력은 다양하고 기이한 현상을 만들었다. 대형 교회의 전용버스 운행과 지교회, 지성전을 만들어 교회 제국을 확장하고 있다. 신자유주의의 시장 자율성과 무한 경쟁 이데올로기가 대형 교회에 적용되어 다양한 복지 프로그램과 방대한 인적·물적·조직적으로 동원된 종교 권력은 새로운 형태의 자기 확장을 하고 있다. 정치적 차원에서 대형 교회들은 문어발 확장과 성과주의로 해외 선교사를 파송하며 문화 제국주의 현상을 보인다. 또한 한국 교회들은 사회적 의제와 충돌을 일으킨다. 학생들의 인권 문제나 개신교 보수 진영의 이단에 대한 이분법적 이해, 성적 소수자에 대한 문제나 병역 거부자에 대한 부정적 태도 등이 '도덕 파시즘'으로 옷을 입고 행한 도덕적 횡포에 대해 시민사회 단체는 따가운 시선을 보낸다.

정치 영역에서 종교 권력은 '애국 기독교'와 '거리의 정치' 형태로 나타난 보수 교회와 한기총의 무대가 되었다. 그들은 기독교 정당 만들기와 같은 직접적이고 적극적인 정치 참여의 모습을 보이기도 하였다. 기독교계 뉴라이트 운동이 일어나 대통령 선거에 참여하고, 장로 대통령 만들기에 나서며 기독교 정당을 세우려고 하였다. 이러한 개신교 보수 세력의 움직임은 자신들이 누리는 기득권을 수호하려는 종교 권력의 몸짓으로 해석할 수 있다.[5] 한국 기독교가 정치적으로 세력화하고 대형 교회의 종교 권력을 확대 유지하려는 움직임을 멈추지 않는 한 한국 교회는 희망이 없다.

한국 교회는 바벨탑 쌓기에 여념이 없다. 교회의 제도와 조직의 강화가 최고의 목표가 되었고 큰 건물 짓기, 교인 수 늘리기, 재정의 확대 등이 가장 중요한 목표가 되고 있다. 하나님 나라와 그의 의를 위한 일보다는 자기 왕국을 세우고 성장주의와 자본주의화된 교회와 성직자를 추구하게 되었다. 성장주의와 승리주의가 내뿜는 독성은 진정한 한국 교회를 무력화시키고 있다. 교만과 탐욕으로 넓은 성을 쌓고 높은 대를 쌓는 한국 교회는 바벨탑의 종말을 맞이할 수밖에 없게 되었다.[6]

교회의 권력을 가진 자와 종교 권력을 유지하는 조직의 죄악의 문제는 도스토예프스키의 『카라마조프의 형제들』에서 대심문관(Grand Inquisitor)과 예수의 장면에서 잘 보여 준다. 대심문관은 세비리아의 추기경이고

5　이진구, "한국 개신교와 종교 권력", 156-64.
6　권무정, "'작은 예수' 공동체와 바벨탑 이야기", 『새길이야기』 30호(서울: 새길, 2008), 133-44.

신앙 수호자였다. 그리스도는 지상에 돌아와서 그의 존재와 기적으로 사람들을 축복하고 사람들에게 환영을 받았다. 그러나 그는 다시 한 번 체포되고 기독교라는 하나의 조직을 대별하는 사람과 대결하게 되었다.[7] 대심문관은 예수가 지상에서 범했던 모든 죄과를 밝히는 데 성공한다. 도스토예프스키는 대심문관과 악마를 교차 비유하며 인간의 마성魔性이 예수의 광야 유혹에서 시험받은 세 가지 질문에 있다고 보았다.

돌을 떡으로 변하게 해서 인간이 양의 무리처럼 감사와 복종으로 따르도록 할 것인가? 또는 사람들의 단순함과 방자함으로는 이해조차 할 수 없는 자유를 약속할 것인가 선택하라고 제시한다. 예수는 '떡을 주는 왕'이 되기보다는 '해방자'가 되는 것을 선택하였다. 심문관은 예수가 잘못 선택했다고 보며 자유는 엘리트들에게만 의미를 지니는 것이다.[8] 이러한 잘못을 범한 이래 예수의 제자들은 지상의 교회나 국가의 권력자들에게 가서 자신의 자유를 권력자들 발밑에 두고서, "우리들을 당신의 노예로 삼아주십시오. 그리고 우리들에게 떡을 주십시오"라고 구걸했다. 이렇게 심문관은 예수의 유혹에 대한 설명을 끝내면서, 다음과 같이 말한다.

"잠깐 사이에 죄인이 무어라고 대답하기를 기다렸다. (중략) 그러나 갑자기 죄인은 아무 말도 않은 채 노인에게 다가가서 90 성상을 지낸 핏기 없는 입술에 조용히 입을 맞추었다. 그것이 답의 전부였다. 노인은 덜컥 두려운 생각이 들었다. 왠지 입술 양끝이 떨려왔다. 그러자 그는 문을 열고서 죄인을 향해서, '자 나가시오, 그리고는 다시는 오지 마시오. (중략) 어떤 일이 있더라도 돌아오지 마시오!'라고 말하고 '어두운 거리'로 쫓아 버렸

---

7 야로슬라프 펠리칸, 『예수의 역사 2000년』, 김승철 역(서울: 동연, 1999), 330.
8 Ibid., 332.

다. 죄인은 소리 없이 걸어 나갔다."

　도스토예프스키는 죄의 속성을 보여 주며, 예수를 조직과 종교 권력의 구조 속에서는 용납할 수 없음을 보여 주고 있다. 빵으로 인간을 구속할 수 있지만, 자유와 해방을 추구하는 인간 예수는 추방을 당하는 신세를 맞게 된다고 보았다. 인간 문제의 악성은 예수 광야의 세 가지 유혹에서 드러난다. 즉 빵의 문제, 초자연적 기적 추구의 문제, 우상 숭배와 권력자 숭배의 문제 등으로 보았다. 종으로 살 것인가, 해방자로서 살 것인가?

　우리는 종교 권력의 악한 고리를 끊는 작업을 시작하고, 종교 권력을 해체하기 위해 섬김의 논리로 다가가야 하며, 이 섬김의 논리는 자발적 가난을 추구하며 '예수 믿고 손해 보기'의 정신을 따르는 것이다. 오늘의 시대는 성 프란체스코의 무소유 탁발 수도의 영성이 필요한 시대이다. 새 시대 기독교의 영성은 바로 비움과 나눔의 실천에서부터 시작된다. 여기에서 열린 기독교는 타종교에 대한 이해의 지평으로 확대되어 종교 간 평화와 공존을 촉구할 여유가 생길 것이다.

2. 불교의 이념과 현실

　불교는 소승 불교 사상과 대승 불교 사상이 크게 다르고 방대하여 한마디로 말할 수 없다. 인도에서 기원된 불교는 부처, 보살, 공空을 이야기하고 있지만 힌두교 사상과 유사하다. 또한 중국을 거쳐 한국, 일본으로 전해지면서 불교 사상의 폭이 넓어졌다.[9] 토착화된 불교에서 외래적인 신을 제거

---

9 김승철, 「일본의 기독교 사상에 대한 소론: 이른바 "문화적 기독교"를 중심으로」, 제37차 정기학술대

하고 본래의 불교를 찾는 작업이 선행되어야 하리라. 불교에는 보살菩薩 (Bodhisatva)과 부처(佛陀) 사상이 있다.

이 보살이나 부처는 현실 인간과 다른 전지전능한 초인적이고 신적인 모습으로 나타나는 것이 보통이다. 단순히 깨달은 자(覺者, Buddha)로서의 구세자救世者 석가모니釋迦牟尼 부처는 신격화되어 그의 생애가 많이 신비스럽고 초인적인 모습으로 묘사되고 있다. 석가모니는 겨드랑에서 태어나서 전후좌우 4방으로 7발자국씩 걸어서 다시 중심으로 돌아와 '천상천하 유아독존'이라고 말했다는 탄생설화가 있다. 살아가며 많은 기적을 행하였으며, 시간과 공간을 초월한 영원하고 전능한 무한자로 묘사되고 있다. 불교학에서는 그는 법法 곧 진리 자체, 만물의 본체로 표현되기도 하고 자유자재로 응신應身, 변신하여 대자대비大慈大悲의 구세자로서 활동한다고 한다. 불교의 창시자 석가모니는 신격화되어 인간의 실존을 넘어선 신성을 가진 존재로 묘사되고 있다.[10]

부처의 명호도 다양하다. 고통이 없는 서방정토를 만든 아미타불阿彌陀佛과 아직 오지 않은 미래불未來佛로서 모든 중생을 구원할 미륵불彌勒佛, 부처의 진신眞身이 불신의 그 신광身光과 지광智光이 온 세계에 두루 비춘다는 비로자나불毘盧蔗那佛 등이 있다. 그 외에 무수한 부처가 각기 특색을 가지고 신격화되어 있다. 이는 인도 힌두교의 수많은 신들과 유사하다. 불교는 인도의 전통적인 업業, 윤회輪廻, 해탈解脫 사상을 같이 공유한다. 하지만 힌두교의 카스트 계급 제도와 제사장 부패에 반대하여 대자대비大慈大悲

회 자료집(상), (한국기독교학회, 2008), 361-77. 일본 신학자들은 일본 불교와 기독교의 대화에 대하여 많은 논의를 하고 있다.

10 박영지, "동양의 범신론적 사상(철학적, 신학적), 불교",『서양의 신관, 동양의 신관, 창조신관』 (서울: 성광문화사, 2003), 94.

로서 평등사상을 고취하며 제사의 비리에 반대하기 위하여 무신론적으로 나아가 집착을 버림, 곧 무욕으로 해탈할 것을 강조하였다. 석가모니의 4제 8정도의 초전법륜을 근본 사상으로 한 불교 교리는 윤회설samsara이 중심 축이 되나 나아가 심오한 비유비무非有非無, 곧 불이不二의 중도, 공空 사상 을 발전시켰다.[11]

불교의 윤회 사상과 시간적 인과와 공간적 인과에 도덕적 인과를 더한 소위 혹惑=無明, 업業, 고苦의 관계를 논한 업감 연기설業感緣起說이 있다. 이를 통해 인과의 상대적 관계 속에서 태생학적으로 인간을 중심해서 변화 를 설명한다. 윤회의 과정이 고苦의 과정이라는 것, 이 고통에서 벗어나려 면 윤회를 그쳐야 한다는 것이다. 이것이 해탈解脫이다. 불교의 구원론은 마음으로 욕심을 버리는 것, 지혜로 무지를 깨닫는 것이 해탈이라고 하고, 실천적 의미로 발전시킨다. 불교는 그래서 종교라기보다는 철학 이론 또는 윤리라고 보기도 한다. 이타행利他行, 선을 행하여 공덕을 쌓음으로 성불成 佛하겠다는 것이 대승 불교이고, 집착을 버리고 고통을 제거하려는 소극적 방법을 가지고 아라한阿羅漢, arahan이 되고자 하는 자리주의自利主義 곧 개 인 구원에 치중하는 것이 소승 불교이다.

대승 불교의 창시자 용수龍樹의 6바라밀, 첫 번째가 보시이고 끝이 지혜 이다. 보시사상이 바로 이타행이요, 지혜가 바로 대승의 최초 경전인 반야 경의 중심 사상이다. 마음이 윤회의 주체라고 보고, 보살행의 목표가 보살 행이 이루어지는 곳, 불국토라고 한다. 참 보살을 무량광無量光, 무량수無量 壽라고 하고, 그가 바로 세상의 구세주, 아미타불이요 미륵불이 되는 것이 다. 불국토가 되는 회향廻向은 삼신三神(법신法身, 보신報身, 응신應身)으로

11 Ibid., 96-7.

서 진리 자체, 진리 실천, 진리 실천자를 뜻한다.[12] 불교의 교리는 복잡하고
철학적이다. 불교의 이념은 누구나 마음을 잘 다스리면 부처가 될 수 있다
며 자신이 신에 도달할 수 있다고 본다. 창조주 하나님이라는 존재를 인정
하지 않고 인간이 신이 될 수 있다는 범신론汎神論이다. 불교는 불교의 이상
세계, 불국토가 현실 세계에서 마음을 다스리고 법法을 추구하는 중생들로
가득하기를 추구한다. 또 그 중생들 사이에 해탈이 이루어진 진신眞身이
임하는 세상을 만들기를 바라고 있다. 아미타부처와 미륵부처, 비로자나
불이 자비의 세계를 열기를 소원하며 고통이 사라진 세상을 바라고 있다.
그러나 이런 세계가 오늘 한국 불교의 현실인가.

한국 불교의 현실

한국 종교계는 종교 권력화라는 기현상이 지배하면서 한국 종교의 자
기 정화가 없는 세속화의 길로 들어서고 있다. 특히 불교의 종교 권력 현상
은 심각하여 한국 불교는 희망이 없다고 이구동성으로 말한다. 불교계에
권력화가 나타나기 시작한 것은 종단이 설립되고 지도부가 구성되면서 구
성원 간의 알력에서 비롯되었다. 1962년 4월 통합 종단의 출발로 조계종이
비구 대처의 분쟁에서 벗어나 하나 되는 한국 불교의 모습을 보여 주는
계기가 되었다. 하지만 종권 장악을 놓고 종정과 총무원장이 대립함으로
권력 분쟁이 나타나기 시작하였다.

불교가 종교 권력의 분쟁으로 대립이 첨예화되고, 전제적專制的 종권을
추구하면서 불교는 더욱 희망이 없는 상태로 빠져들게 되었다. 서의현의
총무원장 3선을 강행하게 되고 그런 과정에서 조직 폭력배 300명을 사주하

---

12 Ibid., 100-4.

여 총무원에서 농성하는 사람들을 습격하였으며 경찰은 이들을 강제 연행하는 사건이 벌어졌다. 그 후 1998년 송월주도 3선을 강행하면서 또 한번 종교 권력의 비행이 알려져 불교계가 몸살을 앓아야 했다.

종교 권력은 여러 가지 다양한 형태로 나타난다.[13] 중앙 종회와 교구본사의 권력화 문제가 심각하다. 교구 본사 주지와 교구별로 선출된 중앙종회 의원의 권한이 막강하게 됨에 따라 종교 권력의 다각화 현상이 나타난다. 불교의 금권화 현상 또한 지대하다. 불교계는 토지와 건물 그리고 유형무형의 문화적 자산으로 경제 운용의 폭이 커지고 있다. 이런 상태에서재정의 비공개는 금권화와 종교 권력의 문제를 야기한 원인이 되었다. 금권을 가진 일부 승려가 금권을 매개로 종권의 핵심인 총무원과 연결되어부패의 온상이 되고 있다. 그 다음 한국 불교가 정치적 성향을 가짐으로종교 권력화가 되었다는 사실이다. 불교 신도들을 선거에 이용하려는 정치인들의 의도 속에 불교계는 국가 권력과의 유착으로 문화제 관람료와 지방세 교부금과 같은 국민 세금을 지원받는 것 등이 정치화하려는 움직임들이다. 정교 분리 원칙이 불교계에서도 이루어질 때 종교 권력의 부패가 사라질 것은 자명한 일이다. 격변하는 한국 사회에서 도피처로서 절을 택했던많은 승려들이 권력의 핵심에 서기 위해 움직이는 등 종교 권력화 현상이불교의 현주소가 되었다. 그러나 순수한 종교적 이념과 숭고한 뜻을 추구하며 이상 세계(불국토)를 만들고자 도道를 추구하는 스님들이 있다. 경허,경봉, 성철은 불교계에서 존경받던 분들이다. 이권 쟁탈의 헤게모니 싸움이 없어지고 종교 권력을 차지하지 않으려는 분위기에서 물질에 욕심이

---

13 김경집, "현대불교와 종교권력",『현대 사회에서 종교권력, 무엇이 문제인가』(서울: 동연,
2008), 108-117.

없는 훌륭한 분들이 많을 때에 불교의 종교 권력화가 사라지지 않을까 생각
한다.

3. 타종교와의 대화, 불교와 대화

종교의 갈등을 어떻게 풀 수 있을까. "교회 밖에는 구원이 없다", "성경
말씀 또는 기독교 밖에는 구원이 없다"고 주장할 때 기독교의 절대성이
나타나는데, 이러한 절대성의 주장에서 문제가 생길 수 있다. 절대성의 주
장은 타종교를 배척하는 배타성으로 쉽게 연결되어 사회 불안의 요소가
되었고, 종교 분쟁으로 확대되기도 한다. 현대는 다문화, 다종교의 사회가
되었다. 우리나라만 해도 많은 종교가 공존하고 있어서 기독교와 타종교와
의 종교이론화 작업이 잘 이루어져야 한다. 따라서 각 종교의 종교인들이
종교 평화이론으로 성숙한 종교인이 될 수 있도록 타종교 관계 이론 정립이
필요하다.

"트뢸취Ernst Troeltsch는 절대자가 모든 역사 속에 존재하며 현시될 수
는 있지만, 절대자의 역사적인 현시가 절대적일 수는 없다고 보았다. 그와
똑같이 모든 종교가 절대자의 현시로 될 수는 있지만, 절대적인 종교는
존재하지 않는다고 말하면서 역사적인 상대주의를 강하게 주장했던 것이
다. 그런데 종교의 상대주의는 여러 종교가 공존하며 대면하는 현실에서
활발하게 논의되고 설명될 수가 있는 것임을 먼저 지적할 필요가 있게 된
다."[14]

---

[14] 나학진, "종교 간의 갈등극복", 『종교학 연구』 9집(서울대학교 종교학연구회, 1990), 7.

역사 속에서 절대자가 현시顯示로 나타나서 상대주의 형태를 띠게 된다는 것이다. 트뢸취는 종교의 상대주의를 언급하면서도 기독교의 우월성을 말했다. 그러나 그는 나중에 입장을 바꾸어 타종교보다 기독교의 우월하다는 생각을 철회하였다.

"교회 밖에는 구원이 없다"라는 명제는 교회 중심적인 입장에서 언급한 것으로 교회의 호응이 대단하지 않았다. 한스 큉은 교회를 그리스도로 바꾸어서 "그리스도 밖에는 구원이 없다"고 표현한다면, 교회 중심이 아니라 신 중심의 입장을 나타낼 수 있다고 보았다.[15] 그에 따르면 성경의 하나님은 모든 민족의 하나님으로 계시되어 있다. 하나님은 은총으로 모든 민족을 구원하셨다. 결국 모든 종교는 하나님의 은총 밑에 있기 때문에 구원을 위한 방법이 될 수 있다. 다만 그는 종교들의 방법이 보통의 방법usual path이라면, 기독교의 구원은 특수한 방법extraordinary이라고 설명하면서, 구원을 기다리는 배타적인 집으로서의 교회가 아니라, 역사 속에서 가시적으로 존재하는 구원의 선봉으로서 교회를 파악한 것이다. 큉은 종교들의 진리성을 시인할 수가 있지만 종교들이 그릇될 수도 있으므로 구원의 확실성은 모호하고 애매하기 때문에 주 예수 그리스도로의 전환이 필요하다고 말한다.[16] 따라서 기독교의 배타적인 절대성을 피하면서도 예수의 규범성을 긍정하는 입장이 된다.

타종교와의 관계를 정립하는 근래의 시도에 빼놓을 수 없는 공헌이 제2바티칸 공의회(1963-65)에서 이루어졌다. 라너Karl Rahner는 세상의 교회, 세상을 위한 교회로 이해하는 입장에서 타종교들도 구원을 위한 방법

---

15 나학진, "종교 간의 갈등극복", 9.

16 Ibid. 재인용, H. Küng and Jürgen Moltmann, *Christianity among World Religions* (Edinburgh: T&T. Clark, 1986), 100-01.

이 될 수 있으며, 하나님의 구원 역사에 포함될 수 있다고 말한다. 보편적인 구원의 은총은 교회를 매개로(ecclesical mediation) 제공될 수가 있다고 판단한다. 라너는 기독론적인 입장에서 하나님의 은총에 대해 언급한다. 그는 예수 그리스도가 인간의 모든 경험에 대한 성취일 뿐만 아니라 본질적 인 원인constitutive이 된다고 생각했다. 그러므로 힌두교도이건 불교도이 건 간에 그들의 종교를 통해 은총을 경험하면 그리스도와 그리스도의 교회 에 의해 접촉된 익명匿名의 기독교인ananymous Christian이 된다는 것이 다.[17] 여기서 조건적 구원을 언급하는데, 모든 사람이 구원의 적합자가 아 니라 도덕적으로 올바른 노력을 하며 신적 존재에 대한 관심이 있을 때라는 조건을 붙인다. 하지만 이렇게 되면 복음의 선포는 교회를 통하여 증거된 깊은 은총을 인식하는 기독교인으로, 익명의 기독교인으로 전환시키는 일 이 될 것이다. 라너의 '익명의 기독교인'은 대화적 차원에서 구원의 가능성 을 제시한 담론이지, 그 구원의 유일한 길에 다가설 수 있도록 인도한 예비 적 단계를 제시한 것은 아니다.

타종교와의 대화의 차원에서 특이성과 보편성을 들고 나온 학자는 폴 틸리히Paul Tillich이다. 그는 기독교의 역사를 통해 나타난 비판과 역비판, 그리고 자기비판이라는 절차에 주목하여, 타종교에 대한 비판 다음에 오는 역비판을 수용하고 자체에 대한 비판을 강조하기에 이른다. 다시 말해, 종 교 간의 대화는 계속되어야 하고 피차에 비판을 받아들여야 하지만, 보편 성 때문에 자체의 종교 전통을 포기할 필요는 없다고 본 것이다. 자기 종교 의 특이성을 깊이 연구하고 파고 들어가면 영적인 자유를 얻게 되고, 타종

---

17 나학진, 같은 글, 재인용. Karl Rahner, "Christianity and the non-Christian Religions", in John Hick and Brian Hebblethwaite, *Christianity and Other Religions* (Philadel-phia: Fortress, 1981), 76.

교의 궁극적인 뜻도 인식하여 기독교의 보편성의 대답을 제시할 수 있다고 말한다.[18] 틸리히는 '구체적인 영의 종교the Religion of concrete Spirit'라는 개념을 들어 종교의 전체 역사는 이 구체적인 영의 종교를 위한 투쟁이며, '종교 안의 종교'에 대한 하나님의 투쟁으로 파악한다. 틸리히에게 기독교의 절대성과 예수의 규범성에 대한 의식이 약화된 것처럼 보이지만 '종교 안의 종교'라는 말과 '구체적인 영의 종교'라는 말의 표현에서 기독교 신학자로서 구원의 유일성을 표현하고 있다고 보인다.

존 힉크John Hick는 종교 사이의 차이보다 동질성에 눈을 돌린다. 종교의 본질을 구원 또는 해방으로 보고, 자기 중심성ego-centredness으로부터 실재 중심성reality-centredness으로의 변화를 구원, 해방이라고 이해한다. 종교 사이에는 보충적인 관계가 형성된다고 보았다. 힉크는 '차등 기독론degree Christology'이라는 개념으로써 그리스도의 위상에 대해 설명한다. 하지만 예수의 규범성이 약화된다. 레이문도 파니카Raimundo Panikkar에게서 그리스도의 개념Isvara이 힌두교 속에서도 나타난다. 기독교와 타종교와의 대화에 대한 신학자들의 이론이 다양하게 제시되고 있다. 그 예로 타종교에 대한 기독교의 위치를 특수 계시와 일반 계시의 관계로 구분하고, 종교의 절정으로서의 기독교, 변증법적 관계Hendrik Kraemer, 포용주의(라너) 입장 등이 있다. 틸리히나 힉크, 파니카는 진전된 해석을 내놓았다. 종교 간의 배타적인 생각이나 관계로는 종교 간의 갈등을 극복하지 못한다는 사실이다. 대화의 장으로 이끌 수 있는 이론과 대화의 방법, 상호 이해가 선행되어야 종교 간 평화가 이루어질 것이다.

---

18 Ibid., Paul Tillich, "Christianity Judging Itself in the Light of its Encounter with the World Religions", in *Christianity and Other Religions* (Philadelphia: Fortress, 1981), 108-21.

기독교와 타종교 간 관계의 유형을 파니카는 배타주의exclusivism, 포용
주의inclusivism, 병행주의parallelism 등의 세 가지 모형으로 제시한다. 힉크
도 비슷한 유형으로 배타주의와 포용주의, 다원주의Pluralism 등으로 바꾸
어 말한다. 폴 니터Paul Knitter는 다른 유형으로 복음적 모형(칼 바르트)과
주류적 개신교 모형(알트하우스), 가톨릭 모형(제2바티칸 공의회), 신 중
심적 모형으로 나누어 설명한다. 타종교 간의 대화에서 중요한 것은 예수
그리스도의 역할과 예수의 규범성이다. 대화를 주도하는 기독교의 입장에
서 신 중심적 관점이 중요한 문제가 된다.[19] 앤드윈클은 '예수 그리스도의
십자가의 사건은 그 어떤 종교에서도 대치될 수 없다'는 호교론護敎論적
신 중심주의R. Aldwinckle를 주장한다. 니터는 교회가 그리스도 중심으로
변하고 또 다시 신 중심으로 바뀌어야 한다고 말한다.[20] 우리는 수육受肉의
신화(힉크)와 로고스 기독론(파니카)을 통해 기독교의 정체성을 잃지 않
고 종교 간 대화를 가능하게 할 수 있을까.

미카엘 폰 부뢱Michael von Brueck은 간間문화 해석학의 차원에서 정합
원리Kohaerenzprinzip를 말한다. 절대 진리는 종교적 차원에서는 절대성을
띄지만 문화적·역사적 언어 안에서는 상대성을 띄게 된다. 종교 간의 대화
에서 필요한 일반적 원리는 정합원리이다. 예수의 규범성을 유지하며 자기
정체성을 잃지 않고 종교 간 대화를 가능하게 하는 원리는 없을까. 상즉상
입相卽相入의 화엄의 원리를 통해서도 간문화 해석학을 전개할 수 있다.[21]
무애無碍라는 것은 독립되고 항존하는 실체에 대해 믿음을 가지지 않는

---

19 나학진, "종교 간의 갈등극복", 19-34.

20 Ibid., 35-51.

21 김명희, "간문화 신학으로서 여성신학-종교해석학적 접근", 한국여성신학회 편,『다문화와
    여성신학』(서울: 대한기독교서회, 2008), 28-33.

것을 뜻한다. 즉 자기 정체성에 대한 절대적 믿음을 버려야 한다는 것이다. 자기 정체성은 자기에게는 절대적이지만 타자에게는 상대적 정체성에 불과하다. 상즉상입의 원리로 정체성을 해석한다면, 다원주의 문화 형태에서 타문화에 대한 이해는 '나'의 정체성의 상실에 대한 우려 없이도 이루어질 수 있다.

기독교의 배타적 호교론護敎論은 종교 간의 평화를 저해할 수 있는 요소가 될 수 있다. 종교 간 대화를 통하여 자신 종교의 특수성을 시인하는 태도와 함께 대화를 통해 서로 간의 긴장을 완화하는 단계까지 이르고 전도와 선교의 차원에서 양 종교의 삶의 질을 높일 수 있는 차원으로 나간다면 종교 평화에 이를 수 있다고 본다. 진리와 영의 차원에서 로고스(말씀과 이성, 진리)와 카이로스(하나님의 때, 구원의 시간), 아가페(하나님의 사랑)의 종교적 이데아 세계가 펼쳐지고, 아버지 하나님, 아들 예수 그리스도와 보혜사 성령이 보편적 신으로 이해될 수 있는 지평 융합이 이루어질 수 있을 때까지 종교 간 대화를 이루어야 한다. 예수 그리스도가 길과 진리, 생명이라는 자기 정체성을 표명한 뜻을 헤아려 종교 간 평화에 이를 수 있는 합의와 상호존중, 이해 지평이 확대되기까지 대화는 계속되어야 할 것이다.

기독교와 불교의 차이

기독교와 불교의 대화를 위해 기독교와 불교의 차이를 살펴보자. 지동식은 민영규의 『예루살렘 입성기』와 『막간산책』을 읽고, 막간산책幕間散策에 대하여 글을 썼다.[22] 그는 그 글에서 기독교와 불교에 대하여 서로 비교

---

22 민영규, 『예루살렘 입성기』(서울: 연세대학교출판부, 1976), 177-30.

한다. 신약성서는 예수의 인격을 증거하며 종교 일반 역사보다 구원의 역사를 중시한다. 그런데 석가의 교훈은 인도 옛 종교의 터전에서 나온 것이다. 법화경法華經은 궁자窮子 한 사람을 대상으로 이야기하고 있고, 누가복음 15장의 탕자의 비유는 인자한 아버지의 사랑을 이야기한다. 이 탕자의 비유를 통해 '의인은 없나니 하나도 없음'을 가르치려 했고, 동시에 이 땅에 만백성을 구하기 위해 오신 아들과 아버지의 이야기를 하려고 했다고 말한다. 초상肖像의 유래는 기독교와 불교 양교가 같다고 보고, 둘 다 희랍의 조각 문화에서 영향을 받았다고 본다. 또 불교의 관정과 목욕재계가 기독교의 세례에 영향을 주었다고 본다. 궁극적 세례자는 예수 하나님이고, 세례는 예수와 합해지는 사건이라고 말한다.[23] 기독교가 대화와 화해의 세계라고 하면 불교는 사색, 명상, 독백의 세계라는 것이다. 탄생불의 손가락 검지는 안에 있는 내부 세계를 가리키고 있는 반면, 예수의 손은 하늘을 가리킨다. 그래서 그는 아버지의 뜻을 따라 살고 저 하늘로 돌아가신다.

불교의 경전은 후세의 저작도 포함될 수 있어 8만 대장경이 모두 경전으로 인정된다. 기독교는 구약성서와 신약성서만을 경전으로 받아들인다. 그리스도의 교회가 성서를 소중하게 여기는 것은 그 글자나 문장이 훌륭해서가 아니라 그것에 담겨 있는 내용 때문이다. 그 내용은 어두운 세상에 빛으로 오셔서 어둠을 비추신 예수 그리스도 사건이다. 구약의 율법과 신약의 복음은 내용과 형식의 관계 면에서 상호 보완적이라고 보았다.[24] 기독교의 본질은 오직 하나님 한 분만 신이라는 고백에 있다. 정치 세력과 배치하는 경험과 신앙 고백의 기독교 교리는 하나님의 계시이다. 불교에서 '붓

---

23 지동식, "막간산책을 읽고(6)", 241–45.

24 Ibid., 253–55.

다가 물위를 걸으셨다는 것'과 기독교에서 '예수가 물위를 걸으셨다'는 것
은 질적 차이가 있는 것이라고 말한다. 이는 하나님 계시의 사건과 불타의
신격화에 대한 차이라고 해석한다.[25] 불교는 역사가 반복되는 순환 사관,
윤회輪廻 사상이지만 기독교에서 역사는 하나님의 활동 무대로서 시간과
역사의 내용과 중심이 예수이고, 미래는 구원이 완성될 시대이다.

서여西餘 민영규는 불교학의 태두泰斗이고 동양 사학史學의 대가大家이
자 한국 서지학書誌學의 제일인자第一人者라고 말한다.[26] 그가 직접 불교 경
전과 기독교 경전을 비교한 글을 살펴보자. 그는 불교의 관점에서 기독교
의 성서 이야기를 풀고 있다. 탕자의 비유와 법화경의 경우에 '너희 안에
있다는 하나님 나라'는 용수불교의 실상론實相論에 방불하다고 말한다. 또
법화경의 궁자는 위에서 아래를 향한 구고救苦이고 누가의 탕자는 아래서
위를 향한 참회懺悔라고 해석한다.[27] 동양의 종교 불교와 서양의 종교 기독
교의 만남과 대화라는 차원에서 민영규는 불교학자로서 불교가 기독교에
영향을 주었다고 본다. 그래서 동·서양 두 종교에서 성수聖水가 뜻하는
것의 차이는 마치 서방 성화聖畵에 그려진 유대 광야의 모순된 모습, 아름다
운 정원이 그려진 것처럼 그 바탕 위에 세워진 신학의 근거를 의심하게
된다고 말한다. 금욕 생활을 하던 엣세네에서 흘러내린 두 개의 유성流星이
세례 요한과 예수라고 보고, 예수가 엣세네파에 승단하고 광야에서 시련을
받고, 요한에게 세례를 받는 순서는 일련의 한 과정이라고 말한다. 그는
이것이 불교에서 슬달(싯다르타) 태자가 불타佛陀가 되는 과정과 유사하
다고 본다. 슬달 태자가 구도자로서 6년 동안의 고행과 보리수 밑에서 깨우

---

25 Ibid.,『예루살렘 입성기』, 259-60.
26 최기준, "발문(跋文)",『예루살렘 입성기』, 328.
27 민영규,『예루살렘 입성기』, 184-89.

치는 과정이 예수의 삶과 비슷하다고 보았다. 예수는 엣세네 종파에서 탈
퇴, 결별하고 세례 요한처럼 구도자의 길을 혼자 걸었다고 본다.[28]

건태라健馱羅(간다라) 불상의 내력 속에 헬라인들은 기독상像을 만들
기에 앞서 최초의 불상을 인도에서 만들었다. 그리고 19세기 인도학의 기
불연관설은 예수는 갈릴리 호수를 걸어 나아가고, 붓다는 네란자라 강물을
양분해 있었다고 본다. 또 석가탑의 유향儒香과 길르앗의 유향乳香을 비교
한다. 동방박사의 유향은 시바의 유향과 같고 석가탑의 유향은 길르앗의
유향과 같다. 식물학의 관점에서 상호 영향을 주었다고 본다. 길르앗의 유
향과 같은 '발삼'은 지중해의 야생식물인 '마스틱'과 같지 않다고 하며 성경
학자는 본초학本草學을 공부해야 한다고 역설한다. 마지막으로 선가禪家에
서 지월指月의 비유가 뜻하는 것과 기독교의 예수의 손가락 가르침과 유사
하다고 보았다. 필요한 것은 화석化石한 손가락이 아니고 손가락이 가리키
던 달을 실현하는 일이다. 따라서 중요한 것은 진리의 마음이라고 보았다.
"경전이나 문자를 배격하고 각자의 마음속에서 불성佛性을 찾아야겠다던
선불교에 있어서나, 의문은 곧 죽음이오 영만이 생명임을 부르짖던 사도
바울에게 있어서나, 문제는 하나에 있었던 것이다."[29] 이처럼 진리에 이르
는 길은 유사함을 알 수 있다. 기독교와 불교의 진리 이야기가 유사하고
많은 공통점을 갖고 있음을 살필 수 있었다. 두 종교의 공통점을 가지고
대화의 공통분모를 삼고, 그 차이점을 가지고 진리에 이르는 길에 대하여
깊이 숙고하며 개인 구도의 과정을 깊고 넓고 높게 걸어가면 구원의 길은
점점 가까워지리라.

---

28 Ibid., 200.
29 Ibid., 227.

맺는 말

종교는 인간의 마음에 평화를 주었다. 종교 문화는 인간의 생활에서 가장 숭고한 가치와 세계관을 주어 인간이 숨 쉬고 생각하고 살아가는 중요한 요소가 되었다. 따라서 수많은 종족이 각기 자기의 문화에 맞는 종교를 가지고 살아가고 있다. 종교학에서는 경전과 교리가 없으면 저등한 종교라 하고, 원시 종교라 하여 무시하는 경향이 있었다. 그러나 종교는, 어떤 종교든 그 종족의 문화 속에서 오랜 세월 함께한 그들의 종교이기에 그들만이 존귀하게 여기는 가치가 담겨 있다. 따라서 한 종교와 다른 종교 즉, 소위 고등 종교와 저등 종교가 만날 때, 서로 대등한 입장과 대화의 차원에서 서로 배울 수 있는 자세로 이야기를 하고 만나야 한다.

어느 한쪽이 어느 한쪽을 우월하게 보고 전도하고 선교하려는 입장에 설 때 거기서 종교 갈등이 생기고 분쟁으로 치달아 불행한 결과를 낳게 된다. 우리는 그 불행의 결과를 순교로 해석하고, 그 불행을 당한 사람을 순교자로 세우며 성자의 반열에 세우는 일을 본다. 그러나 진정한 순교와 진리를 향한 구도자의 삶이란 드러내지 않고, 숨어서 사랑을 묵묵히 실천하며 인간의 삶에 이로움을 주는 것이다. 지금까지 종교 간 평화를 다루며 불교와 기독교와의 대화를 살펴보았다. 종교 내의 평화의 길을 찾기 위해서 우리는 종교 권력의 배경을 먼저 숙지하고 변화와 개혁을 주도해야 한다. 종교 이데아, 이념은 숭고하고 이상적이지만 그 종교의 메커니즘을 움직이는 사람과 기관은 문제가 있다. 한국의 기독교와 불교가 자기 정화를 철저히 하고 각기 새로운 종교 개혁을 하여야만 희망적인 종교 문화를 창달할 수 있으며 한국 사람들에게 희망을 주고 새로운 소망 가운데 살아갈 수 있게 해줄 것이다.

　　종교의 다원성을 인정해야만 하는 시대와 종교 다원화의 사회에 살면서 우리는 타종교의 존재를 인정하지 않으면 안 되는 상태에 있다. 종교적 다원 현상은 오늘날 종교의 세속 현상과 함께 종교 문화에 위협을 주고 있다.[30] 이러한 종교 다원 현상의 과정에서 타종교에 대한 배타적 입장이 아니라 포용적 입장으로 대화를 해야 하며 참 신의 자연 발로적 전도가 이루어지도록 우리는 겸손한 삶을 통해 장場만 제공하는 역할을 하는 것이 중요하다.

　　열린 마음으로 기독교인들과 불교인들이 손을 잡고 대화의 자리에서 서로 배울 수 있을 때 한국의 종교 평화는 임할 것이다. 그리하면 세계 종교 갈등의 그 폭은 줄어들고 동양 종교와 서양 종교 간의 대화로 인해 세계의 평화는 도래할 것이다.

---

30 정진홍, 『종교 문화의 이해』(서울: 서당, 1992), 365-80.

7장

구약의 출생과 한국 문화

인간의 생사 문제는 중요하다. 7장에서는 구약의 생명 문제에 대하여 살피면서 한국 문화에서 생과 사의 한국적 이해와 문화를 만들 수 있을지 연구하고자 한다. 인간의 출생은 어디서 근원하는가, 인간은 왜 태어났는가. 인간 기원에 대한 질문은 종착의 질문과 연결되며, 탄생과 죽음, 생명과 죽음이 동시에 이루어진다. 이 장에서는 오늘날의 인간, 생태적 위기에 선 현대인의 출생의 문제를 중심으로 한국적 상황과 문화에 맞추어 진행하고자 한다. 출생에 대한 구약의 본문들이 무엇을 말하는지, 탄생의 어휘와 신학은 무엇이 있는지, 출생의 신학에서 인간 창조의 의미와 출생의 의미를 찾고자 한다. 이와 함께 한국의 출생관은 무엇인지, 한국 현실에서 출생의 문화는 어떤지, 출생의 문화를 만들 수 있는지 타진하며 구약의 출생의 지혜가 대답하는 방향과 연관시키고자 한다.

1. 구약성서의 출생

성서의 두 번째 인간 창조 이야기(J)에서 인간의 창조와 출생은 비하卑下하듯 표현되었다. 조철수 교수는 이것을 고대 메소포타미아 신화에서 비롯되었다고 주장한다.[1] 신화에 따르면 신들이 인간을 창조한 동기가 자신들의 노동을 줄이기 위함이라고 한다. 신의 노역이 심한 결과, 큰 신들을 위해 작은 신들이 봉사하는 노역이 심해져 불평불만이 가득 차자 지혜의 신이 출산 어미신과 함께 사람을 만들게 된다. 반란을 일으킨 작은 신들의 우두머리를 처형하게 하여 그의 피와 점토를 뒤섞어 사람을 만들었다. 이렇게 흙덩어리로 만들어진 인간은 하찮은 존재처럼 보인다.

그러나 첫 번째 인간 창조 이야기(P)에서 하나님의 형상으로 만들어진 인간은 존엄하고 귀한 존재이다. 이 이야기에서 인간은 하늘로부터 온 존재로 하나님과 같다고 여겨진다. 창조 이야기는 신약 성서에 인간은 하나님의 자녀라는 존재 표현으로 이어진다. 그러면 여기서 볼프의 인간 창조 이야기 4개를 중심으로 논의해 보자.[2]

1) 야웨 기자의 인간 창조

창세기 인간 창조 이야기는 탄생의 과정에 대하여 말하지 않는다. 창세기 2장 24절에서 남자와 여자에 대하여 그들이 육체가 되었다고 말할 때조차도 한 아이의 개념이나 출생에 대한 그 어떤 암시도 없다. basar ehad (בָּשָׂר אֶחָד 한 육체)는 두 사람이 한 몸이라는 사실을 발견하는, 한 아이를 의미하지 않는다. 한 육체는 남녀의 육체적 결합을 의미한다. 남녀의 진정한 결합을 이러한 방식으로 표현한다. 야웨 기자의 관심은 사람이 처음부터 완전히 자신의 인간성을 인식하도록 한다. 남녀가 결합하여 한 가정을 이루는 것을 의미한다. 여기서부터 한 인간의 출산이 생기고 최초의 인간

---

1 조철수, 『메소포타미아와 히브리 신화』(서울: 길, 2000), 124-130.
2 H. W. Wolff, *Anthropology of the Old Testament* (Philadelphia: Fortress Press, 1981), 91-98.

탄생 사건을 기대할 수 있게 된다. 이 첫 출생으로부터 인간의 출생이 연속
되어 인류의 구속적 역사가 이루어져 오늘의 우리 실존에까지 이르게 된다.

창세기 2장 7절은 하나님과 인간의 관계를 보여 준다. "야웨가 인간을
만들고 그의 코에 생기를 불어 넣으니라 인간이 생령이 된지라"(창 2:7).
신인 동형론으로 표현된 인간은 하나님의 형태를 입었고, 하나님으로부터
생명을 받았다는 것을 강조한다. 인간의 몸은 전적으로 이 땅의 것이고(시
90:3, 103:14), 태어나면서 흙으로 돌아갈 존재임을 보여 준다.

바빌론 창조 신화처럼 인간은 살육당한 신의 피가 아니다. 또 이집트
신화에서처럼 인간은 태양신의 눈물로 된 것도 아니다. 토기장이 모티브에
서처럼 고대 근동에 널리 퍼진 창조 신화에서 취해진 것도 아니다. 이 이야
기는 하나님과 인간 사이의 거리를 강조한다. 토기장이의 주권에 따라 토
기가 만들어지듯 인간과 하나님 사이에는 질적인 차이가 존재한다. 인간은
출생하면서 창조자를 의식하며 살아가야 할 존재임을 보여 준다.

그 다음 남자와 여자의 관계, 그리고 남자와 동물의 관계에 대하여 언급
한다. 남자가 홀로 있는 것이 좋지 않아 돕는 배필을 지으신다(창 2:18).
그리고 사람이 하나님께서 지으신 동물의 이름을 짓는 대로 그 이름이 된다
(창 2:19). 이것은 인간이 동물에게 명령하는 관계가 성립되고, 야웨의 창
조적 은사를 통하여 인간의 자율성이 나타나게 된다. 여자가 흙이 아닌
남자의 갈비뼈에서 만들어진 존재라는 것(21절)은 남자와 여자의 독특하
고 친밀한 관계성을 보여 준다. 따라서 "내 뼈 중에 뼈요, 내 살 중에 살이다"
라는 고백은 최고의 찬사이며 여자의 창조에 대한 경탄을 표현한 것이다.
그래서 그녀가 남자에게서 왔다는 말로 이쉬(ishi, 남자)에 상응하는 이샤
(isha, 여자)라고 불린다. 이것은 그들 사이에 깊은 내적 결속이 반영된다.
따라서 남자는 여자를 위해 자기 부모의 가정을 떠나야 한다. 인간이 출생

후 한 가정을 이루고 살아가야 할 남녀 관계와 자연 관계를 가르쳐 준다.

그 다음 남자와 땅의 관계를 보면, 언어적으로 남자(adam)와 땅(adama)이 같은 어근(dam, 붉다)을 가지고 있어서 인간의 붉은 갈색의 피부와 땅을 나타낸다. 이것은 삼중적인 의미, 즉 인간이 땅에서 창조되고(창 2:7, 3:19, 23), 흙으로 만들어졌고(3:23), 죽어서 땅으로 돌아가는 존재라는(3:19) 것이다. 더욱이 땅을 경작하고 마침내 흙으로 돌아가는 것은 땅에서 창조된 것과 관계가 있다(창 3:19, 23, 2:7). 인간은 땅에서 살아야 하는 존재이며 땅을 관리하고 잘 보존하여야 할 존재임을 보여 준다. 생태 신학적, 생태 여성학적 근거가 J 창조 이야기에서 잘 드러난다.[3]

만물을 창조하신 창조주는 어떤 피조물과도 대화하지 않고 오직 남자와 여자 즉, 인간과 대화를 하신다. J 창조주 하나님은 인간과 대화하시는 인격적인 하나님으로 남자와 여자가 대등한 협력자로서(Kenegdo, Counterpart), 자연과 인간이 이름을 부르면서 대화하는 인격적 관계처럼 조화로운 관계가 형성되어야 할 생태 보호적 과제가 주어진다. 인간은 자연과 대화해야 하는 존재이다. 자연의 운명은 인간에게 달려 있다고 볼 수 있다.

2) 제사장 문서의 인간 창조

제사장(P) 문서의 창조 이야기에서는 하나님과 인간은 지배하고 모든 것을 껴안아 주는 관계이다(창 1:26-30). 여기에 인간과 모든 피조물 사이에 차이점이 분명히 나타난다. 인간은 짐승들과 가까이 하는 존재로서, 같

---

3 이정배,『신학의 생명화 신학의 영성화』(서울: 대한기독교서회, 1999), 11-31 참조. 전현식, "생태여성신학의 영성고찰",『신학논단』43집(연세대학교 신과대학, 2006), 413-37.

은 날 땅에 사는 동물들과 같이 지음을 받는다(24-31). 물고기와 새 들도 같이 피조되어 하나님의 축복을 통해 번성하게 된다. 이 번성케 할 권리는 인간에게 주어진다(28절과 함께 22절). 이 점에서 중요한 것은 자연과 같은 날 창조된 인간은 자연과 대등한 관계이면서 자연을 축복할 존재라는 사실이다.

마침내 인간과 땅의 동물들에게 같은 음식이 할당된다. 하지만 아직 인간의 특별한 위치는 분명하게 드러나지 않는다. 땅의 동물들은 여섯째 날 인간이 창조되기 직전에 지어진다. 계속하여 이 땅의 동물들은 하나님의 명령으로 만들어진다(24절 이하). 그러나 창세기 1장의 남자와 여자는 땅에서부터 생기지 않는다. 그들은 이전에 제공된 물질이 아닌, 지상의 협력이 없이(이것은 27절에 삼중적으로 동사 'br'—창조하다 —를 사용한다) 하나님 자신의 인격적인 결정(26절)으로 창조된다. 이것은 P 문서 전체 창조 기사에서 독특한 하나님의 결정이다. 28절에 인간에게 하신 축복은 근본적으로 22절 물고기와 새들에게 한 것과는 다르다. 하나님은 그것들에게 번성하라고 하신 후에 인간에게 땅을 다스리는 주권을 주며 신뢰한다. 특별히 모든 생물을 다스리라고 한다(28b절). 이것은 인간과 짐승 사이에 결정적인 차이를 규정한다. 그것으로 다시 하나님과 인간의 관계가 파생된다. 이 독특한 관계는 이미 그 자체로 정형적임을 보여 주는데, 어떤 다른 피조물이라도 인간처럼 하나님께서 교훈할 만큼 가치가 있다고 생각되지 않는다. 다시 말해 인간과 짐승에게 식물을 제공할 때 인간에게는 말을 하는 것이 중요한 반면(29절), 동물에게는 다만 3인칭으로 말한다(30절). 결국 인류는 직접적으로 두 개의 성性으로 창조되었고 창조의 안식을 누릴 자유 의지와 주권을 주며 하나님으로부터 신뢰받는다는 사실을 주목해야 한다(27절 이하). 인간은 자연과 동물을 다스리는 통치권을 갖고 있고, 하나님과 인간은 대화하는 관계를 보여 준다.

창세기 1, 2장의 창조 기사는 철학적 전제와 기사 형태에서 크게 차이가 있다. 수세기 동안 따로 떨어졌다가 현재 있더라도 그 이야기들의 세 가지 점이 아주 놀랄 만하다. 1) 인간이 동물과 가깝다. 2) 하나님은 특별한 관심으로 인간을 위하여 일하고 인간은 동물과 차별된다. 3) 전인적이고 쓸모 있는 한 인간이 되는 것은 오직 남자와 여자가 함께할 때다. 이 창조 이야기는 하늘이 중심이 된다. 하나님의 형상으로 창조된 인간이 자연과 동물을 다스리고 번성케 할 축복권과 주권을 가지게 된다. 따라서 인간에게는 생태 관리의 책임이 주어진다. 야웨 기자와는 달리 P문서 기자는 인간 번성은 사람이 세상에 채워지고 땅을 정복할 때까지이며, 하나님의 인간 창조와 함께 동시에 주어졌던 주제라고 쓴다.

3) 시편 139:13, 15, 16; 욥기 10:3, 9-12

"주께서 내 장부를 지으시며 나의 모태에서 나를 조직하셨나이다.
내가 은밀한데서 지음을 받고 땅의 깊은 곳에서 기이하게
지음을 받은 때에 나의 형체가 주의 앞에서 숨기우지 못하였나이다.
내 형질이 이루기 전에 주의 눈이 보셨으며 나를 위하여 정한 날이
하나도 되기 전에 주의 책에 기록이 되었나이다."(시 139:13, 15, 16)

위의 성구는 개인의 탄생의 관점을 고대의 생물학적 표현으로 보여 준다. 시편 기자는 인간의 창조가 신묘막측神妙莫測하다고 말한다. 나를 지으심이 신묘막측 하심이라. 인류의 창조자는 모든 개인을 일일이 창조하시는 창조자이다(사 17:7). 시편 139편은 땅의 깊은 곳에서 만물이 창조된 것과 어머니의 자궁 깊은 곳에서 인간이 태어난 것을 유비적으로 표현한다.

"내가 모태에서 적신이 나왔은즉 또한 적신이 그리로 돌아 가올지라"
(욥 1:21). 시편 139편은 인간 출생의 신비를 잘 보여 준다.

> "주께서 주의 손으로 지으신 것을 학대하시며 멸시하시고
> 주의 손으로 나를 만드사 백체百體를 이루셨거늘
> 이제 나를 멸하시나이다
> 기억하옵소서 주께서 내 몸 지으시기를 흙을 뭉치듯 하셨거늘
> 다시 나를 티끌로 돌려보내려 하시나이까
> 주께서 나를 젖과 같이 쏟으셨으며 엉긴 젖처럼 엉기게 하지
> 아니하셨나이까 가죽과 살로 내게 입히시며 뼈와 힘줄로
> 나를 뭉치시고 생명과 은혜를 내게 주시고 권고하심으로
> 내 영을 지키셨나이다"(욥 10:3, 8-12)

인간 출생의 고백이 욥의 고통의 상황에서 나온다. 조각가가 흙을 빚듯
이 주는 손으로 인간을 만든다. 흙과 먼지로 인간을 형성하는 것은 창세기
2장 7절과 창세기 3장 19절을 반영한다. 살과 가죽을 입히고 뼈와 힘줄을
뭉친다는 것은 시편 139편 13절, 15절에 나온다. 또 젖과 같이 쏟으시며
엉긴 젖(치즈)처럼 엉기게 하였다는 표현은 독특하다. 야웨가 예술적으로
우리를 빚으셨다. 욥기의 인간 창조 이야기는 비극적인 상황에서 대화로
표현된다. 시편 139편은 창세기 1-2장의 창조와 개인적인 창조 이해에
도움이 된다. 이와 같이 구약의 창조 이야기 4개는 하나님의 의지를 통하여
인간이 창조되었다는 사실을 고대 생물학적으로 말하고 있고, 창조자와
인간의 대화를 요구할 기회를 무시하지 않는다.[4]
   성서의 창조 기사는 인간을 원인론적으로 이해하지 않고 목표적 관점

에서 이해한다. 즉, 성서는 인간의 본질을 논의하고 있을 뿐이지 인간의
발생에 대한 생물학적 논의를 하는 것이 아니다.[5] 자연과학(생물학)과 신
학의 대화에서 인간 창조의 이야기를 이끌어가려는 학자들(헬무트 틸리
케, 하인리히 오트, 발터 나이트하르트, 떼이야르 드 샤르뎅)의 논의가 있
다. 이러한 학제 간의 대화의 차원은 관점의 차이는 있지만 인간 이해에
도움이 된다.

융은 동정녀 마리아가 하나님의 수태자(theotokos)라고 보고, 기독교
의 삼위일체에 보완되어 마리아가 포함된 사위일체가 되어야 인간 무의식
세계를 포괄하게 된다고 주장한다.[6] 김광식은 융의 심층심리학이 제시하
는 사위일체론은 서양적 전통에서 억압되어 온 조화의 개념을 제시한다는
점에서 동양적 사유와의 만남의 자리를 제공해 줄 수 있다고 본다. 그는
이 마리아론이 여성 신학과 민중 신학에 새로운 전망을 제공할 가능성이
있다고 제시한다.[7] 마리아론은 출생의 담지자로서 여성과 인간의 무의식
의 세계의 지평을 넓혀 주며, 인간의 출생이 여성으로부터 기원된다는 사
실을 신학적으로 정초하여 확대 심화시켜 준다.

4) 구약성서의 탄생의 어휘와 톨레도트 신학

탄생이라는 말은 아라드(yrd)로서 구약성서에 600번 나온다.[8] qal형으
로 '자식을 낳다'는 의미로 창세기 3:16, 욥기 39:1에 나오고, 새끼를 낳다

4 H. W. Wolff, *Anthropology of the Old Testament*, 93.
5 김광식, 『인간과학과 신학』(서울: 연세대학교출판부, 1995), 23.
6 Ibid., 288-91.
7 Ibid., 292-93.
8 L. Koehler & W. Baumgartner, *The Hebrew and Aramaic Lexicon of the Old Testament* II (Leiden: E. J. Brill, 1995), 411.

(창 30:39, 렘 14:5), 알을 품는다(렘 17:11), 새로 태어난 아이(yalud, $\tau\varepsilon$ $\chi\theta\varepsilon\iota\varsigma$), 마태복음 2:2, 열왕기상 3:26 솔로몬의 재판에서 생모가 자신의 아들을 죽이지 말라고 애원한다(거기서 산 아들이라 표현한다). 복수로서 역대기상 14:4에 다윗이 예루살렘에서 '낳은 아들들'(yalud 'ishah) 이름 13명이 나온다. 욥기에서는 '여인에게서 난 사람'으로 의롭고 깨끗하지 못한 존재이며, 사는 날이 적다라고 말한다(욥 14:1, 15:14, 25:4).

두 번째로 낳다는 의미이다. '남자가 아이를 낳다'는 히브리어 arad (beget) 동사를 사용하고, 여자가 아이를 낳다는 동사는 히브리어 bear를 사용한다. 예레미야 30:6 "자식을 해산하는 남자가 있는가." 이 구절에서는 포로로 붙잡혀 가는 비극이 여자가 해산하는 고통을 비유하여 남자의 창백한 모습을 표현하고 있다. 창세기 4:18에서도 남자가 자식을 낳았다고 표현한다. "에녹이 이랏을 낳았고 이랏은 므후야엘을 낳았고 므후야엘은 므드사엘을 낳았고 므드사엘은 라멕을 낳았더라." 그 외 창세기 10:8에도 똑같이 구스가 니므롯 영걸을 낳았다고 한다. 잠언 17:21(미련한 자의 아비, 미련한 자를 낳는 자는 근심을 당한다), 잠언 23:22(너 낳은 아비에게 청종하라), 역대기상 1:10은 앞선 창세기 10:8을 반복하는데 분사형으로 hayoldah 낳은 자(단 11:6절)로 나온다. 세 번째 은유의 뜻으로, 악한 생각을 품고('awen yalod, 욥 15:35), 궤휼을 낳았다(yalad sheqer, 시 7:14). 모세가 이 모든 백성들을 잉태하였다(민 11:12). 반석(tsur, 하나님), 너를 낳은 반석(신 32:18)이라 한다.

남자도 아이를 낳는 존재이다. 남자가 여자와 함께 인간 출생의 책임을 지고 육아에도 책임을 지는 존재가 된다. 출생의 고통에 같이 동참하여 인간 탄생의 신비를 경험해야 함을 보여 준다. 이는 아이 출산에 부부가 함께해야 함을 표현한 것이다.

시간은 인간 창조와 탄생으로 시작된다. 사도 신경에 "전능하사 천지를 창조하신 하나님 아버지를 내가 믿사오며"라고 시작하는 것처럼 천지 창조와 인간 창조로부터 역사가 시작된다. 인간의 창조는 인간의 탄생, 출생으로부터 시작된다. 그리고 그것은 곧 나의 창조로 연결된다. 그래서 루터는 내가 '하나님이 나를 창조하신 것을 믿습니다'라고 고백한다.

여기서 계속되는 인간 탄생의 이야기는 족보로 이어진다. 구약성서에서 이 족보는 중요한 신학이다. 창세기의 최종 형태는 각 이야기가 새로 시작할 때마다 "이것이 족보이다"(elloth toledoth)라는 구절을 표제로 사용한다.[9] 톨레도트(toledoth, 족보, 계보, 대략) 구절들 10개가 창세기의 구조적인 틀로 사용되어 창조 역사와 족장사를 구성하고 있다.[10] 창세기의 족보 이외에 역대기상 1-9장은 아담으로부터 바빌론 포로에서 돌아온 사람들에 이르기까지의 긴 족보를 기록하고 있다. 역대기의 족보는 마태복음의 족보(마 1:1-17)로 연결되어 신약 시대까지 잇닿아 있는 것을 본다. 출생의 흐름이 계속되고 인간의 역사는 줄기차게 이어지고 있다. 마태복음의 족보는 예수의 출생을 말하기 위해 출생의 역사를 말하고 있다. "아브라함과 다윗의 자손 예수 그리스도의 세계라 아브라함이 이삭을 낳고 이삭은 야곱을 낳고 야곱은 유다와 그의 형제를 낳고"(마 1:1-2). 이 족보를 보면 불의한 사람들을 발견하게 된다.

다윗은 십계명(토라)을 어겼다. 그는 밧세바를 범했고 그녀의 남편 우리야를 전쟁터에 보내어 죽게 하는 등 간음과 살인을 했다. 이러한 불의한 사람이 예수의 족보에 오르는 선조가 된다. 죄인의 계보가 예수의 족보이

---

9 노세영, "창세기", 『구약성서개론』, 김영진 외 편저(서울: 대한기독교서회, 2004), 212-13.
10 창세기 2:4a, 5:1, 6:9, 10:1, 11:10, 11:27, 25:12, 25:19, 36:1,(9), 37:2 등이다.

다. 기생 라합이나, 유다의 며느리 다말 같은 여인들도 예수의 족보에 기록된다. 죄인의 출생이 족보에 기록된다. 선과 악의 윤리를 뛰어넘어 역사는 이들을 통하여 흘러 이어 간다. 이것을 무엇이라 말해야 하는가. 바로 하나님의 섭리이다. 하나님의 구속사는 선과 악을 초월한 출생의 역사를 통하여 이어 간다.

노아의 딸들이 아버지와 동침하여 종족을 유지하는 이야기나 다윗의 부정으로 밧세바와 사이에 솔로몬이 태어나고, 그가 왕위를 계승하는 이야기, 기생의 아들 입다가 사사가 되어 이방의 적을 무찌르는 등이 구약의 이야기다.

하나님의 역사는 인간 출생을 통해 이어 가지만 그 출생의 신비는 알 수 없다. 그 역사 속에 유전이 있다. 가계家系에 흐르는 유전이 있다. 이 유전에는 죄와 선의 역사가 이어진다. 그리고 가계의 혈통을 통하여 하나님의 섭리이 이루어지고, 인간의 역사 속에 하나님의 뜻이 실현된다. 종국에 가서 그리스도의 피가 인간 족보의 중심이 되어 구원의 길을 열어 준다.

2. 출생의 철학

인간의 출생에서 신의 섭리가 있고 하나님의 구속의 의도와 계획이 있다. 이 출생의 비밀은 구약의 족보와 역사를 통해 잘 알 수 있다. 구약에서 하나님의 뜻이 인간의 역사, 선과 악의 역사, 톨레도트(세계, 족보, 계보, 세대) 신학을 통하여 보인다. 인류의 역사는 이 톨레도트를 통하여 계속 이어 간다. 결국 예수가 인류를 구원하는 구속사를 이룬다. 여기서 새로 태어나는 세대는 무엇인가. 하나님은 다음 세대에서 하나님의 주권 속에 구원의 큰 구속 역사를 이룬다.

인체 몸의 출생은 우주적 신비를 가지고 있다. 맥훼이그는 생태 여성신학적 관점에서 유기체적 모델을 제안한다.[11] 하나님을 어머니(부모)와 연인과 친구로, 세상을 하나님의 몸으로 하는 새로운 모델을 제안한다. 생명의 수여자인 어머니이신 신의 특성과 신 존재로부터 출산 창조, 생명의 양육과 공평한 성취(모든 피조물의 안녕)라는 구원을 주장한다. 신의 몸인 세상은 인간에서부터 시작된다. 따라서 인간의 출생은 바로 우주적 신비를 가진 신의 출생으로 볼 수 있는 전망이 있다.

마이스터 에크하르트는 태어남의 의미에 대하여 다음과 같이 말한다.

"에크하르트는 사도 요한의 '우리는 하나님의 자녀'(요일 4:4)라는 말을 문자적으로 받아들인다. 이러한 낳음(출산)은 우리의 창조였다. 우리는 성부께서 영원히 낳으시는 독생자이다. 우리를 향한 하나님의 사랑은 영원하므로 하나님의 자녀로서 우리와 하나님의 관계도 영원하다."[12]

에크하르트는 우리가 하나님의 자녀를 낳을 수 있다는 의미에서 하나님을 낳는 존재라고 말한다. 남성이든 여성이든 상관없이 우리들 모두가 어머니라고 말한다. 하나님의 탄생, 우리가 하나님의 어머니들로서 생명을 낳는 생명의 잉태와 해산의 과정에서 하나님과 우리가 하나 되는 것이다. 하나님과 인간, 채움과 비움, 있음과 없음의 변증법적 일치의 과정을 삼위 일체적으로 창조할 때 탄생은 이로부터 생기는 것이다. 돌입과 탄생은 잠재적인 매일의 사건이다. 그것을 필요로 하는 것은 하나님께서 우리

---

11 박성용, "생태여성신학의 관점에서의 종교담론", 변선환 아키브·동서종교신학연구소 편, 『생태 신학 강의』(서울: 크리스천헤럴드, 2006), 83.

12 이민재 역, "마이스터 에크하르트의 창조 영성", 변선환 아키브·동서종교신학연구소 편, 『생태 신학 강의』, 314.

안에 존재할 수 있게 하는 우리의 비움뿐이다.

에크하르트의 신비주의적 영성은 정치적 차원에서 실현되어 범재신론이 되었다. 즉 내 삶의 차원이 아닌 우리라는 공동체 의식 속에서 그리스도의 영성은 실현되며, 수도원이나 거룩한 장소에만 하나님이 계시는 것이 아니라 우리들의 삶의 현장에 계신다는 삶의 철학이 강조된다. 그의 창조 영성으로 우리 안에 하나님의 탄생, 하나님의 자녀라는 의식 속에서 하나님의 어머니라는 인간 존재를 보게 된다. 그런 의미에서 그의 인간 출생의 신비로 새로운 인간상을 볼 수 있는 해석학적 지평이 열릴 수 있었다.

인간은 날마다 태어나는 존재이다. 오늘—오! 늘(항상), 하루가 천 년과 같이, 천 년이 하루 같이. 하루가 천 년처럼 천 년이 하루 안에 이루어진 시간. 하루가 영원의 시간 안에 머물고, 영원이 하루의 시간에 담겨진 시간. 인간은 하루의 시간 안에 머문다.[13] 하지만 인간은 그 하루 안에 영원을 소유하게 된다. 따라서 인간은 매일 하루의 출생을 경험하는 존재가 된다. 출생의 신비는 매일의 시간 속에서 이루어진다. 하나님의 시간 안에서 계획된 것이다.

인간의 출생은, 아버지와 어머니, 남자와 여자의 만남 속에서 이루어진다. 인간이 출생한다는 것은 한 인간이 부성과 모성을 담지하고 인간으로 탄생한다는 것이다.

그래서 인간은 문화의 유전자이다. 한 인간은 남자에게 전승되어 온 문화와 가치관의 전통과 같은 남자의 유전인자와 여자의 문화와 그 체계의 결합으로 태어나게 된다. 따라서 한 인간의 출생은 두 집안의 전통이 결합된 신비로운 탄생이다.

---

13 오정숙,『다석 유영모의 한국적 기독교』(서울: 미스바, 2005), 305.

다른 한편으로 "출생은 죽음이다"라는 명제와 같이 인간은 태어나면서 죽음을 향해 나아가는 존재이다. 생물학적 인간으로서 인간은 시간에 매여 사는 유한한 존재이다. 인간은 나이에 따라 시간과 행동의 움직임에 지배 받고 움직임에 제한을 받는 존재이다. 인간은 출생하는 순간, 죽음으로부터 늘 공격받으며 그 죽음의 세력과 병 앞에 늘 노출된 존재로 살아간다. 이러한 인간에게 희망은 없는가. 생물학적 인간을 뛰어 넘는 영적 인간의 측면으로 볼 때 육적 인간은 죽음의 존재이지만 영적 존재인 인간은 영원의 존재이다.

"도란 비유컨대 물과 같은 것이다. 물에 빠진 사람이 물을 많이 먹으면 죽게 되지만 목이 마른 사람이 적당히 물을 마시게 되면 소생하는 것이다. 또한 도란 마치 검이나 창 같은 것이다. 미련한 자가 일시 노하여 무기를 휘두르면 재화를 일으키지만 성인이 무기를 잡고 악인을 징벌하면 행복을 초래한다. 그러므로 「만물은 도를 얻고 출생하며, 죽음으로 완성하고 파괴한다」라는 것이다."[14]

한비자韓非子는 우주 만물의 이치인 도를 얻어 출생하면, 죽음으로 그 도를 완성하고 파괴한다고 말한다. 이 도는 만물을 성립시키는 근본으로, 노자老子는 도는 만물을 질서 있게 하는 것이라고 했다. 도교와 유교는 도의 이치 안에서 출생과 죽음을 말한다.

탄생이란 계속 일어나는 현상이다. 매일 같이 새로 태어나는 행위이다. 이것은 새로 태어나는, 신생新生으로서 "그리스도 안에 있으며 새로운 피조물"이라는 의미에서 새로운 존재이다. 매일 탄생과 죽음이 하루 안에서 이루어진다. 구약 시편에서 천 년이 하루와 같고 하루가 천 년과 같은 하나

---

14 한비자,『세계의 대사상 22 - 한비자』, 윤영춘 역(서울: 휘문출판사, 1981), 472.

님의 시간과 인간의 시간과 같이, 죽음과 태어남이 하루라는 역사 안에서 이루어진다. 그래서 사도 바울은 "내가 매일 죽노라"고 고백한다. 이 죽음 은 육신의 죽음과 영적 생명의 탄생을 의미한다. 따라서 매일 태어난다는 뜻에서 신생新生과 영적으로 거듭난 중생重生, 그리고 그리스도인으로 다시 태어난 재생再生의 의미를 가진다.

인간 출생의 목적은 무엇이며 왜 태어나는가. 시편 기자는 인간은 하나 님께 찬양하기 위해 태어난 존재라고 한다. 인간의 창조 목적이 인간을 창조하신 하나님을 찬양하게 하기 위함이라는 것이다. 시편 100편 3절은 인간을 지으신 분이 창조주 하나님이라고 말한다.[15] 찬양 시편은 인간의 창조뿐만 아니라 이스라엘과 우주 창조에 대하여 노래한다.[16] 여기 구약에 서 출생의 비밀이 있다.

3. 출생의 문제와 한국 문화

1) 한국인의 출생관

이항노의 아언雅言에는 다음과 같이 태극 사상과 출생에 대하여 언급하 고 있다. "천지간에는 다만 동動과 더불어 정靜이 있을 따름이다. 그 형形이 없는 것으로부터 살펴본 것이 즉 태극이다. 태극은 곧 일동一動하고 일정一 靜하는 도道인 것이다. 그 형이 있는 것으로부터 살펴본즉 기氣는 기機니 기기氣機란 것은 곧 일동一動하고 일정一靜하는 기器다. 태극에 대하여 전언

---

15 J. 클린튼 매칸, 『새로운 시편 여행』, 김영일 역(서울: 은성, 2000), 88-89.

16 버나드 W. 앤더슨 저, 『시편의 깊은 세계』, 노희원 역(서울: 대한 기독교서회, 1997), 117-42.

한즉 음양과 천지와 오행과 남녀와 만물이 다 태극太極의 안에 싸여 있는 것이다. 태극이란 것은 다만 하나의 생생生生하는 이치인 것이다. 고금을 꿰뚫어 존망하는 변화가 없는 것은 태극지도太極之道이다. 묵은 것과 새로움은 선禪하되 죽은 이와 태어나는 이가 있음은 음양陰陽의 기器니 도는 존망이 없는 것이다.

사람들이 항상 하는 말이 있으니 다들 말하기를, 소이연자所以然者는 이理라. 인하여 말하면 용用이라 잠깐 사이에라도 하나의 做主(故主, 옛 주인)를 두는 말을 한 연후에야 비로소 그 용用과 불용不用에 대하여 말하는 것이다. 주주라 함은 누구인가? 천지에는 다스리는 제왕이 있으며, 만물에는 다스리는 신이 있고 사람에게는 다스리는 심心이 있으니 그 실實은 하나 같은 태극인 것이다. 음陰은 생양하고 양陽은 생음하니 음으로써 생양하고 양으로써 생음하는 것은 즉 이理다. 자녀를 낳는生 자는 부모요, 부모로 하여금 자녀를 낳도록 하는 것은 즉 이理다"[17]

우리는 여기서 성리학性理學의 태극사상과 이기론의 일부를 살펴볼 수 있다. 출생에 대한 이론을 보듯이 이理가 부모로 하여금 자녀를 낳도록 한다. 이 이가 무엇인가. 만물을 다스리는 신, 천지를 다스리는 제왕이 있다고 밝힌다. 이것이 기독교와 유대교에서는 여호와 하나님이시다. 유교에서는 태극이라고 표현하고 있다. 죽은 이와 태어나는 이가 있는 것은 음양의 이치라고 한다. 한 세대가 가고 한 세대가 오는 것이 바로 전도서 지혜의 이치이다. 죽는 자가 있고, 출생하는 자가 있는 것은 자연의 이치를 뛰어넘고, 또 그 자연을 주재主宰하는 창조자의 계획과 섭리攝理이다. 태극 신학에서 출생은 자연의 조화 중에 중요한 요소가 된다. 만물과 우주의 근원이

---

17 이항노, 『세계의 대사상 11 - 雅言』, 최창규 역(서울: 휘문출판사, 1981), 410-15.

태극의 주인이신 하나님이라는 사상을 엿볼 수 있다.

도덕경의 출생
"혼돈하면서도 완성하는 무엇인가가
천지보다도 먼저 있었다.
소리도 없고 형체도 없는 무엇인가가
어느 것에도 의지하지 않고 변하지 않으며
어디에서나 작용하며 멈추는 일이 없어
천하 만물의 모체라 할 수가 있다.
나는 그 이름을 알지 못해 도라 부른다."(도덕경 25장)

도로부터 모든 것이 태어나고 움직이는 도, 도의 근원적 특성에 대해
무한한 가능성의 이름 지을 수 없는 이름 도, 우주의 근원으로서의 도를
도덕경에서 말한다. 이 도에서 인간의 출생은 비롯되었다고 볼 수 있다.

"도가 만물을 생성하고 덕은 만물을 양육하며 물질은 형체를 만들고,
환경과 영향력에 따라 완성된다. 도는 만물을 낳고도 소유하지 않으며 모
든 것을 이루고도 자랑하지 않으며 모든 것을 이끌면서도 지배하지 않는
다"(도덕경 51장). 도덕경의 이 도가 바로 창조주 하나님의 창조 섭리라고
바꾸어 말해도 지나치지 않을 것이다.

"신화는 한 국가나 사회의 기원과 영광에 대한 일반적인 신념에 대하여
그들 국가나 사회가 가지고 있는 유산을 구체화한 것이다. 신화에는 몇
가지 진실된 요소도 포함되어 있지만 대개는 실제적인 사실보다는 사람들
이 믿고 싶어 하는 것에 근거를 두는 경우가 많다. 한 사회의 신화는 사람들
에게 그들 사회에 대한 긍지와 공유된 유산에 의해서 함께 나갈 수 있는

하나의 특정 집단의 구성원으로서의 의식을 심어 줌으로써 사회를 통합시켜 주는 기능을 행사한다."[18]

　신화의 의미가 지니는 상징성과 사회 통합의 기능을 통해서 볼 때 단군 신화의 이야기는 역사적 사실 여부를 떠나 쉽게 이해될 수 있다. 단군 신화에 보면 인간 탄생 이야기에서 한국인의 심성을 읽을 수 있다. 인간이 되기 위해 쓴 쑥과 매운 마늘을 먹은 곰이 인간을 잉태할 수 있었다는 것은 인내를 상징하는 한국인의 민족성을 표상한다고 할 수 있다. 이것은 한국의 고난의 역사, 고난을 이겨낼 수 있는 강인한 정신력을 담은 탄생 이야기라 말할 수 있다.

　신약 성서의 예수 탄생 이야기는 어떠한가. 예수가 목수 요셉의 아들로서 태어났지만 동정녀 마리아에게서 탄생하였다고 한다(마 1:18; 눅 1:35). 이러한 종교적 인물의 출현과 같은 범상치 않은 경험을 기술하는 표현 형태 즉, 동정녀 탄생과 같은 표현은 초대 기독교 헬라 세계에 널리 퍼져 있었다고 한다. 그리스나 이집트에서도 지상의 여자와 신이 결합함으로써 태어난 신의 아들들을 익히 알고 있었다. 구스타프 멘성은 예수의 신성에 대한 역사성을 거절한다. 그는 예수의 탄생은 육적인 것이지 영적인 태어남이 아니라고 본다.[19] 그러나 마리아의 출생의 비밀은 영의 탄생이다. 성모 마리아의 예수 낳음의 사건은 고대인들의 우주관, 인간관에서는 자연스런 이야기다. 예수 탄생의 이야기는 그들의 세계에서 자연스러운 것이다.

　한국 구주 탄생 이야기로서 아기장수 이야기가 있다. 예수의 탄생 이야

---

18 아브카리안 · 팔머, 『갈등의 사회이론』, 서사연 역(서울: 학문과 사상사, 1985), 134.

19 구스타프 멘성, 『불다와 그리스도』, 변선환 역(서울: 종로서적, 1987), 64-65.

기와 이 아기장수 이야기가 유사하다. 한국의 혼란과 억압으로부터 백성들을 구해 낸 사람에 관한 신화나 전설들을 찾으면, 단군 신화나 정감록의 정도령, 불교 전승의 미륵에 관한 이야기가 있다.[20] 박정세는 성서의 예수 탄생 이야기와 모세 탄생 이야기에 버금가는 한국의 구원자로 아기장수 탄생 이야기를 소개한다. 이 이야기는 용마산에 얽힌 비극적 이야기다. 아기 겨드랑이에 날개가 달려서 선반 위에 올라가 있는 것을 아이의 부모가 역적이 날 징조라 생각하고 아이를 죽인다. 그랬더니 용마봉에 용마가 나와서 날아갔다는 것이다. 박정세의 아기장수 전설은 하늘의 정의의 신에 의해 고난받는 이 땅에 보내질 구세주를 기다리는 상징적인 전승으로 이해할 수 있다. 한국의 정서를 담고 있는 아기장수의 이야기는 용마가 날아갔다는 이야기를 끝으로 다음 구원자를 기대하고 있다. 이러한 영웅의 탄생 이야기는 구약성서에서는 모세 탄생 이야기(출 1:1-2:10)에서 예수 탄생 이야기의 전거를 찾을 수 있다.

2) 한국 출생 문화와 문제들

한국에 출생 문화가 있는가. 우리는 아이의 백일과 돌잔치를 통해 자녀 출산과 생명 유지에 대하여 친지에게 알리기 위해 식당에서 예배를 드리고 식사를 하면서 축하를 한다. 생일처럼 그날을 기념하는 특별한 의식이나 생명의 존엄에 대하여 생각할 수 있는 출생의 문화는 없는 것 같다. 예전에는 아이가 태어나면 나쁜 기운으로부터 아이를 보호하기 위해 집 문 앞에 고추와 숯을 얽어 새끼줄을 쳐서 자녀 출산을 알리는 터부taboo가 있었지만, 근래에는 특별한 출생 문화가 없다.

---

20 박정세, 『성서와 한국 민담의 비교 연구』(서울: 연세대학교출판부, 1996), 202-03.

구약 백성과 현대 이스라엘 사람들은 출생한 남아에게 할례를 시행하여 하나님의 계약 백성인 정체성identity과 율법(토라)을 준수하는 종교적 전통을 갖는다. 우리도 이와 같은 출생 문화를 가질 수 있을까. 배달민족이라는 의식과 함께 하나님 백성, 홍익인간 정신을 담지하며 기독교 출생 문화 운동을 벌이는 것도 지혜로운 일일 것이다.

특히 생일과 더불어 고인의 사망일을 기념하는 일은 어떤가. 유영모 선생이 자신의 사망 날짜를 선고하고 숙연히 죽음을 준비하고 살았듯이 자신의 태어난 날과 죽을 날을 생각하면, 창조와 종말을 하루 안에 이루며 살아가는 종말론적 삶이 될 것이다. 그리하면 하루의 삶의 질이 달라질 것이고 가치 있는 인생을 영위할 것이다.

오늘날 한국 사회는 선진국들처럼 물질적 풍요로 아이를 낳지 않고 즐기며 사는 선진 국가의 풍조를 좇아가고 있다.

"지금 한국은 세계 최저 수준의 출산율과 함께 세계 최고 수준의 고령화로 인해 심각한 고민에 빠져 있다. 현재의 출산율 추이 수준으로 볼 때 2050년이 되면 생산 가능 인구(15-64세) 1.4인당 노인(65세 이상) 1인을 부양해야 하며, 2100년이 되면 한국 인구는 현재의 1/3로 감소될 것이다."[21]

이러한 인구 저하의 문제는 어디서부터 비롯되는가. 한국의 전통적 남성 중심 문화는 물질문화의 발달과 서구 문화의 유입으로 여성의 지위가 높아짐에 따라 급격히 무너졌다. 이는 그동안 억눌렸던 여성들이 남성 중심의 문화에서 해방고 그 문화를 해체시키려는 움직임과 아이를 낳지 않고 자기중심적으로 살려고 하는 이기주의적 풍조에서 비롯되었다고 볼

---

21 박영창, 『한국 사회의 남성 중심 문화에 대한 종교사회학적 고찰』(한국학중앙연구원 한국학대학원, 2005), 272.

수 있다.

한국의 문화는 남성 중심이다. 그러나 박영창은 이러한 남성 중심의 문화에 한국의 토속 종교(무교, 불교, 유교)와 기독교가 중심에서 그 역할을 하였지만, 미래는 여성 중심의 사회로 전환해야 한다고 주장한다.[22] 우리의 남아 선호 사상으로 인한 낙태율 증가도 인구 저하의 한 요인이다.

"남아 선호에 대한 통계 수치를 보면 한국 부모들은 오늘날도 여전히 남아를 상당히 선호하고 있다. 출산 순위별 출생 성비를 살펴보면 아들의 비율이 첫 아이는 106.5, 둘째 아이는 107.3이며, 셋째 아이부터는 141.2로 높아지고 있다(통계청, 「2005 통계로 보는 여성의 삶」, 15쪽). 여기서 셋째 아이 다음부터는 태아 감별을 통해서라도 아들을 낳아야겠다는 부모의 의지를 엿볼 수 있다. 〈유배우 부인의 아들 필요성 정도〉에 대한 설문조사에서 '꼭 있어야 함'이 24.8%, '있는 것이 좋음'이 35.0%로 아들이 있어야 한다고 생각한 결혼한 여성이 60%라는 사실도 우리 사회의 남아 선호 정도를 실감할 수 있는 내용이다."(「저출산시대의 여성정책」, 국회여성특별위원회, 2001년 12월, 31쪽)[23]

출생 후 부모로부터 버려진 아이들, 입양된 아이들, 죽어 가는 아이들, 부모의 잘못으로 태어난 아이들, 부모의 약물 복용에 기형으로 태어난 아이들, 그들을 어떻게 할 것인가. 한국 사회와 기독교, 교회는 출생과 육아 문화를 아름답게 창조해야 한다. 공동 육아 프로그램을 만들고, 유기된 아이들을 보호하고 수용하여 교육하는 기관을 세워 나가야 할 것이다.

아리스토텔레스의 유아 관에 대한 생각을 살펴보며 오늘의 지혜를 찾

---

22 Ibid., 6.

23 Ibid., 67-68.

아보자.

"소아의 유기遺棄나 양육에 관해서는 불구아는 양육하지 못하게 하는 법률이 있어야 하나, 아이 수가 많기 때문에 아이를 유기하는 일은 관습이 이를 금하고 있는 경우에는 당연히 금지되어야 한다. 산아 수는 제한되어야 하나 만일 부부가 그보다 더 많은 아이를 가질 때는 태아가 감각과 생명을 갖기 전에 낙태시켜야 한다. 즉 이 경우 낙태의 허가 여부는 감각과 생명의 유무에 따라 결정되지 않으면 안 된다."[24] 고대 세계에 낙태와 출산한 아이의 유기에 대한 의식을 엿볼 수 있는 대목이다. 여기서 아리스토텔레스는 태아가 생명체, 인격체로 형성되었을 때는 낙태를 금해야 한다고 규정하지만, 불구아는 양육하지 못하게 하여 장애아의 인권이 보호되지 못하는 근원적 한계가 있다.

오늘날 버려진 아이들을 돌보아 하나님의 자녀로 양육해야 할 과제가 우리 앞에 있지만 아리스토텔레스에게는 그 지혜를 찾을 수 없다. 우리는 전 세계에서 어렵게 생존을 이어 가는 아이들을 찾아 그들에게 예수의 복음의 소리를 듣게 하고, 하나님의 구속사의 거대한 흐름과 섭리의 역사에 동참케 하여, 그들 역시 구원의 도구가 되고 주역이 되게 하시는 하나님의 역사를 볼 수 있게 해야 한다.

구약에서는 아들을 낳는 경우가 더 선호되었지만 반드시 그런 것만은 아니었다. 당시 아들이 딸보다 더 귀하게 여겨진 데에는 실제적인 이유가 있다. 딸들은 결혼하면 남자 집 식구가 되고, 이로 인해 친정은 힘이 약해지기 때문이다.[25] 구약은 남녀평등을 창조 이야기에서부터 히브리어 문법에

---

24 아리스토텔레스, 『시학/정치학』, 김완수 역(서울: 휘문출판사, 1981), 411.

25 클레멘츠, 『고대 이스라엘의 세계』, 황승일 역(서울: 은성출판사, 1996), 519.

까지 보여 준다. 히브리어에서 명사나 동사, 전치사 등에 여성형을 따로 사용하는 것은 그 일례이다.

구약성서에서 기본적인 것은 야웨가 생과 사를 모두 관장하는 권한을 갖고 있다는 신앙이다(신 32:39; 삼상 2:6). 구약성서에는 '살다(hayah)' 어근이 대략 800회 나온다. 구약성서에서 흔히 삶을 하나님의 선물로 묘사하는 것은 이러한 믿음에 따른 것이다. 이것은 물론 창조 설화의 견해에 따라(창 1:1-2:4a; 2:4b-3:24), 창세기 2장 7절에서는 주 하나님이 땅의 흙으로 사람을 지으시고, 그 코에 생명의 기운을 불어넣으시니, 사람이 생령(생명체)이 되었다고 한다.[26] 결국 이 인간관과 창조관, 그리고 인간 출생에 비밀이 있다. 그것이 바로 영의 실체이다. 인간은 영적 존재이다. 만물의 영장靈長으로서 인간은 누구나 존엄하게 살아갈 권리를 가지고 있다. 따라서 출생을 통한 하나님의 선물인 인생과 하루의 일상이 영적 자유를 누리는 삶이어야 함은 당연하다.

맺는 말

지금까지 우리는 인간의 출생에 대하여 살펴보았다. 또 구약성서에 나타난 출생은 하나님의 섭리 속에 이루어진다는 사실을 보았다. 인간은 태어나서 늙어 가고 병이 들어 죽는 생노병사의 과정 속에서도 끊임없이 계속하여 태어난다. 각자 인간의 수명이 길거나 짧던 간에 인간의 운명은 하나

---

26 Michael A. Knibb, "구약성서의 생사관", 『고대 이스라엘의 세계』, 황승일 역(서울: 은성출판사, 1996). 536.

님의 계획과 섭리에 달려 있다. 다만 성령의 역사와 깨우침 속에 출생의 신비를 다만 가늠할 수 있을 뿐이다. 우리는 이 장에서 한국 사회의 출생의 문제를 해결할 수 있는 가능성을 찾아보았다. 앞으로 남성 중심에서 여성 중심의 사회로 변화를 모색해야 하며, 히브리인의 출생 문화의 지혜를 우리 문화에 맞게 토착화해야 할 것이다. 필자는 한국 전통 문화 속에 잠재된 출생관을 통하여 오늘의 우리 의식을 살피며 새로운 출생 문화를 창출하고자 의도하였다. 앞으로 그리스도에게서 찾은 출생의 신학과 복음을 우리 문화 속에 구현하고 그 생명을 전할 수 있기를 바란다. 출생, 그것은 동시에 죽음의 완성이다. 그리스도 안에서 끊임없이 새롭게 출생하는 동시에 그 안에서 매일 죽는 종말론적 완성을 향하여 나가야 하리라.

8장

제사장 전승과 한국 문화

오경 연구에서 핵심되는 전승은 제사장 전승이다. 제사장 전승(P) 연구는 오경 연구의 문제를 여는 열쇠라 할 수 있는 것이다. 오경 형성이 어떻게 이루어졌는가 하는 문제에 학자들은 많은 대답을 내놓았다. 벨하우젠의 문서 가설(J, E, D, P)이 주장된 이래로 오경 연구는 획기적인 발전을 하여 오경의 형성에 대한 이해가 어느 정도 합의에 이른 듯하였다. 하지만 오경의 형성 과정은 아무도 알 수 없기에 오늘도 오경 형성 이론은 계속 연구되고 있고 그 결과들이 쏟아지고 있다. 오경 연구에 제사장 전승이 중요한 요소로 대두되어 제사장 신학을 이해하여야 비로소 오경 마지막 편집의 과정을 알게 되고, 또 오경의 편집 신학을 터득하게 된다.

이장에서는 최근 야웨이스트(J) 문서와 신명기(D) 신학이 오경 신학에서 더욱 강조되고 있는지 살피며, 오경 연구에서 제사장 전승이 어떤 위치를 차지하는지, 제사장 전승(P)이 언제 생성되는지, 제사장과 레위인의 상황은 어떤지, 역대기 전승과의 관계와 요시야 시대의 제사장, 포로기와 그 이후의 제사장의 상황은 어떤지 살펴보고자 한다. 이 연구를 통하여 오경과 신명기 역사서 전반에서 제사장 전승이 어떤 위치에 있는지 찾고, 구약성서 이해에 제사장 전승이 중요한 전승이 되는지 살피고자 한다.

1. 제사장 문서

오경 중에 출애굽 사건의 서론에 해당하는 부분(창 12-50)과 출애굽기의 출애굽 사건을 자세히 읽어 보면 여러 차이가 있다. 불일치하는 장면과 차이점이 반복됨은 물론이고 문체의 불규칙적인 변화, 삽입 등의 상이함이 쉬 눈에 띈다. 한 저자가 썼다는 결론을 내리기 힘들다. 그래서 2세기 동안 수많은 학자들 사이에서 오경을 몇 개의 전승과 자료가 합쳐진 구성의 산물이라는 견해가 지배적이었다. 연구자들은 네 가지 중요한 문서의 자료를 찾아냈다. J자료는 유대 측 자료로서 왕국 초기에 생성된 것으로 하나님 이름을 야웨Yahweh로 쓰고, 연대는 주전 950년경이다. E자료는 에브라임, 북쪽 이스라엘 측의 자료로서, 하나님 이름을 엘로힘Elohim으로 사용한다. 주전 850년경 기록된 것으로 본다. D자료는 요시아 종교 개혁(주전 621년) 기간의 신학과 형식이 반영된 신명기 자료로서 주전 650년경 기록되었다. P(Priestly Document, 제사장 문서)자료는 유다의 멸망 이후(주전 587년) 바빌론 추방기에 생성되어 주로 문체와 형식에서 제의적인 관심이 많은 자료이다. 주전 550년에 기록된다.[1] 현재와 같은 오경으로 형성된 것은 주전 400년경이다.

이 오경은 오랜 기간 구전 전승을 통해 내려와서 문서가 생기기 시작한 때에 문서 기록자에 의해 기록되기 시작한다. 이스라엘 초기 설화의 중요한 주제들을 선택하여 편집한다. 1) 족장들의 약속, 2) 애굽에서의 이스라엘 구출, 3) 시내산에서 율법 인수, 4) 광야에서 방향 인도, 5) 약속된 땅의 유산 등이다.[2] 초기의 이 주제들은 역사적인 서사시로 출애굽기 안에서

---

1 B. W. 앤더슨,『구약성서의 역사와 이해』, 이군호 역(서울: 창학사, 1982), 29.

J, E, P자료의 원형들과 함께 잘 조화를 이루고 있었다. 이 자료들이 제사법 전(P)적 저자에 의하여 오경 정경으로 형성되기까지 오랜 전승의 과정을 거치게 된 것이다. 족장 시대(주전 1800-1300년: 구전 전승의 시작), 모세 시대(주전1300-1250), 이스라엘 지파 동맹, 여호수아, 사사기(주전 1250-1000: 구전으로 형성된 이스라엘 이야기), 왕국 시대 다윗 왕부터 왕국의 몰락(주전 1000-587)-문서 오경 전승의 시작, 포로기와 회복기 (에스라) 시대(주전 587-400년) 등이다. 앤더슨B. W. Anderson은 오경이 P(제사장 전승자)가 최종적으로 편집하였다고 본다. 그에 따르면 제사장 신학이 중요한 역할을 하고 있음을 살필 수 있다. 스멘트R. Smend도 제사 장적인 층이 오경의 최종 편집자로서 전체 저자라고 본다. P는 주전 587년 의 유다 멸망과 바빌론 포로 후에 페르시아의 정치적 지배하에 제의 공동 체로 변화되었고, P는 에스겔의 활동을 전제하며, 에스라의 율법은 P였다 고 본다.[3]

이스라엘 전승에는 3개의 전승군, 서기관(현인), 제사장, 예언자 등이 형성되어 구약의 정경화 과정에서 영향력을 미쳤다. 이들은 고대 시대에 제국의 상황에서도 중요한 지적이고 종교적 업적을 자율적이고 독립적으 로 형성하였다.[4] 우리는 여기서 제사장 전승의 흐름에 초점을 맞추고자 한다.

---

2 앤더슨, 『구약성서의 역사와 이해』, 30. 재인용, 마틴노트, "오경전승의 역사" 참조.
3 원진희 편저, 『오경연구』(서울: 한우리, 2006), 137-139. R. Smend, "Die Entstehung des Alten Testaments" (1984), 33-109.
4 J. Blenkinsopp, *Sage, Priest, Prophet: Religious and Intellectual Leadership in Ancient Israel* (Kentucky: Westminster John Knox Press, 1995), 167-68.

2. 제사장 문서(P)와 신명기 역사서의 관계

제사장 문서에 대한 학자들의 이론은 다양하다. 폰라드는 P의 구성을
Pa, Pb로 구분하고, 노트는 포로기의 Pg만으로, 엘리거는 포로기의 Pg(기
본 자료)와 Ps(보충 자료)로 구분한다. 프리드 만은 요시야 개혁 이후 포로
기 이전에 P1이 구성되었고, 이것을 포로기에 보충 자료인 P2가 첨가되었
다는 주장을 한다. 이러한 P의 시기에 대해서 벨하우젠 계열은 포로기 이후
로, 카우프만 계열은 포로기 이전 시기로 구분한다.[5] 김은규는 신명기 역사
서(여호수아, 사사기, 사무엘 상하, 열왕기 상하)에 제사장 문서 자료(P1)
가 나타난다고 보고, 그 P1과 오경의 P1자료와 비교하여, 요시야 시대의
제1신명기 역사서(Dtr1)의 편집 목적을 연구하려 한다. 그는 P1의 시기를
히스기야 시대(카우프만과 하란의 주장)로, P2를 포로기로 구분한다. 신
명기 역사서 안에서 제사장 문서를 찾는 작업을 통해 P의 제사장 자료가
신명기 역사와 밀접히 영향을 주고받았다는 이론을 세우는 것이다.

이는 근래의 신명기(D)와 신명기 역사서(Dtr)의 저자가 오경을 통합
하여 구경으로 최종적으로 편집했다는 이론과 일맥상통한다.[6] 반 시터스
는 신명기와 여호수아 사이의 연속성을 강조하며 여호수아와 사사기 사이
의 문학적 연속성과 사무엘과 열왕기의 주제적 통일성을 말한다.[7] 이 통일
성은 형태와 유비, 공식적 진술의 반복과 예언과 성취, 대조 등의 형식이

---

5 김은규,『신명기 역사서에서 제사 자료(P1)에 관한 문학적 편집사적 연구』(연세대학원 박사학
   위논문, 1997. 6) 1.
6 B. Peckham, *The Composition of the Deuteronomistic History* (Atlanta: Scholars Press,
   1985).
7 J. Van Seters, *In Search of History: Historiography in the Ancient World and the Origins
   of Biblical Historiography* (New: Haven: Yale Univ. Press, 1983), 320-21.

신명기 역사가의 작품 속에서 통합되고 서로 결합되었다는 것이다. 반 시터스는 J와 P의 작품들이 신명기 역사서에 수용되었다고 보고 두 자료와 신명기 역사서와 연결을 시도한다. 노희원은 노트의 단일 저작설(포로기의 신명기 역사가)과 넬슨의 이중 편집이론을 비판하고 펙햄의 Dtr2에 기초하여 창세기에서 열왕기에 나타난 계약 구조를 중심으로 구경의 통합 이론을 주장한다.[8]

J(주전 950년) 자료와 E자료(주전 850년)가 통합되고, D자료(주전 621년)가 생성되면서 P(Priestly Document, 제사장 문서)자료에 영향을 주었을 것이다. 남 유다가 멸망(주전 587년)하여 바빌론에 포로 생활하면서 제의적인 관심이 많은 자료를 중심으로 하여 주전 550년에 오경이 형성되게 된다. 우리가 가지고 있는 현재와 같은 오경은 주전 400년에 형성된다. 오경의 편집에는 P자료가 중심이 되어 제사장 신학이 주류가 되었고, 후에 신명기와 신명기 역사 신학이 P신학을 포용하면서 오경을 포함한 확장된 신명기 역사서가 형성되어(9경) 오경과 전기 예언서가 하나로 신학화되는 작업이 정경화 단계에서 이루어진다. 이것은 프리드만R. E. Friedman의 이론에서 그 논증을 확보할 수 있다.

프리드만은 성막과 제1성전은 포로기 이전에 P1 설화와 P1의 율법 자료로 구성된 것이라고 보며, P1의 많은 구성이 이스라엘이 앗수르에 의해 파멸한 것에 충격으로 유다 왕국의 성장 시기에 구성된 것이라고 한다.[9]

---

8 Ro, Hee Won, *Decalogue and Covenant: the Structural Framework of the Expanded Deuteronomistic Work* (Aberdeen University, 1993), 노희원, "M. 노트와 확장된 신명기 역사에 대한 연구", 『신학논단』 21집(1993), 257-305. 노희원, 『구약성서의 계약구조』(서울: 은성, 1995): "오경의 구조와 신명기 역사", 『신학논단』 24집(1996), 7-42.

9 R. E. Friedman, *Who Wrote the Bible?* (New York: Harper & Row, 1989), 108-137.

프리드만은 P1의 성막이 제2성전의 모델이 아니라 제1성전에 세워진 역사적 성막으로 보고, P1의 관심이 성막의 중앙화된 제사에 초점을 두어 Dtr1과 관심이 일치하고 있음을 발견한다. 그는 P1의 시기를 요시야 이후로부터 포로기 이전 시대에 형성되었다고 주장한다. 프리드만과 제비트Z. Zevit는 P설화가 Dtr1, 예레미야와 에스겔에서 인용되었다고 보고, P설화는 포로기 이전과 요시야 이전으로 추정한다.[10] 김은규는 P1의 자료가 히스기야 개혁 때에 있었고, Dtr1이 요시야 개혁에 참여하면서 히스기야 시대의 P1의 자료를 수용하였다고 주장한다.[11] P자료와 Dtr자료들이 서로 영향을 적게나마 주고받으며 P는 오경의 편집자로서, Dtr은 신명기와 신명기 역사서의 편집 작업을 하면서 최종적으로는 Dtr 편집자가 오경의 P를 수용하면서 전체의 오경과 전기 예언서가 통합되는 과정이 있었다.

3. 제사장과 레위인의 상황

전승자들의 상황을 살펴보기 위해 제사장들과 레위인들의 상황을 살펴보는 것은 의미 있는 일이다. 벨하우젠은 제사장과 레위인에 대한 언급에서 에스겔과 P의 자료를 나누어 이야기하는데, 에스겔 보다 P가 더 후대에 기록되었다고 보고, 에스겔 44장에서 예루살렘의 레위인들, 즉 사독 자손들만이 새 예루살렘에서 제사장 직을 계속하였다고 주장한다. 그리고 다른 레위인들은 그 밑에 낮은 위치에서 부속되어 일을 하며 제사장권은 박탈당

---

10 Z. Zevit, "Converging Lines of Evidence Bearing upon the Date of P", *ZAW* 94 (1982), 502-509.
11 김은규, 「신명기 역사서에서 제사 자료(P1)에 관한 문학적 편집사적 연구」, 29.

하였다. P에서는 레위인들이 제사장권을 소유하지 못했지만 다만 아론의
자손들만이 제사장권을 소유했다고 주장한다.[12]

벨하우젠은 P가 제일 나중에 편집된 자료라는 가설에 의해 제일 잘 조직
화되고 발전된 문서라고 보는 입장에서 이와 같이 주장한다. 에스겔과 P의
관계를 떠나서 역사적으로 제사장 직의 수행인들이 시대적으로 발전하고,
변화되었다. 인구의 증가와 제사장권의 변화에 따라 제의 수행인의 역할이
축소되고, 제의 수행인들도 제한된 수로 감소하게 되었다. 따라서 이스라
엘 초기 시대에 레위 지파 사람들 전체가 제의를 맡게 되었던 것이 다윗
시대는 사독, 아비아달 계열의 제사장들이 중심이 된 왕 중심의 제사장
조직이 되었고, 솔로몬 시대에는 사독 계열 제사장 중심의 제사장권의 그
늘 아래 제사장 조직이 개편되었다. 그러다가 분열 왕국이 시작되면서 북
이스라엘의 여로보암이 가나안 정착 시대와 사사 시대의 이스라엘 제의
전통을 부활하고 다시 복원하였다. 금송아지 상을 만들고, 단과 벧엘에 성
소를 세운 것은 그러한 맥락에서 비롯된 것이다. 그뿐만 아니라 제의력을
수정하여 1월 15일인 유월절을 2월 15일[13]로 바꾼 것은 전통을 재해석하여
북 이스라엘 실정에 맞춘 것이다.[14]

---

12 J. Wellhausen, *Prolegomena to the History of Ancient Israel* (New York: Meridian Lib., 1957), 121-125.

13 민수기 9장에는 유월절 지키는 이야기가 나오는데, 2월14일 해질 때부터 유월절을 지키는 사람들의 경우에 대하여 언급한다. "너희나 너희 후손 중에 시체로 인하여 부정케 되든지 먼 여행 중에 있든지 할지라도 다 여호와 앞에 유월절을 지키되…"(민 9:10). 이는 정월 십사일 지켜야 하는 유월절 절기를 한 달로 연기하여 지키는 경우를 말하고 있다. 이것이 후대의 편집이라고 하면 북 이스라엘의 여로보암의 전승이 남 유다로 들어가서 바벨론 포로 후기에 편집되었다고 하면 민수기 9:10의 경우와 같이 제때에 유월절을 지키지 못한 사람을 위한 규정으로 바뀌게 된 것이다.

14 물론 다른 정치적인 의도를 가지고 남 유다 예루살렘으로 가는 것을 막는 목적도 있었다.

이러한 상황에서 기존의 제사장 등용의 규칙에서 레위인 전부에게 제사장권을 주고, 비레위인에게도 제사장 직을 주는 파격적인 일을 시행하였다.[15] 그때부터 북 이스라엘에는 새로운 제의 문화가 정착되고 발전되었다. 남 유다는 다윗, 솔로몬 전통의 제의 문화가 계속되었다. 그러나 시대적으로 시간이 흘러감으로 줄곧 제의 수행 인구가 과잉 현상을 일으키게 되었다. 그래서 레위인 일부만이 제사장권이 보장되었고, 에스겔 시대 이르러서 레위인 가운데 아론 자손만이 제사장이 될 수 있는 현실이 되었다. 벨하우젠에 따르면 초기 이스라엘 역사에서는 성직자와 일반 백성 사이에 구별이 없었고, 모든 사람이 가축을 도살하고 제의를 행할 수 있었다고 말하며, 큰 성소에만 제사장이 있었다고(실로와 단) 주장한다. 그러다가 왕정 시대가 되면서 왕권과 제사장권이 분리되고 제사장권이 왕권에 비해 열등하였다고 지적하며, 왕이 제사장 직을 수행하기도 하였다고 주장한다.[16] 이러한 왕 중심의 제의가 분열 왕국 시대 북 이스라엘의 여로보암에 의해서 변화되었다고 지적한다. 왕의 종들인 제사장이 아닌 수많은 제사장이 생기기 시작하였고, 제사장권의 형태도 다양하게 되었다. 세습적인 제사장과 비세습적인 제사장, 사유 재산이 있는 제사장과 사유 재산이 없는 제사장들로 나타난다. 제사장 제도의 발전과 제사장 직의 한계는 인력 수급의 문제를 낳게 한다.

---

15 Werner E. Lemke, "The Way of Obedience: 1 Kings 13 and the Structure of the Deuteronomistic History", in *Magnalia Dei: The Mighty Acts of God* (ed. bt F. Cross, M. W. E. Lemke, and P. D. Miller, Jr.; Garden City, NY: Doubleday, 1976), 301-326.

16 Ibid., 132. 벨하우젠은 다음과 같이 말한다. "초기의 왕들은 그들 스스로가 제의 권리들을 만들어서 개인적으로 실행하는데 주저하지 않았다. 솔로몬이나 다윗이 스스로 희생 제의를 드린 것은 성경에 여러 번 언급된다. 이렇듯, 제사장의 전문적인 기술과 기능은 오직 에봇 앞에서 신탁을 구할 때에만 필요한 것이며, 제의를 드리는 일은 왕도 할 수 있는 일이었다."

이처럼 제사장권의 변화와 제의 수행인의 인구 확대는 제의 수행인 구
조를 변화하게 하였다. 따라서 벨하우젠의 지적과 분석은 대체적으로 동의
할 수 있는 일반적인 주장이라고 평가할 수 있다. 한편 이러한 제사장권의
변화가 히스기야 시대 때는 어떠한 상황이었는가? 벨하우젠은 이에 대하
여 대답하지 않는다. 북 이스라엘의 멸망으로 국가와 국가 제의는 사라지
고, 북 이스라엘의 유형 문화는 모두 사라지게 되었다. 북 이스라엘 제의
전통을 가진 사람들이 서서히 북이스라엘 멸망 전까지 남 유다에 유입되어
내려오게 되었다. 그래서 히스기야 시대에는 왕 중심의 제의 구조 형태가
기본적으로 형성되었지만 다윗, 솔로몬 시대처럼 소규모적이고 왕권이 제
사장권을 장악하는 형태가 아닌 제사장 규모가 커지고 제사장권과 왕권이
독립된 상태로 분화된 모습을 보인다(왕하 18-20; 대하 29-32).[17]

역대기하 29장의 제의 규모가 히스기야 시대를 반영해 준다.[18] 제사장
과 레위인이 구별되어 사용되고(대하 29:4; 31:2), 아론 자손 제사장들과
모든 레위인이 주변의 변두리 제사장임을 시사해 준다. "각 성읍에서 녹명
된 사람이 있어 성읍 가까운 들에 거한 아론 자손 제사장들에게도 나눠
주되 제사장들의 모든 남자와 족보에 기록된 레위 사람들에게 나눠 주었더
라." 그러면 제사장권은 사독 계열의 제사장이 가졌다는 것을 알 수 있다
(대하 31:10).[19] 따라서 그들이 북 이스라엘 전승을 취합하여 히스기야 개

---

17 이 사실은 역대기하 31:21의 히스기야 평가에서 잘 드러난다. "무릇 그 행하는 모든 일 곧
하나님의 전에 수종드는 일에나 율법에나 계명에나 그 하나님을 구하고 일심으로 형통하였더
라." 하나님의 수종드는 일은 제의 수행하는 데에 돕는 일을 의미한다.

18 역대기 역사를 후대 시대 주전 5세기, 4세기 후반으로 보고 그 후기 시대의 반영으로 주장한다.
따라서 히스기야 기사도 그렇게 주장하는 학자들이 많다. 그러나 필자는 대부분이 히스기야
시대의 역사적인 사실로 본다.

19 사독의 족속 대제사장 아사랴가 제의 수행의 지시를 직접 수행하는 것으로 나타난다.

혁에 힘을 실어 주는 역할을 하였다.

역사적인 전승의 과정이 문학적인 차원의 문서 과정으로 들어갔는가? 이 문제를 정확히 규명하기는 힘들다. 다만 문서화된 상태를 놓고, 그 과정을 추정할 수 있을 뿐이다. 문서 한 조각이 역사적 상황을 알 수 있는 결정적인 역할을 하는 것을 본다.[20] 그러므로 히스기야 자료가 신명기 역사와 역대기 역사, 이사야 예언서에 나타난다. 이것은 히스기야 시대의 역사적 상황과 정보를 많이 보여 준 것이다. 그래서 히스기야 시대의 제사장 전승은 열왕기하 18-20장과 역대기하 29-32장, 이사야 36-39장에 나타나고 있는데, 그 문서의 연대 층을 따져서 히스기야 시대의 정보를 신학화된 정보로만 볼 때 문제가 생길 수 있다. 히스기야 시대의 신명기 역사 전승과 역대기 전승, 이사야 예언자 전승이 역사성이 있음을 전제하고 평면에서 히스기야 시대의 제사장의 상황과 제의 역사를 살필 수 있다.

4. 제사장 문서와 역대기

히스기야 이야기 중 역대기의 신학화된 히스기야 상像과 역사적 히스기야는 어떤 차이가 있는가. 역대기가 보도하는 히스기야 개혁과 제사장의 상황을 살피기 위해 역대기 문서의 성격을 논의하는 것이 중요하다. 역대기 역사의 성격에 대하여 역대기 역사를 하나의 신학적 에세이Essay로 보는 경우와 역대기 저자가 역사를 제시하거나 해석하기보다는 과거와 현재

---

20 유세비우스의 역사 기록이 초기 2-3세기 기독교인의 핍박의 역사를 알게 해주고, 초기 교부들의 사상을 알게 하며, 초기 기독교 역사를 알게 해주었다.

의 경험을 신학화한 작품으로 보는 경우가 있다. 역대기의 성격이 제의를
강조하여 신명기 역사보다 P(제사장 문서)에 더 가깝다고 본다. 역대기가
P저작의 영향을 수용하며 역사적 사실을 탈색하여 역대기 현실의 상황에
적합하게 적용하였다고 한다.[21]

P저작에서 볼 때 초기 시대는 규범적으로 다룬다. 그것은 현재 경험에
적합한 '의미 있는 역사'이기 때문이다. 그리고 역사를 일부 '탈역사화'하여
신학적 해석을 가미한다. 이와 비슷하게 역대기 기자도 공동체 과거 역사
에서 본질적인 요소들을 탈역사화하여 역대기의 성전 제도와 제사장 제도
에 맞게 신학화한다. 그 이유는 현재의 백성들 상황에 적합한 요소들을
고려하기 때문이다. 역대기 신학에서는 다윗, 예루살렘 전승이 중심이 되
었다. 이것은 포로기 후 공동체의 신학적 해석에 중심 동기가 되었다. 반면,
이것은 신명기 역사에서는 중요치 않았다. 존스는 역대기 신학이 역사 속
에 활동하시는 하나님, 하나님의 백성 이스라엘, 다윗 왕조, 제의 등의 주제
를 다룬다고 보았다.[22]

아크로이드나 존스와 같이 역대기 저작의 성격이 P의 성격과 닮은 것을
찾아볼 수 있다.[23] 프리드만은 P와 역대기가 밀접히 연결되었을 것이라고
본다. 그는 J, E자료는 아론을 경시하고 P는 모세를 경시했다고 본다. J,
E는 레위인은 누구나 사제가 될 수 있다는 생각을 했고, P는 아론의 후손만
이 사제가 될 수 있다고 말한다. 이러한 다른 성격의 자료를 에스라가 절묘

21 G. H. Jones, *1 and 2 Chronicles* (Sheffield: Sheffield Press, 1993), 33-34. 존스톤 (Johnstone)은 신학적 에세이로, 아크로이드(Ackroyd)는 다시 신학화한 작품으로, 존스 (G. H. Jones)도 아크로이드의 입장을 받아들여 탈역사화하였다고 본다.

22 박신배, 『구약의 개혁 신학』(서울: 크리스천헤럴드, 2006), 194-95. 재인용. J. H. Jones, *1 & 2 Chronicles* (Sheffield: Sheffield Press, 1993), 33-34.

23 R. E. Friedman, *Who Wrote the Bible?* (New York: Harper & Row, 1989), 211-3.

하고 예술적으로 융합하였다고 주장한다. 그래서 이 4자료를 수집한 사람은 아론계 사제 출신이었다고 보았다. 그것은 제2성전 시대 때 아론계 사제들이 권위를 가진 시대이기 때문이다. 이때에 오경이 마지막 편집되었다고 보았다. P와 에스라, 역대기 간의 교류를 통해 P와 역대기 관계성이 밀접한 것을 볼 수 있다. 프리드만은 P와 D의 관계를 다음과 같이 본다. "P작품은 히스기야 시대였다. 이 시대는 사제적 지위가 확립되었던 시대로 예루살렘 아론계 사제직이 선호되는 위치를 확보하였다. P는 J, E에 대한 대안물이었다. 한편 이들이 반대자들인 실로 가문의 사제들은 요시야 왕 시대에 기회를 포착하였다. D(Dtr1, Dtr2)의 저자는 사제직의 옹호자인 예레미야 혹은 바룩이었다."[24]

그것은 똑같이 신명기 역사에서도 발견된다. 역대기는 한편 제의적인 요소가 강하다는 것을 말하는 것이다. 역대기 역사가 신학적인 해석이 많이 가미 된 채로 역대기 시대의 상황을 반영하고 있는 것을 부인하기 힘들지마는 히스기야 시대의 역대기 기사는 역대기 전승이 히스기야 시대에 역사적 모습을 담아내고 있는 것을 염두에 두어야 한다. 역대기 역사는 역사로서 성격을 지니고 있고, 히스기야 기사를 볼 때, 히스기야 시대의 역사적인 성격을 나타낸다. 그것은 프리드만은 P가 히스기야 시대에 쓰여졌다는 주장에서 입증될 수 있다.[25]

역대기와 P의 제사장적 요소와 제사장 전승은 히스기야 시대의 역사적인 상황을 반영한다. 그 시기에 대대적으로 유월절 행사를 거행하고, 제의 중앙화 개혁을 행한 것을 알 수 있다(대하 29-32장). 또한 히스기야 시대는

---

24 R. E. Friedman, *Who Wrote the Bible?*

25 Ibid, 213-4.

초기 신명기 역사가(Dtr0)가 북 이스라엘의 전승을 수용하여 종교 개혁과 제의 중앙화 정책을 시행하였다.[26] 실로의 제사장들이 이 일의 근본 동력이 되었다. 북이스라엘 전승이었던 청동뱀 느후스단을 제거하고, 산당과 바알 아세라 상을 없애는 개혁에 박차를 가한다. 히스기야 시대는 남쪽의 다윗, 시온·예루살렘 전승과 북쪽의 느후스단, 호세아, 출애굽기 계약법 전승이 통합되는 때였다. 실로 제사장의 신명기 전승은 남유다에서 꽃을 피우게 되었다. 이후에 어두운 반反야웨 제의 개혁 시대인 므낫세, 아몬 시대를 거쳐 요시야 시대로 넘어간다.

5. 요시야 시대의 제사장

제사장 문서(P)가 포로기, 에스라와 느헤미야 시대에 쓰였다는 벨하우젠 학파의 주장에서 전승의 흐름을 추적하여 히스기야 시대에 제사장 전승이 형성되었고, 신명기 역사 전승(Dtr1)이 히스기야 시대의 P1자료를 사용하여 요시야 개혁 운동에 참여하였음을 추정하였다. 요시야 시대에 Dtr1은 히스기야 시대의 P1자료를 삽입함으로써 요시야 종교 개혁을 넓히고, 하나님에 대한 이스라엘의 충성과 제의 중앙화 개혁을 행하여 이방 예배를 금지하고, 야웨 예배의 철저한 신앙을 강조하는 데 집중하였다. 이는 요시야를 통해 다윗 왕국의 회복을 이루며 유다의 종교적·정치적 중심지인 예루살렘과 함께 모든 이스라엘의 통일된 공동체를 이루는 목적을 가지고

---

26 박신배, "북이스라엘 전승과 초기 신명기 역사", 『신학논단』 43집(서울: 연세대학교신과대학, 연신원, 2006), 277-282.

있었다.

요시야 시대의 신명기 역사 전승(Dtr1)과 제사장 전승(P1)이 결합하며 신학적 통합의 과정이 형성된다. 김은규는 민수기 정탐 설화(민수기 13-14장)와 여호수아 2장의 내용이 서로 영향을 받았다고 본다. 또 여호수아 13-21장의 지파 경계 목록(Dtr1)이 요시야 시대의 P1의 지파 분배와 경계 목록을 취하여 정복과 정착 역사의 한 부분으로 편집하였다고 본다. 셋째, 여호수아 3-4장의 법궤동반 진군(P1) 기사와 블레셋 법궤 이야기(삼상 4-6장, Dtr1)를 통하여 요시야 개혁의 중심이 되는 제의 중앙화, 예루살렘 중앙 성소를 강조하고 있다고 보았다. 넷째, 솔로몬 시대의 예루살렘 성전 건축 기사(왕상 6장)에 P1(출 26장) 자료를 삽입시켜 제의 중앙화 신학, 예루살렘 성전을 나타내고 있다.[27]

위의 사실을 통해 신명기 역사 전승(Dtr1)은 요시야 시대에 발견된 율법 문서(D)를 근거로 종교 개혁을 시행하였고, 우상 숭배 금지, 산당 철폐, 제의 중앙화 개혁을 하여 예루살렘 중심의 중앙집권 구조를 형성하였다. 이런 과정에서 제사장과 제사장 전승(P1)을 수용하여 제사장 중심의 개혁을 이루어 나갔다. 제사장이 주재하는 성전과 예루살렘 중심으로 제의 중앙화를 시행하며 제사장 전승의 자료(P1)를 수용하여 개혁 운동을 확대하고 통합하였다.

요시야 개혁은 포괄적인 종교 제의적 개혁일 뿐만 아니라 사회·정치적 권력 구조의 변화를 수반하였다. 요시야의 제사장 제도 개혁이 제의, 사법, 교육 등 기존 권력 구조의 개편을 수반한 개혁이었다(사법 - 신17:9, 12; 19:17; 20:2; 21:5; 24:8; 교육 - 신17:18; 27:9-10; 31:9-11, 24-26). 요

---

27 김은규, 「신명기 역사서에서 제사 자료(P1)에 관한 문학적 편집사적 연구」, 50-166.

시야는 제의를 통하여 국가 중앙 집중화 사회를 구축하려고 하였고, 제사장이 중심이 된 개혁을 시행하려고 하였다. 반면 지방 성소와 지방 제사장들의 역할을 약화되는 상황이 도래하였다. 이것은 자연히 암 하레츠(땅의 사람)와 지방 제사장이 연관을 갖고 반발하고 있었다.[28]

히스기야 시대의 제사장 전승(P1)과 역대기 전승이 생성되어 요시야 시대에 개혁의 주요한 헌장이 되었고 종교 개혁에 이념적 기반이 되었다. 예루살렘 성전을 중심으로 한 제의 중앙화 개혁에 히스기야 시대의 제사장 전승(P1)은 중요한 문서가 되었고, 히스기야 시대의 제사장들은 전승의 후예로서 요시야 시대에도 중요한 종교 개혁과 정치 개혁에 핵심적 역할을 감당하게 되었다. 그것은 열왕기상 21-22장에 나타난 신명기 역사 전승의 개혁 이야기와 역대기 전승을 통하여 알 수 있다(대하34-35). 그러면 이 전승들과 제사장 자료 전승이 완성되는 포로기에는 어떤 형태를 취하며 어떤 과정을 거치는지 살펴보자.

6. 포로기 시대와 포로기 이후의 제사장

고대 시대에 제사장은 어떤 역할을 하였는가. 고대 근동의 문헌과 구약성서 비교를 통해 제사장이 제의적 기능, 신탁을 묻는 기능, 정화 혹은 주술의 기능, 재판과 교육의 기능, 정치적 기능 등을 가졌다.[29] 제사장이 제사를

28 이동규, "요시야 개혁과 암 하아레츠: 요시야 개혁의 사회 정치적 이해", 『구약논단』 28집(한국구약학회, 2008.6), 61-62.
29 김영진, "고대 근동과 이스라엘 제사장의 기능", 『한국기독교신학논총』 27집(한국기독교학회, 2003), 17-33.

주관하고 제사의 때를 결정하고 백성을 축복하며 법궤를 옮기고, 제사를 준비하는 제의적 기능을 담당하였다. 고대의 제사장은 그 사회의 가장 중요한 역할을 하였다. 왜냐하면 고대인들이 자신들의 종교적 문화와 상징 속에 살아가며, 고유의 세계관 속에 사고를 하기 때문이다. 이스라엘 사회에서는 제사장의 역할이 변화를 거듭하였고, 바빌론 포로 시대에는 그 역할이 크게 변화하였고, 성전이 없는 상황에서 제사 업무가 중지된 상태에서 새로운 제사장의 정체성이 요구되었다. 제사장이 이제 회당 종교의 형태에 맞는 업무를 담당하는 역할로 바뀌었다.

바빌론 포로지에서 이스라엘의 정체성을 찾고자 하는 뜻에서 안식일과 할례 문화를 만들고, 율법 책을 만들어 이스라엘 종교를 새롭게 형성하였다.[30] 안식일과 할례를 통하여 이스라엘 신앙 전통을 이어가며 디아스포라 신학이 되었고, 이 종교 문화는 고국으로 돌아가고자 하는 환원還元 정신과 회복 신학을 보여 준 것이다. 제단에서 제물을 바치며 제사를 주관하던 제사장들은 포로기에는 레위인 중심의 율법사로 바뀌었다. 회당에서 종교적 업무를 담당하며 주로 책의 종교 형태로 변화하였고, 제사장은 율법사의 기능을 담당하는 것이 우선시되었다. 바빌론 포로 귀환 후 제2성전 시대가 되면서 다시 제의적 업무를 맡는 역할이 요구되었다.

주전 539년 바빌론의 몰락 이후 고레스가 페르시아 제국을 열면서 예루살렘으로 돌아가서 주전 516(15)년에 제2성전을 지을 수 있었다(에스라 6:15). 역대기-에스라-느헤미야서를 통해서 나타난 제사장 목록을 통해 사독 중심의 제사장이 형성되었음을 알 수 있다.[31]

---

30 한동구·김덕영·여성훈, "교회의 사회 교육과 여가 이해: 구약 시대의 안식일 이해의 변천사와 종교교육 전통을 중심으로", 『한국기독교신학논총』 27집(한국기독교학회, 2003), 68-80.
31 J. Blenkinsopp, *Sage, Priest, Prophet: Religious and Intellectual Leadership in Ancient*

제사장이 드리는 제물과 희생 제사는 여호와께 선물로서의 제물과 신과의 교제, 죄의 전가와 대체의 의미를 가진다. 레위기 1-7장, 민수기 18-19장에 나타난 희생제의는 번제물('olah), 소제(minkhah), 기념과 기억(azkarah)을 수반한다. 교제(Communion)의 희생 제의(레위기 3장)는 화목(shelem, shalom)의 의미를 가진 화목제물을 말하고, 속죄 제물(khattath, asham, 레위기 4-6장은 속죄와 정결례, 거룩과 축복을 의미한다.[32] 유월절의 제의를 통해 제사장은 이스라엘 백성들과 종교의식을 통한 교감, 신과의 교제를 중재하는 역할을 하였다. 이 제의가 포로기와 포로기 이후 제2성전 건축 건립의 과정을 거치면서 제의 제도의 상실과 회복, 제사장 직무의 변화와 회복이라는 차원을 겪게 되었다. 그러면서 유대교(Jewism) 형성의 길로 접어든다. 이젠 새로운 종교의 나라로서, 나라와 왕조, 예루살렘 성전이 없어도 나라를 잃지 않는 제도가 무엇인지 연구하였다. 그것이 책의 종교, 종교적 나라, 새로운 유대교의 제사장 제도였다.

바빌론 포로기에 제사장 계열이 정리되어 아론계, 사독 출신의 레위인들이 포로기 이후에 성전 제사장권을 가진 중심 제사장들이 되었고, 일반 레위인들은 변두리 제사장으로 권력에서 벗어난 자유 설교가의 역할을 하게 되었다. 레위기에 제사장 문서에서는 레위인과 제사장을 구별하여 표기하고 있다.[33] 그래서 우리가 가지고 있는 성서의 오경은 이스라엘과 유다의 분열 왕국 시대에 J, E 자료가 실로 제사장 가문을 옹호하는 모세의 후손들

Israel (Kentucky: Westminster John Knox Press, 1995), 87-92.

32 H. Ringgren, *Sacrifice in the Bible* (London: Lutterworth Press, 1962), 7-72.

33 J. Milgrom, *Studies in Levitical Terminology, 1: The Encroacher and the Levite The Term 'Aboda* (Berkeley: Univ. of California, 1970), 49-50.

과 다윗 왕조를 옹호하는 유다 출신의 제사장으로부터 기록되었고, 이것이 히스기야 왕 시대에 제사장 자료(P), 예루살렘의 아론 제사장 가문이 이 제사장 자료를 만들었고, 실로의 제사장들이 요시야 시대에 토라(D), 신명기 법전을 만들며 요시야 시대의 신명기 역사(Dtr1)를 기록하였고, 포로기 시대에는 신명기 역사서(Dtr2)를 편집하였다. 바빌론 포로 초기에 제사장 자료(P) 전승과 신명기 역사 전승(Dtr1)이 결합하여 오경을 형성하게 되었다.[34] 그 후에 바빌론 포로 귀환 후 에스라가 아론 제사장들을 옹호하는 오경의 편집자(R)가 되었다.[35] 성서 중심의 제사장과 이름 없는 제사장들, 지방 성소의 제사장들과 자유 설교가는 제사장 전승의 주류에 들지 못하고 하늘의 제사장으로 유리하는 나그네의 신분이었다. 그래서 신명기는 계속 "레위인, 객과 고아와 과부"(신명기 12:12, 18: 26:11-13)를 배려하라고 하였다.

맺는 말

제사장 전승은 구약의 주류로서 정경화 과정에서 오경의 중요한 문서 층이 되었다. 제사장 문서(P)는 오경의 다른 전승 J, E 자료를 통합하였다. 바빌론 포로 시대에 신학적 위기와 대응을 통해 오경 편집화 과정에서 제사장 중심의 신학을 만들었다. 이 최종 제사장 전승의 오경은 정경화 시대, 정경화 단계에서 신명기와 신명기 역사 전승과 통합하여 전체 9경이라는

---

34 로날드 클레멘츠,『신명기』, 정석규 역(서울: 한들출판사, 1992),153-4.
35 R. E. Friedman, *Who Wrote the Bible?* 241-2.

오경과 전기 예언서의 단일한 문서 작업을 이루게 된다.

지금까지 먼저 제사장 문서의 기원적, 개념적 정의를 살펴보았고, 제사장 문서와 신명기 역사서의 관계에 대하여 히스기야 시대에 P1, 포로기 시대 P2가 형성되었고, 그것이 요시야 시대에 Dtr1과 상호 영향을 받았고, 히스기야 시대에 P1 자료를 수용하였고, 포로기에 P2 자료를 수용하여 9경을 형성하였다는 것을 연구하였다. 그 다음에 제사장의 수적 상황을 초기 시대부터 왕정 시대, 히스기야 시대까지 추정하였다. 레위인의 수적 팽창이 히스기야 시대에는 비레위인에게도 제사장 직이 주어지는 상황이 되었음을 볼 수 있었다. 그리고 제사장 문서와 역대기 문서가 신학적 성격이 유사함을 알 수 있다. P는 아론의 후손만이 제사장이 될 수 있다는 관점에서 에스라와 역대기의 관계를 묘사하고, 제2성전 시대의 제사장의 분포를 추정한다.

히스기야 시대에 제사장 전승을 수용하여 개혁의 모토로 삼고, 제의 중앙화 개혁을 한 것을 요시야 시대에도 신명기 역사 전승(Dtr1)이 제사장 전승(P)을 수용하여 종교, 정치개혁을 수행하였다. 바빌론 포로기라는 암흑의 시대에는 신학적 변화를 겪으면서 이스라엘의 제사장은 율법사의 기능을 담당하며 성전 제의를 안식일과 할례 의식이라는 새로운 포로기 신학을 수용해야 했다. 이제 회당 종교와 책의 종교를 만들며 포로기 이후의 제2성전 종교, 유대교를 준비해야 했다. 그것이 제사장 나라를 창출하는 것이었다. 신학적 정체성을 잃어버리지 않았던 사독 출신의 제사장들이 에스라, 느헤미야, 역대기 전승을 담지하며 귀환 공동체의 핵심 세력으로 자리를 잡았다. 그래서 제사장권과 대제사장 직을 담당하게 되었다.

우리의 제사장 전승의 연구 결과는 하늘의 제사장 직, 만인 제사장이라는 신약의 성직으로 이어지고 있다. 하여 한국의 상황에서 역사적으로 제사장 직을 맡아 오던 사람들의 이야기를 발굴하는 작업이 선행되어야 한다. 한국 문화에서 제사장 전승은 무엇인지, 무교의 샤먼과 불교의 대사, 유교의 성균관 대학사 등이 고대 사회에서 이 직무를 담당하였다. 유교가 제도권의 통치 세력으로 군림하는 전승자라고 하면 민중과 더불어 호흡한 불교의 예언자적 제사장과 민중의 한풀이 샤먼은 독특한 그들의 종교·사회적 자리를 가지고 지적, 정신적 업적을 이룩하였다고 볼 수 있다. 따라서 오늘의 제사장 전통을 담지한 사람들은 누구인지 묻고, 하늘의 뜻이 이 땅에 펼쳐질 수 있는 문화를 만드는 것이 우리의 몫이며 과제이다.

9장

통일 신학: 문화 신학적 접근

　　누군가 "오늘날 한국 기독교에 존경받는 지도력 있는 인물이 있는가?" 라고 질문한다면, 마땅히 떠오르는 분이 없다. 과연 이 시대의 한국 사람들이 존경하는 인물이 있는가? 한국 교회에는 영향력 있는 리더십 부재가 역력하다. 교파와 교단이 삼분오열 나뉘어 있고 분열과 분쟁으로 점철된 한국 교회사의 현장은 심각하다. 영적 리더를 배출하지 못하고 있는 현실이다. 이러한 때에 이 장에서는 한국 교회의 리더십 문제를 놓고 고민하며 이 시대에 나아갈 길을 잃어버린 한국 교회의 상황에서 새로운 이정표를 찾는 작업을 하고자 한다.

　　요즈음 기독교 문화가 무엇인가 하는 문화 선교의 문제가 화두가 되고 있다. 인터넷 문화와 대중문화, 타선교권 문화 등의 관계에서 어떠한 문화가 기독교 문화인가라는 문제가 제기된다.[1] 이 문제에서 더 나아가 과연 한국에 기독교 문화가 있는가, 또 한국적 기독교 문화의 정체성은 무엇인가 하는 문제도 한국 문화 신학회의 논제가 되고 있다. 이러한 과정은 복음이 각 문화와 만나면서 독특한 기독교 문화를 형성하기 때문에 자연스러운

1　임성빈 외, 『문화선교의 이론과 실제』, 문화선교연구원 편(서울: 예영커뮤니케이션, 2003), 33-55.

것이다. 따라서 기독교 복음의 본질이 변질되지 않고 어떻게 남아 있는가 하는 것은 중요하다. 요즘처럼 빠르게 변화하는 시대에는 변질되지 않는 순수한 기독교 문화를 유지하려는 문화 선교의 과제가 요구된다. 거기에 한국적인 문화 신학과 문화 선교는 더욱 심화해야 할 과제가 된다. 이것이 내적인 선교의 과제라고 하면 통일 문제는 외적인 선교 과제라고 말할 수 있다.

　이 장에서는 성서에 나타난 리더십을 살펴보고, 아울러 우리 한국 교회 선구자의 리더십을 찾아보며 오늘 이 시대에 리더십의 과제와 신학적 요구를 들어보고자 한다. 아울러 한국 교회의 새로운 리더십 모색이 통일 한국이라는 민족적 과제를 해결하는 데에 어떻게 이바지 할 수 있는지 살피면서 통일 비전을 조망하고자 한다.

1. 한국의 상황과 신학적 메시지

1) 역대기하 7:14

　"내 이름으로 일컫는 내 백성이 그 악한 길에서 떠나 스스로 겸비하고 기도하여 내 얼굴을 구하면 내가 하늘에서 듣고 그 죄를 사하고 그 땅을 고칠지라"

　이 본문은 솔로몬의 기도로 성전과 왕궁을 건축하고 여호와 하나님께 감사드리며 기도하는 장면이다. 그리고 성전 봉헌 기사(5:1b-7:22) 중 마지막 기사에 해당하는 꿈의 계시 기사의 본문이다.[2] 이 확인된 꿈의 기사

2　Simon J. De Vries, *1 and 2 Chronicles* (Michigan: William B. Eerdmans, 1989), 254.

(대하 7:11-22)는 크게 두 부분으로 나눌 수 있다. 그중에 이 본문은 하나
님의 연설 가운데서 용서 약속 부분에 해당한다.[3] 이 구절은 역대기하
6:26-27과 대구를 이루는 구절로서, 조건절 문장의 패턴이 반복된다. 그
구절에서는 백성들이 죄를 회개하고 기도하면 들어달라고 한다. 이것은
신적 용서의 조건이 제시된다. 역대기하 7:17-18도 다윗의 약속과 조건을
반복한다. 이것은 바빌론 포로의 상황을 염두에 두고 한 말씀으로 19절의
징벌은 이것을 더욱 잘 반영하고 있다. 배교로 인한 심판으로 포로 생활과
성전 파괴를 언급하고 있다.

이 말씀은 오늘 한반도 땅의 분단 상황에 시사하는 바가 크다. 남한은
기독교 대국이 되어 동양에서 유일하게 큰 선교 국가가 된 반면에 북한은
신앙 불모지와 폐허가 되었을 뿐만 아니라 기독교 핍박 국가가 되어 있다.
더욱이 북한은 심각한 경제난으로 350만의 사람들이 기아로 죽었고 지금
도 기근과 식량난으로 죽어 가고 있다. 이제 북한은 저주받은 땅이 되어
버렸다. 북한의 비극을 보고 우리는 무슨 생각을 하고 있는가? 악한 길에서
떠나게 하고 하나님께 기도하게 하고 죄 사함을 입어 이 땅을 고침받아야
하지 않는가! 여기에 신학적 과제와 함께 이 시대에 하나님이 요구하는
리더십이 있다.

"내 이름으로 일컫는 내 백성이", 이 말은 야웨께 속한 백성들을 보호하
겠다는 뜻이 내포되어 있다(대하 6:33).[4] 오늘날 우리들 모두가 여호와 하

성전 봉헌 기사 구조의 일부이다. 그 전체 구조는 다음과 같다. 1) 의식적 보고: 법궤의 입구
(5:1b-6:2), 2) 솔로몬 연설 보고(6:3-11), 3) 솔로몬 봉헌 기도 보고(6:12-42), 4) 갱신된
신현현과 희생제 보고(7:1-10), 5) 확인된 꿈의 계시 보고(7:11-22).

3 위의 책, 261쪽 참조, 1) 도입부 요약(7:11) 2) 꿈의 현현 보고(12-22): 기사 도입, 신적 연설
(12b-22). 신적 연설은 크게 다섯 부분으로 나눌 수 있다. 즉 수용의 선언(12b), 용서의 약속
(13-14), 계속되는 관심의 약속(15-16), 솔로몬 규례의 설립(17-18), 위협(19-22) 등이다.

나님을 믿는 백성으로 돌아설 때 하나님의 보호 아래 거할 수 있게 된다는 약속의 말씀으로 받아들일 수 있다. 역대기하 7:17-18, "네가 만일 내 앞에서 행하기를 네 아비 다윗과 같이 하여 내가 네게 명한 모든 것을 행하여 내 율례와 규례를 지키면 내가 네 나라 위를 견고케 하되 전에 내가 네 아비 다윗과 언약하기를 이스라엘을 다스릴 자가 네게서 끊어지지 아니하리라 한 대로 하리라." '이스라엘을 다스릴 자'라는 문구는 메시아적 함의를 지니고 있다(미 5:2)고 마이어는 본다.[5] 이를 통해 메시아적 리더십에 대한 생각을 해보게 된다. 과연 이 땅에서 여호와 하나님이 솔로몬에 보여 준 메시아적 리더십을 다시 가질 수 있을까. 오늘 신학을 하는 이 땅의 신학자들과 목사, 신학도 들은 이 메시아적 리더십을 가질 수는 없는가라는 질문을 하게 된다.

2) 시편 85편

"여호와여 주께서 주의 땅에 은혜를 베푸사 야곱의 포로 된 자로 돌아오게 하셨으며 주의 백성의 죄악을 사하시고 저희 모든 죄를 덮으셨나이다(셀라) 주의 모든 분노를 거두시며 주의 진노를 돌이키셨나이다. 우리 구원의 하나님이여 우리를 돌이키시고 우리에게 향하신 주의 분노를 그치소서 주께서 우리에게 영원히 노하시며 대대에 발분하시겠나이까 우리를 다시 살리사 주의 백성으로 주를 기뻐하게 아니하시겠나이까 여호와여 주의 인자하심을 우리에게 보이시며 주의 구원을 우리에게 주소서 내가 하나님 여호와의 하실 말씀

4　E. L. Curtis, *The Books of Chronicles*, ICC. (Edinburgh: T&T. Clark, 1976), 350.

5　J. B. Myers, *1 Chronicles/ 2 Chronicles*, Anchor Bible (New York: Doubleday & Company, 1981), 44. 예언자의 영향이 분명하다고 말하며 역대기하 7:20의 위협은 열왕기상 9:7보다 강하다고 한다.

을 들으리니 대저 그 백성, 그 성도에게 화평을 말씀하실 것이라 저희는 다시
망령된 데로 돌아가지 말지로다 진실로 그의 구원이 그를 경외하는 자에게
가까우니 이에 영광이 우리 땅에 거하리이다 긍휼과 진리가 같이 만나고 의와
화평이 서로 입맞추었으며 진리는 땅에서 솟아나고 의는 하늘에서 하감하였
도다 여호와께서 좋은 것을 주시리니 우리 땅이 그 산물을 내리로다 의가 주의
앞에 앞서 행하며 주의 종적으로 길을 삼으리로다"(시 85:1-13).

이 본문은 바빌론 포로에서 돌아온 직후에 쓴 것으로 본다. 하지만 여전
히 페르시아 통치의 압제 상황이 계속되고 하나님의 은혜가 무엇보다도
필요한 때다. 이스라엘이 큰 변화를 겪고 제2이사야서가 선포하고 해석한
것처럼, 모든 죄를 용서한 야웨의 은총의 행위를 보여 준다. 이 본문의 상황
은 가을 축제(12절)의 빛에서 이해하는 것이 자연스럽다.[6] 이 본문은 제의
祭儀 공동체가 하나님이 인도하시는 구원의 은혜를 노래하고 있다.

이 맥락은 오늘 우리의 상황과 너무도 일치한다. 이 땅이 주의 분노로
분단이 되고 북한이 신음하는 땅이 되었다고 하면, 이제 그 분노를 그치시
고 주의 백성을 삼으시고 주의 인자하심과 구원을 주시라는 탄원을 하고
있다. 이 시편의 변화처럼 주의 분노에 우리는 탄원하여 구원으로 바뀌는
역사가 있어야 한다. 오늘 우리 한반도에서도 역사의 변화가 일어나야 할
상황이다. 한반도가 신음하고 있다. 특히 북한은 엄청난 고통과 비참한 현
실에 놓여 있다. 여기서 우리는 주의 분노와 땅에 대한 용서를 생각하게
된다. 시편은 땅에 대한 진리와 하늘의 의가 만나야 땅이 산물을 낸다고
말한다. 그 길을 북한 땅에서 이루어지게 하려면 어떻게 해야 할까? 한국

---

6 A. Weiser, *The Psalms*, OTL (London: SCM Press, 1982), 572.

교회 지도자들은 심각하게 고민하며 진지하게 그 답을 찾아야 할 것이다.

3) 에스겔 22장

"여호와의 말씀이 또 내게 임하여 가라사대 인자야 네가 국문하려느냐 이 피 흘린 성읍을 국문하려느냐 그리하려거든 자기의 모든 가증한 일을 그들로 알게 하라 너는 이르기를 주 여호와의 말씀에 자기 가운데 피를 흘려 벌 받을 때로 이르게 하며 우상을 만들어 스스로 더럽히는 성아 네가 흘린 피로 인하여 죄가 있고 네가 만든 우상으로 인하여 스스로 더럽혔으니 네 날이 가까웠고 네 연한이 찼도다 그러므로 내가 너로 이방의 능욕을 받으며 만국의 조롱거리가 되게 하였노라 너 이름이 더럽고 어지러움이 많은 자여 가까운 자나 먼 자나 다 너를 조롱하리라 (중략) 이 땅 백성은 강포하여 늑탈하여 가난하고 궁핍한 자를 압제하였으며 우거한 자를 불법하게 학대하였으므로 이 땅을 위하여 성을 쌓으며 성 무너진 데를 막아서서 나로 멸하지 못하게 할 사람을 내가 그 가운데서 찾다가 얻지 못한 고로 내가 내 분으로 그 위에 쏟으며 내 진노의 불로 멸하여 그 행위대로 그 머리에 보응하였느니라 나 주 여호와의 말이니라"(겔 22:1-5; 29-31).

이 본문은 에스겔이 선포한 최종 판결문으로서 기원전 587년의 재앙이 있기 전 바빌론에서 주로 기록한 것이다.[7] 호스펠트는 여섯 번에 걸친 편집 단계(〈1〉1-5, 6, 9ㄱ, 12절 〈2〉13-14절, 〈3〉15-16절, 〈4〉7, 9ㄴ, 10절

---

7 암브로지오 스쁘레아피꼬, 『하느님의 목소리: 예언서 연구』, 박요한 역(서울: 성서와 함께, 2003), 187. 참조, W. Zimmerli, *Ezekiel 1*, (Philadelphia: Fotress, 1979), 455. 이 본문(겔 22:1-12)에 대해서 휄셔(Hoelscher)는 멀리 떨어진 곳에서 에스겔의 입으로 한 예언이라고 말하는데, 헤른트리히(Herntrich)와 버트렛(Bertholet)는 에스겔이 예루살렘에 있으면서 선포한 말이라고 한다.

〈5〉9ㄴ, 11절, 〈6〉8절)가 있다고 본다.[8] 안식일과 성소를 가리키는 8절은
포로기 후반의 편집으로 보아 에스겔 시대와 그 이후 시대, 두 번에 걸쳐
편집되었다고 보는 것이 더 설득력이 있다. 이 본문은 심판에 대한 담화이
며 세 부분으로 구성되어 있다. 1-3절: 기소에 초대, 기소의 서론; 6-12절:
기소의 몸체; 13-16절: 심판 예고 [laken(그러므로)이 아닌 웨힌네
(wehinneh보아라) 사용한다.] 이 단락은 처음에 '피의 성읍'('ir hadda-
mim)이라 불린 성읍의 이름을 강조하는 방식으로 구성되어 있다. 서론
부분(1-5절)에 이어 기소를 상세히 언급하는 몸체 부분(6-12절)이 있고
마지막으로 심판을 예고하는 결론이 나온다(13-16절).[9] 서론 부분에서는
예루살렘을 '피를 쏟는 성읍' 그리고 '우상을 만드는 성읍'이라고 단언한
다. 예루살렘의 특징은 두 가지, 곧 '이름이 더럽혀지고 혼란으로 가득한'
성읍이라는 것이다(5절).

6-12절은 '피를 쏟다'(lema'an sepok dam)라는 표현으로 시작한다.
'피를 쏟다'라는 표현이 무시무시한 후렴처럼 세 번 반복되면서 6-8절,
9-11절, 그리고 12절의 세 부분으로 나눈다. 모든 것이 이 표현에 집중하며
이 표현과 연관하여 해석된다. 몇몇 단어들이 반복되는데, 이런 반복은 본
문 내부에서 매우 중요하다. 첫째 단어는 단수 형태로 여섯 번 나오는
'피'(dam)이다. 충만함을 가리키는 일곱째 단어는 성읍의 이름('피의 성
읍')에 내포되어 있다. 피의 성읍은 폭력의 현실을 완벽하게 표현한다.[10]

---

8 F. Hossfeldt, *Untersuchungen zu Komposition und Theologie des Ezechielbuches*
(Wuerzburg, 1977), 99-152. 재인용, 암브로지오 스쁘레아피꼬, 『하느님의 목소리』, 187.

9 W. Eichrodt, *Ezekiel*, OTL, (London: SCM Press, 1970), 308-316, 아이로트는 겔 22장을
3부분으로 나눈다. (1) 피로 범죄한 도시: 겔 22:1-16 (2) 진노의 불: 겔 22:17-22 (3) 전체
백성에 미친 멸망 기사: 겔 22:23-31. 그중에 겔 22:1-16은 두 부분으로 나눈다(겔 22:1-5
결정된 마지막 심판: 22:6-16 하나님의 질서를 위해 보이는 공개된 멸시).

오늘날 '피의 성읍'의 어디인가다. 평화의 성읍이 피의 성읍이 되었다. 동방의 예루살렘이었던 평양이 '하나님이 없다'고 하는 공산주의의 도성이 되었다. 기독교 신자는 모두 사라져야 하는 도성이 되었다. 많은 피를 흘리는 도시가 되었다. 기독교인들은 발견되는 즉시 비참한 운명에 처하게 된다. 북한은 기근과 홍수로 인해 심각한 식량난에 허덕이고 있다. 탈북자가 날로 늘어나서 이제는 경계 대상이 남북한이 대치하고 있는 휴전선이 아니라 압록강의 중국 국경선이 되었다고 한다. 에스겔은 피의 성읍의 심판이 우상으로 인한 것이라고 말한다. 그로 인해 이방과 만국의 조롱거리가 되었다고 한다. 이 '피의 성읍'의 운명은 남의 이야기가 아니라 우리의 이야기이다. 오늘 평화의 성읍으로 회복할 수 있는 이야기를 논의하고자 통일 신학과 통일 리더십을 제안한다.

2. 성서의 리더십

성서에서 말하고 있는 리더십이란 신앙 위인들의 지도력이다. 특히 사사기에 나타난 카리스마적 리더십을 대표적으로 언급한다. 하나님의 영(ruah elohim)이 임한 사사들은 하나님의 종이 되어 이스라엘을 이방의 대적으로부터 구원해 내는 사역을 감당한다.[11] 이 리더십은 신약의 예수에 이르러 정점에 다다른다. 예수의 리더십을 가진 기독교 지도자는 어떠한 사람인가. "기독교 지도자는 사람들을 인도하도록 하나님의 부르심을 받

---

10 Ibid., 188-89.

11 A. Malamat, "Charismatic Leadership in the Book of Judges", in F. M. Cross, ed. *Magalia Dei: The Mighty Acts of God* (New York: Doubleday & Company, 1976), 152-168.

은 사람이다. 그리스도를 닮은 성품을 가지고 인도하는 사람이요, 효과적
인 지도력이 발휘될 수 있도록 그에 따른 기능과 능력들을 발휘할 수 있는
사람이다."¹²

　구약의 대표적 리더는 모세, 다윗, 느헤미야를 들 수 있다. 이들은 모두
민족을 인도한 지도자였다. 모세는 애굽의 노예로 있는 백성들을 가나안
땅으로 인도한 지도자였다. 그는 리더십을 하나님에게 부여받았다. 모세
는 40년간 이스라엘 백성을 광야에서 인도하는 사명을 가졌다. 민수기는
모세의 지도력과 제사장의 지도력의 문제를 다루고 있다(민 16:1-35; 민
16:36-17:13; 민 18:1-32). 민수기 25:1-18은 제사장 지도력에 대한 하나
님의 지속적인 위임의 증거 본문이다.¹³ 싯딤에서 이스라엘 백성들의 배교
에 대한 제사장 엘르아살의 아들 비느하스가 그 죄를 정리하는 이야기다.
민수기 27:12-23은 여호수아가 모세의 지도력을 위임받고, 모세와 아론
대신에 엘르아살과 여호수아가 지도자의 자리를 채운 이야기가 나온다.¹⁴
민수기는 리더십의 권위가 확고해서 어떠한 도전에서도 넘어지지 않고 그
다음 세대로 계속 이어지고 있고 요시야 시대, 바벨론 포로 귀환 시대까지
계속 이어지고 있음을 보여 준다.¹⁵

　다윗은 이스라엘 나라를 건설하고 국가 체제를 마련한 강력한 왕으로
서의 리더십을 가졌다. 느헤미야는 나라 없는 포로 상태에서 총독의 신분
을 얻어 귀환을 주도하며 예루살렘 성벽을 쌓는 리더십을 발휘하였다. 그
외에 책임 있는 지도자 요셉, 위대한 일꾼 기드온, 혼신을 다한 예레미야

---

12 조지 바나, 『리더십을 갖춘 지도자』, 최기운 역(서울: 베다니 출판사, 1999), 33.
13 필립 J. 붓드, 『민수기』, WBC 5, 박신배 역(서울: 솔로몬, 1994), 467.
14 Ibid., 501-2.
15 Ibid., 328, 353, 562.

등 구약의 인물들은 하나님이 선택한 지도자였고 다 하나님의 영이 임한 사람들이었다.[16] 그러므로 하나님의 영이 임하고 하나님과 함께하는 사람만이 참된 리더십을 갖게 된다.

북한 선교의 과제와 통일 문제가 동시에 제기되니 통일·문화·선교·신학이라는 복합 다차원적인 통일 신학이 요구된다. 모세의 리더십 연구에서 우리는 민족을 구원하여 출애굽하였던 원천과 그 지혜가 무엇인지 알 수 있다. 더불어 통일 왕국을 완성한 다윗의 리더십 탐구를 통하여 통일 조국의 기틀과 통일 시대 준비의 지혜를 얻을 수 있다. 에스라, 느헤미야를 통하여 바빌론 포로에서 해체되었던 나라를 귀환시켜 회복하였던 리더십을 연구하면 이 땅의 오랜 분단 현실을 극복할 수 있는 명철을 찾을 수 있을 것이다.

통일 조국을 기대하는 시대의 지도자와 리더십은 무엇인가. 스토웰 Stowell은 변화하는 시대에 맞는 효과적인 영적 리더십이 필요하다고 말하며 교회에 목자의 리더십이 요구된다고 보았다.[17] 오늘 우리 시대의 교회에 필요한 것은 무엇인가, 바로 통일 리더십이다. 우리에게 요구되는 지도자는 하나님에게 지도력을 물려받은 구약의 리더들과 같은 성품의 지도자여야 한다. 통일 시대를 이끌었던 히스기야 왕이나 요시야 왕, 다윗과 모세, 에스라, 느헤미야 등의 인물들이 그 대표적인 통일 리더십의 모델이 될 수 있을 것이다. 히스기야 시대나 요시야 왕은 온 이스라엘(남북 통합)의 통일을 기대하고 유월절을 남유다만 실시하지 않고 북쪽 지파도 초청하여 실시하였다(대하 30:1, 5, 6, 10-21, 25; 대하 35:3, 18). 이것은 역대기

16 황위섭, 『크리스챤 리더십: 지도자 대망론』(서울: 로고스 연구원, 1990), 159-178.
17 J. M. Stowell, *Shepherding the Church* (Chicago: Moody Press, 1994), 68-69.

문서 시대인 포로 후기의 상황을 반영하기도 하여 에스라, 느헤미야의 통일 리더십도 알 수 있다.[18] 또 귀환한 팔레스틴 땅에서 북쪽 사마리아를 회복하려는 의지를 역대기 사가를 통하여도 알 수 있다.

그러나 참된 리더십의 본보기는 예수 그리스도에게서 찾을 수 있다. 그는 메시아로서 우리들에게 진정한 리더십의 모형이 무엇인지 가르쳐 준다. 『최고 경영자 예수』라는 책에서 베스는 예수야말로 최고의 오메가 경영의 리더십을 보여 준다고 말한다. 예수가 그의 생전에 제자들을 훈련시키고 그들에게 동기를 부여하기 위하여 사용했던 자아극복, 행동, 인간관계 형성 기술은 뛰어난 리더십이었다고 주장한다.[19] 12명의 제자를 만들어 세계를 움직인 리더십은 오늘날 통일 시대를 이끌 통일 리더십의 모델이 됨은 자명한 것이다. 지도자로서 예수는 봉사와 사랑, 구속과 겸손, 고난의 정신을 가지고 있었다.[20] 예수는 갈릴리에서 사역을 시작하여 예루살렘에서 십자가에 달리시고 부활하심으로써 사역을 마감하였다. 북쪽 갈릴리에서 시작한 사역은 남쪽 예루살렘으로 확대되었고, 마침내 그의 통일 이스라엘의 리더십은 온 인류를 구원하려는 하나님 나라로 확장된 것이다.

3. 한국 초기 교회의 리더십

한국 초기 교회 지도자들의 신앙 유형에 대하여 유동식 교수는 3가지

---

[18] H. H. Rowley, "Nehemiah's Mission and its Background", in *Men of God* (London: Thomas Nelson Ltd, 1963), 211-45. 느헤미야와 에스라의 시대적 배경에 대하여 참조.
[19] 로비베스 존스, 『최고 경영자 예수』, 송경근·김홍섭 역(서울: 한국언론자료회, 1995), 20-24.
[20] Ibid., 181-94.

로 분류하였다. 그는 절망적인 현실을 외면하고 영혼 구원 운동을 전개하는 보수적 근본주의 사상, 위기에 처한 현실을 개혁하려는 신앙 운동인 진보적 사회 참여 사상, 거시적 안목에서 한국 문화와 기독교 복음과의 만남을 통해 문화 전체의 의미를 재검토하려는 문화적 자유주의 사상으로 나누었다.[21] 이 사상의 대표적 리더십을 가진 지도자는 윤치호, 길선주, 최병헌이다.

윤치호(1864-1945)는 조선 최초의 남감리교 신자이며 한국인으로서는 최초로 신학을 공부한 미국 유학생이었다. 그는 정치와 교육과 사회 운동을 통해 그리스도의 복음을 증거하는 선교 신학을 실천한 최초의 한국인이기도 하였다. 그는 민족의 독립을 위해 고군분투하며 민족의 갈 길을 제시한 모세와 같은 리더십을 보였다. 이후에 김구 선생이나 김재준, 문익환, 김정준, 서남동 목사 등이 이 입장에 서서 나라의 독립과 통일, 민주를 위해 정치 참여의 리더십을 보였다. 또 안병무, 김용복, 현영학은 민중 신학을 전개한다. 이와 함께 늦봄 문익환 목사의 예언자적 상징화된 행동은 통일 운동에 자극을 주었다.

한편 보수적 근본주의 사상의 리더는 길선주(1869-1935)이다. 그는 교회가 직면한 위기를 극복하기 위한 한 가지 태도는 교회의 비정치화의 구령 운동이라고 보았다. 왜냐하면 당시 정치적으로 구할 길이 없는 조선을 구하는 참 길은 조선인의 영적 구원에 있다고 믿었기 때문이다. 그리고 그는 종교로서 기독교의 본질은 영적인 구원에 있다고 믿었다. 기독교의 본질을 개개인의 구령 운동과 하나님의 절대적 말씀인 성서에서 찾는 근본주의적인 보수 사상의 전통이 형성되었다. 여기에 기초를 놓은 지도적 인

---

21 유동식, 『한국 신학의 광맥: 한국 신학사상사 서설』(서울: 전망사, 1990), 45.

물이 길선주 목사였다. 그는 보수적인 성경 무오설과 종말론(말세론)의
강조를 통해 근본주의 신학의 기초를 만들었다. 이와 함께 최권능 목사나
이용도, 김익두, 박형룡, 박윤선 박사 등이 이 입장에 서서 개인 구원과
구령 운동의 보수적 복음 전통을 이어 갔다.

　　종교적 자유주의 사상을 가진 선구자는 최병헌(1858-1927)이었다.
그는 한국 신학을 처음 시작한 인물이다. 그의 일생의 신학적 과제는 재래
종교와 기독교와의 만남 문제를 해명하는 데 있었다. 그는 복음적 입장에
서 타종교와 창의적 접근을 시도했다.[22] 문화 변혁과 기독교의 한국 문화
정착의 입장에서 양주삼, 송창근, 남궁혁, 윤성범, 홍현설, 변선환, 유동식
교수와 같은 분들은 문화적 종교화의 리더십을 보인 학자들이다. 복음과
문화의 관계에서 복음의 순수성과 문화의 구원을 가져와야 한다고 본 것이
토착화 신학이다.[23] 이 신학은 한국 문화 속에서 기독교 복음을 어떻게 이해
시키고 선교할 것인가 고민하는 게 과제였다. 우리는 복음이 정착되기까지
오랜 시간 동안 문화 신학으로 선교해야 한다. 전통적인 각 민족의 문화
속으로 복음의 본질이 전해져 자리 잡을 수 있기까지는 많은 신학적·문화
적 여과가 필요하다. 따라서 토착화 문화 신학의 리더십은 보수적 구령
운동이나 진보적 사회 참여보다 많은 시간과 노력이 요구된다. 그래서 문
화 선교는 기독교 정신이 한 민족과 국가의 개개인에게 지속적으로 내면화
되고 생활화되어 인격적 신앙으로 나타나고 사회 정의가 구현될 때까지
계속돼야만 한다.

　　한숭홍 교수는 한국 신학 사상의 흐름을 문화와 사회, 성서와 신학 이해

22　Ibid., 52-54.
23　전택부, 『한국교회발전사』(서울: 대한기독교출판사, 1987), 328-29.

의 범주로 나눈다.[24] 문화와 신학에서는 최병헌, 정경옥, 양주삼, 윤성범, 홍현설 등을, 사회와 신학에서는 송창근, 김재준, 김정준, 서남동을 다룬다. 그리고 성서와 신학에서는 남궁혁, 박형룡, 박윤선을 기술하고, 신학 이해의 다양성에서는 이용도, 무교회주의자 김교신, 함석헌, 김정환, 장도원, 송두용, 류석동, 김성실, 최태용, 김응조, 정현경(초혼招魂 신학) 등을 다룬다. 마지막으로 계보별로는 한국 신학 사상을 장로교, 기장, 감리교 중심으로 열거한다. 이것은 한국의 장로교, 감리교의 주류 신학을 중심으로 본 연구라고 할 수 있다. 그러나 루터교나 성공회, 성결교, 침례교, 그리스도의 교회, 하나님의 교회, 예수 교회, 오순절 교회 신학 사상은 배제된 연구이다. 이런 점에서 한국 신학의 통일적 연구와 함께 한국 통일 신학에 기여한 신학자 연구가 새로운 관점에서 요구된다. 다시 말해 그리스도의 교회 동석기, 강명석, 이신과 예수 교회, 감리교회의 이용도, 성결교회 이명 직 등 새로운 인물과 리더십 탐구가 필요하다.

통일 신학의 리더십 입장에서 전덕기의 리더십[25]과 이우정, 박순경의 신학은 좀 더 깊은 연구가 필요하다.[26] "전덕기의 현실 참여 신학은 자신의 종교 체험과 구한말과 일제 강점기라는 억압적 상황에서 경험했던 역사적 체험이 융합되면서 형성된 것이다. 그런 의미에서 그의 정치 신학은 한국 적 역사 상황에서 창출된 토착 신학이라 할 수 있다."[27] 한국 초기 기독교회

---

24 한숭홍,『한국신학사상의 흐름 상·하』(서울: 장로회신학대학교 출판부, 1996), 7-18.

25 이덕주,『한국 토착교회 형성사 연구』(서울: 한국기독교역사연구소, 2000), 263-81.

26 노정선,『통일 신학을 향하여』, 198. "미국 신학, 독일 신학, 영국 신학, 로마교황청신학들의 한계점을 극복하는 길이 무엇인가 하는 점을 제3세계의 여성 신학이 추구해 나가야 할 것이다. 이런 의미에서 로즈머리 루터나 도로테 쥘레의 신학보다는 이우정(전 한신대 교수)의 신학, 박순경(전 이화여대 교수)의 신학이 훨씬 우수한 신학일 뿐 아니라 예언자적 신학이라고 말하는 것은 당연한 귀결이라고 보아야 할 것이다."

27 이덕주, 같은 책, 281.

의 역사를 이덕주는 다음과 같이 평가했다. "이처럼 1880-1890년대 기독교 복음 수용의 주역이었던 개종 '1세대'가 1900년대 부흥 운동과 민족 운동, 그리고 토착 신학 운동을 통해 복음을 해석-적용한 과정에서 창출된 신앙적 양태는 '복음적이고 민족적이었으며 또한 토착적'이었다. 이것이 바로 초기 한국 기독교 역사가 이룩해 낸 '한국 토착 교회'의 모습이었다."[28] 한국 초기 교회의 리더십은 바로 복음적이고 민족적인, 그리고 토착적이며 수난의 역사에 동참하는 리더십이다.

　그 후 한국 문화의 토착화의 대표적 리더십은 윤성범, 변선환, 서남동, 류동식 등을 통해 나타났다.[29] 이들은 한국적 문화에서 어떻게 한국 신학을 할 것인가 하는 작업을 한 인물들이다. 이들은 토착화 과정을 추구한 문화 신학의 리더십을 가졌다고 말할 수 있다. 앞에서 말한 세 가지 입장에서 신학을 한 그들은 각기 자신의 신학과 신앙의 입장에서 신학적 리더십을 발휘하였다. 그러면 오늘날 우리는 어떤 리더십을 발휘해야 하는가. 한국 역사에서 시급히 풀어야 할 숙제는 통일이다. 이 통일을 어떻게 풀어야 하는가 하는 문제는 우리 시대 신학의 최대 과제이며, 이 통일의 과제를 풀어야 하는 리더십이 요구된다고 말할 수 있다. 따라서 필연적으로 통일 신학을 논의하고 리더십의 과제를 연구해야 한다.

28　Ibid., 394.
29　윤성범, 『한국 유교와 한국적 신학』(서울: 감신, 1998). 서남동, 『민중 신학의 탐구』(서울: 한길사, 1983), 275-12.

4. 통일 신학과 리더십

이제 이 시대에 우리 한민족에게 가장 시급히 해결해야 할 과제가 통일
이라면, 우리 신학은 이 통일 신학과 리더십의 문제를 깊이 연구해야 할
필요가 있다. 신학의 방향이 통일의 문제를 해결할 수 있는 내용이 되어야
실사구시實事求是의 학문이 될 수 있다. 그 학문을 통하여 우리 시대의 문제
를 해결할 수 있는 리더십이 창출될 때, 그 리더십이야말로 시대적 필요에
응하는 실용적인 학문이 되는 것이다. 따라서 통일 문제를 해결하는 신학,
그것이 통일 신학이다.[30] 그 신학에 근거한 리더십을 통한 통일의 역사를
이룰 수 있다면 이것은 민족의 숙원을 성취하는 것이다.

"남북통일의 민족적 과제가 분단 오늘에 이르기까지 미결의 문제로 남
아 있어, 남북 분단의 역사적 비극과 상처를 씻고 아물게 하기가 참으로
어렵다는 현실에 처해 있다."[31] 한국 역사에 지난至難한 고난의 과정은 계속
되고 있다. 구한말 외세의 침입과 일제 36년의 수난, 그리고 8·15 해방과
더불어 시작된 남북 분단과 분열의 역사는 지금도 진행되고 있다. 점철된
고난 속에 그동안 우리 신학은 민주화 운동에 참여한 민중 신학이나 한국의
문화적 상황을 극복하고자 한 토착화 신학에 초점을 맞추었다. 이 신학을
아우르며 오늘의 신학적 과제를 수행할 수 있는 신학은 통일 신학뿐이다.

---

30 김경호, "성서에 나타난 이방인들: 통일시대의 북한 유민들과 외국인 노동자들을 위한 신학",
「시대와 민중 신학」, 1997년 4호, 142-155. 이 글은 통일 신학에 있어서 구체적 문제들에
대한 신학적 근거를 제공할 수 있다.

31 김찬국, 『성서와 현실』(서울: 대한기독교서회, 1992), 262. 김찬국은 이 책의 "이스라엘의
분열과 통일, 그리고 외세"라는 글에서 구약성서에 나타난 이스라엘 민족의 분열 역사를 살핀
다. 그는 남북 분열의 역사가 강대국의 외세 때문이라고 보고 여러 가지 역사적 원인과 결과를
연구하여 역사적 교훈을 찾고자 한다.

이 통일 신학과 더불어 통일 운동을 이끌 실천적 과제로서 리더십에 대한 연구가 필요하다.

먼저 통일의 개념은 인간의 근원적인 죄의 문제에서 시작된다. 통일은 인간의 원초적 죄에서부터 비롯된다. 죄를 지은 인간은 불안하고 파멸로 이끄는 상태로 나아간다. 이 죄로 말미암아 불완전한 인간은 자신 안의 분열에 이르게 된다. 따라서 죄는 자아와 가정, 사회로부터 분단을 가져온다. 이 인간의 죄에서부터 사회 구조의 분리와 분열은 확대된다. 결국, 한 인간의 죄로 인한 분단은 사회의 분열과 국가의 분단, 세계 분열이 되기까지 온전하지 못한 상태에 이르게 된다. 여기서 그리스도를 통해 죄를 극복하는 통일 과정이 필요하게 된다. 우리는 그리스도의 영이 죄를 극복할 수 있게 하는 것으로서 통일의 리더십을 생각할 수 있다. 이 리더십은 그리스도에게 먼저 나타나며 그의 리더십을 받아들여 죄의 문제를 해결할 수 있다.

한반도의 분단은 희년을 넘어서 한 세기를 바라보고 있다. 이제 이곳에 사는 우리는 이 분단과 통일, 분열과 통일, 분리와 화해, 통일과 평화에 대한 생각을 하지 않을 수 없다. 죄에서 벗어나야 하는 리더십, 죄로부터의 분리가 통일의 리더십이다. 도덕적으로나 윤리적으로, 영적으로 온전한 통일의 상태가 바로 지도력의 원천이 된다. 이 통일은 사상에서도 필요하다. 동양 사상과 서양 사상이 만나서 하나 되어야 하고, 동양 신학과 서양 신학이 만나서 조화와 상생의 역사를 만들어야 한다. 동양과 서양이 만나서 하나님 나라의 완성을 향한 지혜를 모으고 사랑을 나누어 하나의 하나님의 세계를 만들어 가야 할 과제가 있다. 여기서 우리는 동양과 서양이 만날 수 있도록 장場을 이끄는 리더십이 필요하다. 통합과 포용의 리더십만이 동서양의 융합을 이끌어 낼 수 있다.

지금까지 서양은 그들 일변도로 신학을 하였고, 동양은 그 신학을 받아들여 근 100년간 계속하여 서양 신학을 연구하고 있다. 한국의 토착화 신학을 하는 분들만이 동서양의 신학의 접촉점을 찾으면서 한국 신학을 연구하려는 경향이 있을 뿐, 동서양 통일의 신학 분위기는 아직도 초보 수준에 머무르고 있다. 따라서 동서양 통일 신학에게 두 신학의 영역을 이끌 수 있는 리더십이 확보되어야만 한다. 이 통일 신학의 리더십은 자연스런 대화와 화해를 이끌어 제3세계의 평화를 가져올 수 있는 개연성이 있다.

노정선 교수는 통일 신학에 대한 다음의 관점을 제시한다. 남북 분단이라는 현실 속에서 통일을 지향하는 이 시기(8·15 이후)에 전체 민족 구성원의 의지를 반영한다. 그리고 반드시 그 분단은 청산되어야 할 시대적 인식이 있어야 한다. 분단은 생명과 우주와 신과 자연과 세계, 정치, 경제, 사회, 문화 등을 포괄하여 과제를 형성할 수 있는 포괄적 개념이다.[32] 노정선 교수도 신학적 죄와 한국적 분단의 상황을 언급하며 분단 시대의 청산을 주창한다. 우리는 여기서 더 나아가 이 신학의 개념과 통일의 현실에 그것을 해결할 수 있는 통일의 리더십을 생각해야 한다. 다시 말해 분단의 신학적 근거로서 선악과를 따먹은 인간은 그 죄로 인해 하나님과 분단되었고, 그리고 각 개인이 분단되었다. 분단을 야기한 바로 그 죄를 극복하는 통일 신학은 죄와 분단 상황을 해결할 수 있는 리더십을 요구한다. 이 리더십은 철저한 회개를 통해 윤리적이고 온전한 의인으로 바로 서는 지도자를 통일의 리더로 세우기를 요구한다.

두 막대기 이야기(겔 37:15-28)에서 통일될 이스라엘의 비전을 보게 된다. 이 에스겔 본문에서 하나님께서는 분단의 상황에서 이스라엘을 구원

---

32 이후천, 『민족해방의 윤리를 향하여』(서울: 나단, 1989), 113.

하여 주시고, 정결케 하여 주실 것을 약속하고 계시다. 그리하여 하나님과 인간과의 관계가 올바르게 정립되게 하여 통일된 상태로 인도한다.[33] 이것은 하나님과의 관계에서 화해가 이루어져야 통일 이스라엘이 가능하는 것이다. 이 통일 비전이 리더십의 방향을 제시한다. 이후천은 성서 속에서 희년의 내용과 정신이 분단 시대를 청산하고 통일로 향하게 하는 해결 방법이라고 제시한다.[34] 희년 법에서 통일 리더십의 방향을 찾을 수 있는 가능성이 있다.

통일 신학에 반하는 반대 개념으로 분단 신학을 들 수 있다. 노정선은 생명 공동체를 소홀히 하고 무시하려는 분단 신학의 두 가지 모습에 대하여 언급한다. 그는 자연에 대한 오만한 태도에서 비롯한 것과 남성 중심적 문화에 대한 것이 분단 신학이라고 지적한다.[35] 그는 또 생태학적 위기와 남성 중심적 문화, 그리고 제3세계 억압과 압박, 기득권자들의 민중 착취 등에 대한 분단의 문제를 제시한다. 이 문제를 극복하는 것이 통일 신학의 과제라고 본다.[36] 분단 극복의 신학이 통일 신학이라고 할 때 이 통일 신학

---

33 노정선, 『통일 신학을 향하여』(서울: 한울, 1988). 56-57.

34 Ibid., 118.

35 노정선, "생명의 자유", 1988 강연록, 10-16. "첫째는, 자연에 대한 교만스런 접근이다. 토지와 그 소산물들은 단지 인간 사용의 도구로서 대상화될 뿐이다. 생명 자체의 역동적 현존이며 원천의 표현으로서 아프리카 사람들이 부르는 모디모(Modimo), 그리고 한국에서의 하늘님(Hanulnim)인 식물과 동물, 그리고 토지 소유권 등의 가치는 잊혀져 왔다. 더욱이, 이러한 방식으로 비인간적 삶을 보는 사람들은 똑같은 방식으로 인간의 삶을 보게 마련이다. 인간은 사물이 되고 만 것이다. 둘째로, 분단 신학의 특징은 남성 중심적이라는 것이다. 남성 중심적 사고방식은 자연을 인간 착취의 수단으로 종속시킬 뿐만 아니라, 빈민의 기득권을 소유하고 권력 있는 자들에게로 종속시키며, 그리고 남성들이 여성들을 통제하도록 만든다."

36 이후천, 같은 책, 추천 서문. "한반도의 지나간 백년의 역사는 치욕과 굴욕, 감정과 식민지화, 생존권의 침해와 주권의 박탈의 분단 역사였다. 이러한 남과 북의 분단, 가진 자와 가지지 못한 자들의 분단 속에서 그리고 남자와 여자의 분단 속에서 이제 필요한 것은 통일을 향해 나갈 수 있는 신학이요, 토대가 되는 통일 신학이라고 말할 수 있겠다. 서구의 신학들과 서구의

은 동·서양 신학의 통일과 한반도의 통일, 생태학적 자연의 통일과 남성
·여성의 통일 등의 포괄적 의미의 신학 운동을 말한다. 여기서 우리는 통일
의 리더십이 통일 신학의 문제들을 해결할 수 있는지 질문하게 된다.

이제 통일의 시대를 앞두고 신학자들과 목회자들, 그리스도인들이 추
구해야 할 리더십은 무엇인가. 희년의 해를 선포하며 통일의 시대를 기원
하고 염원하던 때가 있었다.[37] 이제 바빌론 포로 귀환 성취 연 수(주전
597-525년)와 같은 70년을 바라보며 다시 그 희망의 목표를 놓고 기도하
며 준비해야 할 때이다. 다시 한 번 통일의 리더십을 제시해 보고자 한다.
앞서 성서의 리더십에서 언급하였듯이 구약의 리더십과 예수의 리더십을
본보기로 삼아 통일의 비전을 조망하는 것이 시급하다고 본다. 그 비전이
통일의 리더십으로 나타나고 통일의 과제를 인식하고 수행하려는 개인과
공동체의 의지 속에 살아 역사할 때 통일의 앞날은 다가올 것이다.

『통합적인 통일과 그리스도인들의 과제: 21세기 최대의 당면 과제인
통일을 우리는 어떻게 준비해야 하는가?』라는 책에서 여러 학자들이 통일
의 과제에 대한 대안을 제시하고 있다.[38] 백종국은 민족 통일의 이데올로기
성을 극복하고 반공주의적 경직성을 타파하여, 한국 교회의 십일조 나눔으

정치 윤리학의 대부분은 한반도의 분단을 지지하고 영구화하는 분단신학이었다(Division
Theology). 이러한 분단 신학을 깨쳐 버리고, 그 분단 신학의 허위의식을 폭로해 버리는
작업이 있어야 민족, 특히 억눌린 한민족의 통일을 향한 신학이 정립될 수 있겠다. 결국 분단
신학을 넘어선 통일 신학에로의 서설이 될 것이다."

37 기독교의 통일 희년을 향한 행진, 10-56.「기독교 사상」428집, 1994년 8월호(김용복, 한국
기독교 통일 운동과 정부의 통일 정책; 강문규, 인간띠 잇기 대회와 통일 희년; 서경석, 한반도
통일 문제에 대한 교회의 대응; 김민웅, 김일성 사후 동북아시아와 통일 체제; 미주 지역 통일
운동의 현실과 과제).
38 임성빈 외, 『통합적인 통일과 그리스도인들의 과제』(서울: 예영커뮤니케이션, 2003), 13-
236.

로 북한 동포를 돕는 것이 선결되어야 한다고 주장한다. 전우택은 남북한의 민족적 이질감을 해소하는 것이 중요하다고 보면서, 사람의 통일이 중요하고 심리적 통일을 해야 한다고 주장한다. 임성빈은 북한과 남한의 문화적 통합이 중요하다면서 세계관의 통일을 주장하며 교회의 역할을 제시한다. 또한 김병로는 민족 공동체를 향한 사회적 과제로 사회적 통일 환경의 현실을 파악하여 분단 경제의 취약성을 극복하고 통일 이후를 대비한 국가 발전 전략과 경제 협력이 있어야 한다고 말한다. 허문영은 한반도 정세 분석과 6자 회담의 상황 등 외교 관계를 통한 통일 역량 강화에 집중해야 한다고 주장한다. 앞으로 통일 과제에 대해 많이 토론하고 통일 논의의 장을 더욱 확대해 나가야 할 것이다. 그러면 여기서 "진정한 통일은 무엇인가?"라고 질문하는 것은 나침반을 가지고 목표를 향해 항해하는 것과 같은 효과를 갖는다. 문동환 교수는 민중이 주도하지 않는 통일론은 흡수 통일이나 정복 통일의 형태가 되어 거짓 통일이 될 수 있다고 지적한다. 그러면서 그는 진정한 통일이 되기 위해서는 인류 평화를 도모하는 국제단체와 손을 잡고 연대하여 통일 운동을 벌여 나가야 한다고 제의한다.[39] 위로부터의 통일 운동이 아닌 아래로부터의 통일 운동이 전개될 수 있는 통일 리더십이 요구된다. 그래서 민중과 교회가 중심이 된 통일 리더십이 형성되고 통일 운동 방향이 전개될 때 진정한 통일이 이루어질 수 있다.

이러한 방향에서 한국 교회의 갱신과 개혁이 요구된다. 한국 교회는 너무 비대해지고 대형화되었다. 한국 교회의 성장 일변도 문화는 내적 성장과 나눔의 공동체로 탈바꿈을 해야 할 시기가 되었다. 또한 북한 선교에

---

39 문동환, "한민족의 평화 그리고 통일", 조성노 편, 『민족신학의 모색』(서울: 현대신학연구소, 1992), 96-97.

관심을 가지고 집중적으로 기도하며 정책적으로 교회가 연합하여 지원하는 체제를 수립해야 할 것이다. 통일 운동을 위해 교회가 앞장서서 개성 공단과 신의주 특구, 나진 선봉 지역 등에 지원할 수 있는 길을 모색해야 할 때이다. 교회 지도자들도 비움과 나눔의 공동체로 나설 수 있는 통일 신학과 통일의 리더십을 가져야 한다. 그래야만 한국 교회에 희망이 있다.

통일 신학은 민족 신학, 민중 신학, 평화 신학, 문화 신학, 여성 신학, 생태 신학, 종교 신학, 선교 신학 등을 아우르면서 한국의 토양·문화·역사와 오늘의 현실에서 장차 해결해야 할 신학적 과제가 있다. 이것은 태극 신학으로 전체를 포괄하여 상통하게 할 수 있다. 우리는 한국 문화 신학의 맥락에서 태극의 끊이지 않는 연속성이 태극 신학에서 전개될 수 있음을 이미 3장에서 살펴보았다. 이러한 차원에서 통일 시대를 향한 통일의 리더십과 내적·외적 통일[40]의 과제를 수행하기 위한 행동 방향과 규범이 절실히 요구된다.

맺는 말

이 장에서는 한국 교회 리더십의 새로운 형태와 그 필요가 무엇인가를 고민하였다. 그래서 성서의 리더십을 통하여 이상적인 리더십의 모형을 찾아보았다. 가장 모범적인 리더십은 예수 그리스도에게서 찾아 볼 수 있었다. 이 리더십을 실현하려고 했던 한국 교회의 초기 지도자들의 리더십

---

40 내적 통일이란 사람과 사람 사이, 문화와 문화 사이의 통일을 말하고, 외적 통일이란 정치, 경제 등 가시적 통일을 의미한다.

유형을 살펴보았다. 진정한 리더십은 문화 신학적 차원에서 토착화 신학을 적용하여 한국적 그리스도교를 실현하려는 움직임이었다. 이러한 초기 기독교 지도자의 리더십이 오늘날 우리 현실에서는 어떻게 적용될 수 있는가 하는 질문을 통하여 통일의 리더십이 필요함을 알게 되었다. 통일 신학을 통하여 통일의 과제를 숙지하고 통일 운동을 실현할 수 있는 성서의 리더십이 절실함을 알게 되었고, 한국 신학의 방향을 통일 신학과 이 리더십으로 조망해야 함을 알게 되었다. 한국 교회가 이제는 비움과 나눔의 공동체가 되어 통일 선교로 나아갈 때 평화 통일의 미래는 열리게 될 것이다. 이제는 한국 신학도 우리 신학, 태극 신학의 방향에서 연구되어져 새롭게 통합된 한국적 신학 운동이 활발히 일어나기를 기대한다.

10장

구약의 평화와 통일 신학

만일 누군가 "오늘을 살아가는 우리들에게 가장 필요한 것이 무엇인가?"라고 물어보면 나는 주저 없이 평화라고 말할 것이다. 또 "세계에 무엇이 가장 필요한가?" 하고 물어보면 전쟁이 없는 평화라고 말할 것이다. 인간이 살아가는 한, 인간의 역사가 끝날 때까지 전쟁이 없을 수 있을까? 하나님 나라가 도래하는 날까지 이 세상에 평화가 있을까. 10장에서는 하나님의 평화, 그리스도의 샬롬이 무엇인지, 성서의 평화가 무엇인지, 성서적 평화의 개념을 파악하고 그것을 적용하여 이 시대에 평화 만들기 작업의 가능성을 타진하고자 한다. 특히 구약의 평화를 중심으로 살펴보며, 그 성서의 개념을 가지고 우리 한반도에서 평화를 구현하는 방법이 무엇인지, 통일 신학의 가능성에서 평화·통일 신학의 전개에 이르기까지 그 방법을 모색하며 연구하고자 한다.

1. 성서의 평화

히브리 성경에서 평화를 표현하는 낱말은 샬롬shalom이다. 이 말은 아카드어 살라무salamu와 비슷하며, 그 의미는 강건함, 전체, 완전함이다. 평화라는 말은 단순히 전쟁이 없는 부정적인 의미가 아니라 그 자체로 만족하는 긍정적인 의미를 지닌다. 샬롬은 이스라엘 사람들이 매일 아침마다 인사로 하는 말이다. 샬롬 알레켐salom 'alekem("평화가 당신들 위에")이라는 말은 일상적인 인사로 '좋은 하루'라고 번역할 수 있다. 하지만 실제로 편안하기를 비는 말처럼 잘 지낸다는 것은 무엇인가. 그것은 우리의 필요를 충분히 채운 육체적이고 정신적으로 만족한 온전함과 완전함이다.

열왕기상 9:25에서 솔로몬은 그가 완성한(sillam) 성전에서 하나님께 화목제(selamin)를 바친다. 여기서는 어떤 일이 온전하고 완전하게 이루어졌다는 의미로 샬롬이 쓰인 경우다. 돈을 줌으로 빚을 갚는다(sallem). 화목제를 통하여 서원을 이룬다(sallem).[1] 샬롬이란 뜻은 앓지 않고 건강한 상태로 장수하는 것(사 38:17; 잠 3:2), 안락한 생활(시 4:8), 또는 경제적으로 윤택한 생활(시 37:11; 사 54:13), 전쟁에서의 승리(삿 8:9; 삼하 19:25, 31; 왕상 22:27-28), 정치적 안정(왕하 20:11)이나 인간과 인간에 적대적인 것이 없는 관계(신 20:10-12; 수 9:15; 10:1, 4; 11:29), 그리고 사회와 자연과의 조화(레 26:6; 욥 5:23-24)가 이루어진 상태 등을 표시하는 용어로서 개인의 안녕과 집단의 안전을 의미하는 폭넓은 개념이다.

평화는 전쟁과 대조된다. "평화할 때가 있고 전쟁할 때가 있다"(전 3:8). 평화는 협상하여 전쟁을 끝내거나 적대감을 배제하는 것이다(신 20:10-12; 수 9:15; 10:1; 10:4; 11:29). 정치적으로 평화는 단순히 부정적인 뜻의 전쟁이 없는 상태뿐만 아니라, 두 나라 사이의 우호적 관계인 개념을 포함한다(삿 4:17; 사 7:14; 왕상 5:4, 26; 22:45). 전쟁 없이 평화로운

---

1 J. Healey, "Peace in Old Testament", in *Anchor Bible Dictioinary V* (New York: Doubleday, 1992), 206.

상태란 역사의 주관자이며 심판자이신 하나님의 도우심과 섭리에 의하여 주어진다(삿 21:13). 선지자 이사야도 평화는 하나님의 심판의 결과로 주어지는 것이라고 언급하고 있다(사 2:4).[2]

"이스라엘에서 신의 전쟁은 일반적으로 '거룩한 전쟁'이라고 알려져 있으나, 구약성서에는 거룩한 전쟁이라는 말은 없고 그 대신 '야웨의 전쟁'이라는 말이 있을 뿐이다(민 21:14; 삼상 18:17 등). 거룩한 전쟁은 범죄한 나라를 심판하는 전쟁이었다. 만약 하나님이 범죄한 나라를 심판하지 않으면 악이 득세하여 심판을 통한 사상자보다 더 많은 살상과 피해를 가져올 것이다. 그래서 하나님은 범죄한 나라를 심판한 것이다. 이것이 성전聖戰이다. 여호수아에 의해 수행된 가나안 정착 전쟁, 기드온에 의해 수행된 미디안과의 전쟁, 다윗에 의해 수행된 블레셋과의 전쟁들이 대표적인 성전이다. 성전은 이스라엘의 적대국들만 진멸하는 전쟁이 아니다. 이스라엘과 유다가 범죄하자 하나님은 앗시리아와 바빌론을 사용하여 그들을 패망시켰다. 이것도 일종의 성전이다."[3]

악의 득세로 인해 더 많은 사상자를 낼 수 있기 때문에 불가피한 하나님의 전쟁이 일어난다는 사실에서 거룩한 야웨의 전쟁이 왜 필요한지 알 수 있음을 지적하고 있다. 하나님의 백성인 이스라엘과 유다도 이방 강대국에 의해 패망되는 것이 성전임을 보여 준다. "구약 시대가 끝난 이후로는 거룩한 전쟁을 하나님은 허락하지 않으셨다. 왜냐하면 하나님의 뜻을 수령할 계시 수령자(여호수아, 기드온, 다윗 등)가 더 이상 존재하지 않기 때문이다. 이슬람의 지하드도 이스라엘의 거룩한 전쟁에서 가져온 개념인데 이슬

2 강사문, "구약에 나타난 평화", 『구약의 하나님』(서울: 한국성서학연구소, 1999), 282-283.
3 임태수, "기독교의 관점에서 본 평화와 생명", 『신학논단』 43집(서울: 연세대학교 신과대학, 연신원, 2006), 112.

람의 과격주의자들에 의해서 많이 악용되고 있다. 세계 교회는 일찍이 1948년 WCC 암스테르담 대회 때 '전쟁이라는 말 앞에 어떠한 미사여구를 붙인 전쟁도—그것이 〈거룩한 전쟁〉이건 〈의로운 전쟁〉이건—거부한다' 는 결의를 하였다."[4]

신약의 평화

성서가 말하는 평화의 개념에서 크리스천에게 화목하게 하는 직책 (ministry reconciliations, 고후 5:18)이 강조된다. 우리와 하나님, 나와 너, 너와 나 사이에 막힌 담이 무너지고 그리스도의 사랑 안에서 하나가 될 수 있다. "그는 우리의 화평이신지라 둘로 하나를 만드사 중간에 막힌 담을 허셨다. 그는 십자가로 이 둘을 한 몸으로 하나님과 화목케 하려 하시고 원수된 것을 십자가로 소멸시켰다"(엡 2:14-16). 이 화목의 직책을 가진 우리는 그리스도를 '세상의 주'와 '교회의 머리'로 믿는 크리스천으로서 하나의 교회를 믿으며 모든 교회가 하나가 되어 화목케 하는 직책을 다해야 할 것이다(엡 4장).

"우리 시대에 있어서 가장 긴급하고도 중요한 교회의 직책은 침략적인 모든 전쟁을 막고 평화를 성취하는 일이다. 오늘의 기술혁명은 전 세계 인류를 하나로 만들었다. 그러나 과학의 힘에 의해 하나가 된 세계는 다시 과학의 힘에 의해 완전 파멸의 위기에 처해 있다. 우리가 여기에서 예배드리는 이 시간에도 우리가 살고 있는 지구 세계를 파멸시키고도 남을 핵폭탄을 등에 지고 있다는 사실을 우리는 알고 있다… 이러한 때에 전 세계 그리스도 교도에게 주어진 공동 과제는 이러한 막힌 담을 헐어 버리고 화평케

---

4 Ibid., 112.

하는 자Peace maker로서의 책임을 다하는 일이다."[5]

　고故 강원룡 목사는 거짓 평화에 대하여 '안 된다'고 지적한다. "예레미아는 거짓 예언자의 특징을 평화가 아닌 것을 평화라고 하는 자(렘 8:11)라고 했다. 오늘의 우리 교회 안에는 이러한 거짓 예언자들이 많이 일어나고 있다. 이것은 곧 타협이나 관용, 심지어는 무조건적인 부정에 대한 양보로서 평화의 이름으로 부정한 침략자의 길을 열어주는 행동이다. 성서에서 말하는 평화는 정의의 열매(사 32:17)이다. 기독교에서 말하는 평화는 무성격의 감상주의가 아니다. 기독교에서는 사죄(Forgiveness of Sin)를 말하지 죄의 용납(Permission of Sin)을 말하는 것이 아니다. 이런 사람들에게 예수님은 '내가 평화를 주러 온 것이 아니라 검을 주러 왔노라'고 말했다. 하나님이 주시는 평화는 부정을 처리하는 심판의 작업을 통하여 화해를 성취하였다. 자유와 정의를 희생한 평화는 전쟁보다 더 나쁜 것이다. 그러기에 교회는 칼 바르트K. Barth가 말한 대로 침착한 이성을 가지고 평화를 주장해야 한다."[6]

　주님이 평화가 아닌 전쟁의 검을 가지고 왔다는 말이 의미한 바가 무엇인지 거짓 평화에 대한 주님의 날카로운 지적을 생각해 보자. 주님은 정의가 아닌 불의가 지배하고 거짓 평화가 난무하는 세상에 대해 부정하며 자유와 정의가 보장된 평화의 세계로 나가야 할 것을 보여 준 것이다. 우리는 평화의 길인 대화에서부터 시작하고 서로 협력하여 서로 간 불화의 원인을 제거해 십자가의 방법으로 악마의 반란을 대처해야 한다. 또 악마가 하나님의 나라를 파괴할 수 없도록 하나님과 우리 관계를 돈독하게 하고 그리스

5　강원룡, 『제3지대의 증언』(서울: 문맥, 1978), 226.
6　Ibid., 227.

도의 왕국이 이 땅에 올 때까지 승리하는 교회가 되도록 기도하고 움직여야
할 것이다.

"우리는 눈에 보이지 않지만 이미 성취된 하늘의 평화를 믿는 믿음으로
장차 눈으로 보이게 오실 그리스도의 왕국을 믿는 까닭에 눈에 보이는 땅
위의 평화를 위해 주님이 오시는 그 순간까지 힘차게 전투하는 교회가 되어
야 하겠다."[7]

2. 오늘날의 평화

하나님이 창조한 세계는 하나님과 사람, 사람과 사람, 사람과 자연, 자
연과 자연 사이에 평화가 깃들고 있던 평화의 세계였다. 하지만 인간이
세계 평화를 유지·관리하는 노력이 부족하고 소홀하여 평화가 파괴되기
시작하였다. 임태수는 평화 파괴의 원인과 현상으로 강대국들의 침략과
지배를 들고, 결국 그것으로 인해 전쟁을 일으켰다고 지적한다.[8] "전쟁은
평화를 위협하는 가장 큰 요인 가운데 하나이다. 1484-1945년 사이에는
278회의 전쟁이 일어났고(유럽 187회, 그 외 91회), 세계 1, 2차 대전 때는
7,827만여 명의 군인과 민간인이 사망하였다. 1945년 이후에도 중국 내전,
한국 전쟁, 베트남 전쟁, 이란-이라크 전쟁, 아프가니스탄 전쟁, 레바논
전쟁, 이라크 전쟁 등 많은 전쟁이 일어나서 수백, 수천만의 인명이 죽어
갔고, 수많은 재산 손실을 가져왔다."[9]

---

7 Ibid., 229.
8 임태수, "기독교의 관점에서 본 평화와 생명", 『신학논단』 43집(서울: 연세대학교 신과대학, 2006),
   110-111.

왜 오늘날까지 전쟁은 계속되는가. 강대국들은 "의로운 전쟁"이라며 정의 실현을 명분으로 전쟁을 정당화하지만 어불성설, 결국 자국의 이익을 위할 뿐이다. 또한 민족 간 오랜 분쟁에 이은 전쟁을 하고 있다. 십자군 전쟁은 그러한 의로운 전쟁의 한 형태로 일어난 전쟁이었다. 어거스틴 (354-430)은 전쟁을 "의로운 전쟁"과 "불의한 전쟁"으로 나누고, 의로운 전쟁만을 해야 한다고 주장하였다. 이러한 사상은 황제 테오도시우스 2세에게 영향을 주어 주후 416년 오직 기독교인만이 군대에 들어올 수 있다는 칙령을 내리기까지 하였다. "이 '의로운 전쟁' 사상은 본래 불의한 전쟁을 억제하고, 부당한 공격과 침략을 받았을 때. 수동적, 염세적, 숙명적인 자세로만 받아들일 수 없다는 현실적인 경험을 바탕으로 하여 나온 것이었으나, 이 사상 또한 각 국가들의 이기심 때문에 악용되어, 불의한 전쟁을 일으키면서도 의로운 전쟁이라고 선전함으로써 자기들이 일으킨 전쟁을 합법화하려는 경향이 농후하였다. 이제는 더 이상 의로운 전쟁론의 정당성을 주장할 수 없게 되었다. 서구 기독교 국가들은 식민지 전쟁 때 거룩한 전쟁, 의의 전쟁 개념을 악용하였다. 이는 예수의 비폭력-평화 사상에 위배된다."[10]

오늘날 어떠한 명분으로라도 의로운 전쟁이라고 주장하며 전쟁을 도발하는 것은 정당화될 수 없다. 강대국과 약소국의 전쟁으로 보여 준, 이란-이라크 전쟁, 아프가니스탄 전쟁 도발은 어떠한 이유에서건 비극적 전쟁이었다.

기독교 평화 운동을 하는 단체인 '선구자'(프론티어스)가 사회봉사를

---

9 Ibid., 111.
10 Ibid., 114.

하는 나라는, 전쟁 지역이었던 팔레스타인, 이라크, 동티모르, 아프가니스탄, 파키스탄, 인도네시아 아체 등이다. '선구자'는 지역에 가서 평화 캠프를 열고 봉사와 그리스도의 복음을 전하며 평화를 전하는 사역을 한다. 그렇다면 전쟁이 벌어졌던 곳에 평화를 심는다는 것은 무엇인가. 폐허가 된 그곳에서는 사랑과 희생, 땀과 봉사의 손길이 평화이다. 전쟁 지역에 가서 평화를 전하는 단체들, '개척자들'과 '비폭력평화 물결', '청년평화센터푸름', 'KAC' 등이 함께 주최하는 기독교 평화 아카데미의 강좌와 교과 과정을 보면, 그리스도의 평화가 어디에서 어떻게 오는지 예상할 수 있으며, 평화 논의가 무엇이어야 하는지 생각하게 한다.[11]

기독교인의 능동적 비폭력 영성과 실천이라는 제목으로 9가지 논의를 하고자 한다. 폭력에서 온전함으로 나가는 샬롬이 무엇인가. 폭력의 경험과 역동성이 무엇인가. 첫 번째로, 예수의 비폭력에 대한 신실성, 간디와 비폭력, 기독교의 생태적 비폭력 영성, 사회 변혁을 위한 비폭력 영성, 사회 변혁을 위한 비폭력의 실천, 비폭력 사회 변화의 실천과 그 적용, 비폭력의 실험과 적용, 프란치스칸의 비폭력 영성과 마틴 루터 킹의 비폭력 원리 등이다. 평화 운동으로 나가기 위해서는 비폭력 영성을 훈련하고 평화 지도력을 함양해야 한다(비폭력 평화물결). 두 번째로, 평화 리더십과 평화의 대화(비폭력 대화)에 대하여 14가지 주제를 이야기한다. 세상 의존적인 사람에서 하나님께 순종하는 사람으로의(주도성) 변화, 주님 앞에 갔을 때 듣고 싶은 이야기(사명 기도), 먼저 주님의 나라와 그 의를 구하라(시간 관리), 합력하여 주님께 영광 돌리자(승승, 윈윈 게임), 끝까지 들어주시는

---

11 비폭력평화 물결(www.ecopeace.pe.kr), 청년평화센터푸름(www.pureum.org), 개척자들(www. thefrontiers.org), KAC(www.kac.or.kr) 등 기독교 평화 아카데미, 제1기 평화 사역자양성 프로그램, 강좌 5개가 소개되고 있다.

주님(의사소통, 경청), 성령의 바람을 타라(시너지), 그리스도를 본받아 (자기 관리), '말'에 대한 성경의 가르침, 참 대화(비폭력 대화) 이해하기, '나'와의 대화(분노 조절, 자기 애도를 통한 자신감), '너'와의 대화(부탁과 거절), '우리'가 나누는 참 대화(공감하기), 교사·학생 간의 대화, 부모 ·자녀 간의 대화, 부부 간·연인 간의 대화, 상담자·내담자 간의 대화(청년평화센터 푸름) 등이다.

셋째로, 기독교 평화주의—기독교, 전쟁, 평화—란 무엇인가. 평화 교회의 전통과 평화 신학, 평화 공동체의 회복과 제자도로서 평화, 성서적 갈등 해결의 의미, 기독교 교육과 평화 교육 등에 대하여 생각하게 된다 (KAC). 넷째로, 아시아 분쟁 지역의 현황과 평화 활동의 실례에 대하여 논의한다. 팔레스타인, 이라크, 아프가니스탄, 동티모르 등 아시아 분쟁지역의 역사, 문화, 종교적 배경 이해와 평화 활동을 소개하고, 가능성 평가와 비판을 통해 평화의 연대와 협력을 확대하고자 한다(개척자들). 다섯째로, 제3의길(비폭력저항)에 대한 강좌, 거기서 평화의 길을 배운다. 예수의 비폭력 방법, 성서적 역사적 현재의 사례 연구를 통하여 비폭력 저항에 대한 평화 운동을 모색한다(KAC).

왜 인간은 평화의 세계를 만들지 못하는가. "모든 갈등은 상이성相異性에 관련됩니다. 하지만 그 상이성이 인종적인 것이든 종교적인 것이든 아니면 국가적인 것이든, 유럽의 현자들은 상이성이야말로 가장 자연스러운 것이며 결코 위협이 될 수 없다는 결론에 도달했습니다. 사람들 간의 상이성은 단지 출생의 우연성에서 기인했을 뿐이며, 따라서 결코 증오나 갈등의 원인이 될 수 없습니다. '상이성을 존중하라'는 말에는 가장 근본적인 평화의 원리가 내포되어 있습니다"(존 흄, 1998년 노벨평화상 수상자).[12] 평화의 시작은 상호 차이와 갈등의 원인인 상이성 포착에서부터 평화 운동,

평화 작업에 있다.

3. 한반도의 전쟁과 평화

19세기 말, 20세기 초에 한반도의 운명은 일본의 부상과 더불어 암울한 역사의 늪으로 빠져들었다. 일본은 일찍이 서구 근대화에 성공하여 아시아 대륙을 넘보며 제국주의 세력을 확장하였다. 서구식 산업화에 성공한 일본은 대동아주의를 세우며 전쟁을 일으켜 중국을 이기고(1896년), 강대국 러시아와의 전쟁(1904년)에서 이김으로써 한반도를 식민지화하고, 이를 거점으로 해서 아시아 침략의 발판을 마련하였다. 이때 조선은 역사상 처음으로 국가와 국민의 주권을 완전히 상실하였다. 조선 백성들은 경제권과 농토를 빼앗기거나 삶의 터전을 잃어버린 채 만주나 연해주로 강제 이주 당하였다.

1945년 제2차 세계 대전에서 일본이 패함으로 한반도는 해방의 기쁨을 맛볼 수 있었다. 미국과 소련, 영국 등의 연합군의 승리로, 한반도의 주권은 그들의 손에 들어가게 되었다. 남과 북에서 자신의 헤게모니hegemony를 장악하려는 미국과 소련은 조선 민족이 자주적 민족국가를 건설할 수 있는 능력이 없다는 평계로 남한에서는 미국에 의한 군정이 실시되었고 북한에서도 소련에 의한 통치가 시작되었다.

"이러한 혼란의 와중에서 미국은 이승만을 내세워 1948년 8월 15일 남한만의 단독 정부를 세우게 했고 여기에 자극을 받은 북한은 같은 해

---

12 어윈 에브라함 편, 『노벨평화상의 수상자들의 평화의 메시지』(서울: 열린서원, 2004), 48-49.

9월 9일 소련의 지원을 받아 북한 정권을 수립하게 됨으로써 마침내 남북한은 민족적뿐만 아니라 국가적으로 분단되었다. 이는 곧 한반도를 분할 점령한 미국과 소련이 일단 자신들의 헤게모니 지배를 완성한 것을 의미하기도 한다."[13]

이러한 남북의 정치·민족적 분단은 미국과 소련의 헤게모니 장악을 위한 다툼의 결과였다. 그로 인해 한반도의 정세 안정과 평화는 정착되지 못하였다. 한반도의 38선을 경계선으로 북쪽은 소련을 정점으로 한 사회주의권이 형성되었고, 남쪽은 미국을 정점으로 한 자본주의권이 형성되면서 남북이 대결국면에 들어섰다. 즉 동서 간의 냉전 체제가 시작된 것이다. 이 냉전 체제는 1950년 6·25 전쟁으로 비극적인 결과를 낳았다. 결국 전국토를 황폐화시키고 수백만 명의 인명 살상을 일으킨 전쟁은 3년 만에 끝났다. 한국 전쟁은 냉전 체제가 갖는 이데올로기와 세계 분쟁의 중심축에서 선 인간들이 보여 준 비극이었다. 한국전은 미·소 간의 헤게모니 장악을 위한 대리전쟁의 성격을 띠었고, 휴전협정이 체결되며 본격적인 냉전 체제가 시작되었다.

"한반도에서 본격적으로 시작된 동서 양대 진영의 냉전 체제는 1989년 12월 지중해의 말타에서 소련의 고르바쵸프Mikhail Gorbachev 대통령과 미국의 부시George Bush 대통령 간에 열린 정상회담으로 사실상 종식되었다.[14] 냉전 체제의 종식은 세계 질서의 변화를 가져왔다. 세계는 양극화 체제에서 다극 체제 혹은 일극 체제로 변화되었다. 정치적으로는 미국을 정점으로, 경제적으로는 유럽 공동체와 미국 중남미 국가들, 일본과 중국

---

13 손규태, "한국 개신교 평화 윤리 서설", 『폭력과 전쟁 그리고 평화』, 한국기독교윤리학논총 4집(서울: 한들출판사, 2002), 11.

14 Ibid., 12.

이 중심이 된 아시아권 등 다극 체제로 재편되었다. 이제는 무역 전쟁이 일어나고 빈부의 격차가 더욱 벌어져서 사회 평화가 위협을 받는 상황이 되었다. 또한 종교·문화적 갈등이 심화되어 회교권 국가들의 미국에 대한 증오심이 9·11 사태를 가져오게 하였다.

한반도는 아직도 냉전시대의 유물인 유일한 분단국으로 남아 있고, 이데올로기뿐만 아니라 군사적 무력 대결의 장이 되어 있다. 또 여전히 주변의 강대국(중·러·미·일)과 남북한이 회담을 벌이며 북한의 핵 보유에 대한 문제를 논의하고 있다. 그러나 각 나라의 이해관계는 복잡하게 얽혀 있어 통일은 더욱 어려워지고 있다. 북한은 식량난과 자연 재해 등의 고립 무원의 상황에서도 이미 보유한 핵무기와 미사일 발사 시험 등으로 남한과 미국을 압박하는 카드로 쓰려하고 있다. 이러한 한반도의 분단 현실에서 우리는 무엇을, 어떻게 해야 하는가. 또 한반도의 평화 윤리를 어떻게 정착시킬 수 있는가. 이제 동족 간의 분쟁과 냉전시대의 유산으로 남은 강대국의 이해관계를 넘어서 어떻게 평화 통일을 가져올 수 있을지 모색해 보자.

손규태 교수는 먼저 기존의 냉전 체제적 법률들과 제도들을 제거해야 한다고 주장한다. 따라서 남한의 국가보안법과 북한의 사회안전법 등을 철폐하는 것이 중요하다고 본다. 또한 상호 안보 개념에 기초한 군축과 민간 평화 운동을 확대해야 한다. 평화 확보 차원에서 남북한의 비군사적 수단들, 평화 봉사 확대, 군비 축소와 전쟁 물자의 판매와 이동 금지 등을 시행한다. 법질서로서 국제적 평화 질서를 강화한다. 최후의 수단으로 군사력 사용, 평화 윤리의 주개념으로서 정의로운 평화 등을 이야기한다.[15] 결국 궁극적 평화는 하나님의 손에 속한 것이라 하나님께 간구하지만 평화

---

15 Ibid., 16-28.

의 일을 하는 사람은 인간들이기 때문에 최선을 다하여 평화를 위하여 일한다(마 5:9).

여기서 우리는 한 국가의 평화의 길을 가는 것이 얼마나 힘들고 험한 여정이라는 것을 깨닫는 데서부터 평화의 발걸음을 한걸음씩 옮겨야 할 것이다. "국가의 영역은 정의가 있는 사랑의 영역이 아니라 정의의 영역이다. 정의의 영역에서는 보다 더 큰 악을 물리치기 위해 보다 작은 악을 택해야 할 때가 많다. 인류의 역사 중 지난 4천 년 동안 전쟁이 없던 날을 계산할 경우 겨우 3백 년밖에 안 된다고 한다. 이 냉혹한 현실에 눈을 가리지 말라. 교회의 지혜는 바로 평화가 얼마나 어려운 일이라는 것을 아는 데 있다. 하나님의 아들이 희생을 하기까지 해야 하는 어려운 일이다."[16]

우리나라의 통일을 위해 독일의 통일 과정을 살펴보자. 동·서독은 통일이 되는 과정에서 '통일統一'이라는 용어를 쓰지 않고 '접근(Ahnäherung)'이라는 표현을 사용했다. 이것은 양 체제가 서로 접근하여 점차적으로 수렴한다는 것을 전제하고 있다. 독일은 경제, 문화, 통신, 교통, 환경, 과학, 기술 등 모든 분야(정치 분야는 제외됨)를 접근 가능한 분야로 나누고 양 독일이 수렴할 수 있는 작업을 하였고, 이것이 통일 현실에 중요하였다.[17] 통일의 과정은 멀고 험하다. 독일이 통일이 되었지만 의식적 통일이 되기까지는 아직도 많은 세월이 필요하다. "현재 독일에서 통일이라고 언급할 때는 우선 정치적, 제도적, 통화, 시장일원화를 의미하는 것이며 경제구조 조정, 사회의식 통합, 나아가서 문화적·정신적 통일은 오랜 시간을 요하는 과제로 남겨져 있는 것이다."[18]

---

16 강원룡, 『제3지대의 증언』, 228.
17 박성조, 『독일 통일의 과정과 교훈』(서울: 통일연수원, 1992), 8.
18 Ibid., 9.

분단 이후 두 번째로 남북 정상 회담이 2007년 8월 28일 평양에서 이루어졌다. 지금은 남북 관계가 경색되어 금강산과 개성공단이 닫히고 있지만, 바로 얼마 전까지만 해도 교류가 원활하게 이루어지고 있었다. 우리 민족이 서로 접근이 용이하고 원활한 소통이 될 때 하나둘씩 쌓인 문제점들을 해결할 수 있다. 서로를 인정하고 협력하여 민족 공동체를 형성할 때, 정치적 통합의 지난至難한 길을 열 수 있는 것이다. 우리는 현실적으로 통일이 이루질 수 있을 때까지 인내심을 가지고 6자 회담 합의를 이끌 수 있도록 다각적으로 노력해야 할 것이다. 남북 관계에서는 무엇보다도 민간의 교류가 수월해지고 다차원의 접근이 이루어질 수 있도록 독일 통일을 모델로 삼아야 하리라 본다.

더 나아가 심리·문화적 통일이 되는 날까지 교회의 역할이 중요하며 통일 신학에 의한 통일 작업이 이루어지는 날, 진정한 통일이 이루어질 것이다. 이것은 1백 년의 세월이 필요할 것이다. 통일에 있어서 교회의 역할이 중요하고, 동독과 서독의 통일 이후의 교회의 역할 등에 대해서는 이미 연구 결과가 나왔다.[19] 먼저 통일의 날을 앞당기는 과제가 우선한다. 이를 위해 최선을 다해 통일 신학을 강구하며 평화의 날이 다가오기만을 학수고대한다.

한국에 탈북자들이 늘어나는 현실에서 이들을 수용하고, 이들이 한국 사회에서 만족스럽게 잘 적응하며 살게 하는 일이 중요한 과제이다. 이러한 시도가 통일 운동의 시작이요 한반도 평화 정착에 중요한 일이 될 것이다. 사회주의, 공산주의 체제에서 살던 사람들이 자본주의 사회에서 살기 힘들어 하는 경우를 자주 본다. 인간미가 없고 인간 세대의 결속력이 떨어

---

19 주도홍, 『통일, 그 이후: 독일 통일 15년의 교훈』(서울: IVP, 2006), 35-142.

지는 자본주의 사회이다. 우리 사회는 물질은 풍요롭고 사회제도는 안정되었지만 인간의 정情을 맛볼 수 없고, 개인주의 성향이 많은 단점들이 있다. 이러한 자본주의 사회의 한계와 단점을 보완하여 한반도의 평화 문화를 만들어 가야 할 것이다. 또한 다시는 전쟁이 없는 한반도와 한국 사회를 위해 비핵화 작업이 시급하다. 지금도 여전히 긴장이 감도는 한반도에서, 6자 회담국인 4나라(미 · 러 · 중 · 일)의 지배와 영향력을 감소시킬 민족 공동체를 위한 접근은 계속되어야 하리라.

4. 통일 신학

통일 신학의 성서적 근거는 구약의 희년에서 찾아 왔다. 그동안 민족 해방 50년 되는 해를 통일 희년으로 삼고 통일 신학을 모색하였다. 노동하는 인간은 참 노동의 주체인 하나님을 통하여 노동함으로써 역사를 창조해 갈 수 있다. 가나안 땅에 도착한 이스라엘 사람들은 땅의 평화를 누리기 위해 안식년과 희년을 생각하였다. 완전수 7을 생각하여 일곱씩 일곱 번의 해를 보낸 그 다음 해를 희년(50년째)으로 정했다.[20] 그 희년을 계산하는 시점이 바로 땅을 완전히 분배받은 참의미에서 해방받은 날이다. 민족이 분단된 지 50년이 되는 이 해를 희년으로 선포하고 통일 신학을 정립하려고 하였다. 그 통일 신학을 외친 지 14년(1995년) 된 이 시점에서 다시 희년의 정신을 되살리며 새로운 지평에서 통일 신학을 이야기하고 통일

---

20 안병무, "성서의 희년 사상, 그 가능성과 한계", 채수일 편, 『희년신학과 통일희년운동』(서울: 한국신학연구소, 1995), 21-32.

운동을 벌어야 하지 않는가.

"'땅은 하느님의 것이다 너희는 한 식객에 불과하다'를 무엇보다도 원칙으로 삼고 희년의 의의와 한계를 넘어서야 할 것입니다. 모든 권리, 남에게 힘으로 빼앗은 것은 다 돌려주어야 할 것입니다. 그것은 사람에서 짐승, 땅(自然)에까지 확대됩니다. 그것은 시혜施惠가 아니라 의무입니다. 인간은 소유자가 아니라 관리자에 불과합니다. 관리권은 계약대로 언제나 반납해야 하는 것입니다. 땅이 사람의 소유권에서 풀려나면 공公이 됩니다. 그런 상태를 성서는 '오직 하느님만'이라고 합니다."[21]

땅의 소유가 한반도 평화에 많은 걸림돌이 되고 평화 논의에 지장이 된다. 남한은 땅 투기로 가장 안전한 투자 대상이 되었고 땅을 가진 사람들은 계속하여 부를 확대·유지하고 있다. 통일된 후에는 이 땅은 심각한 문제로 대두될 수 있는 요인이다. 땅 소송 문제가 큰 사회 이슈로 제기될 것이다. 여기에 희년 신학은 중요한 의미를 가지고 있다.

성서에서 통일 신학 연구의 장을 제공할 수 있는 것이 무엇인가. 이스라엘 분열 왕국 시대와 남북 왕국의 관계(주전 931-722년)를 연구할 때 많은 시사점을 얻을 수 있다.[22] 남유다와 북이스라엘은 갈등 관계와 우호 관계를 동시에 가졌다. 두 나라가 공존하며 갈등하였지만 통일을 모색하던 시대는 히스기야 왕과 요시야 왕 시대였다.[23] 히스기야 왕(주전 716-687년 통치)은 예루살렘으로 제의를 중앙화하고 성전을 보수하고 유월절을 지키며 종교 개혁을 실시하였다. 그리고 북왕국 주민들을 예루살렘 성전 중심의 제

---

21 Ibid., 45.
22 김창락, "성서에 나타난 민족의 분열사", 채수일 편,『희년신학과 통일희년운동』(서울: 한국신학연구소, 1995), 75-84.
23 박신배,『구약의 개혁 신학』(서울: 크리스천헤럴드, 2006), 45-90.

의에 종교적으로 통합시키는 일을 하였다(대하 30장). 그는 온 이스라엘과 유다에 사람을 보내어 모든 이스라엘 백성에게 예루살렘으로 와서 성전에서 유월절 제의에 참여하라고 했다. 반응은 신통치 않았지만 이러한 통일 운동은 요시야 왕(640-609년 통치) 때까지 통일과 민족 통합의 희망을 이어 나갔다. 그는 종교 개혁을 대대적으로 단행하였다. 벧엘에 있는 산당과 제단을 허물고(왕하 23:15), 사마리아의 여러 성읍들에 있는 산당을 허물고 산당들의 사제를 불살라 죽였다(왕하 23:19). 또 그는 사마리아 므깃도 지방을 회복하려고 군사 작전을 펼치기도 하였다. 그러나 그의 불의한 전사로 인해 이스라엘 통일의 기회는 사라져 마침내 주전 587년 남유다는 역사의 뒤편으로 사라지고 말았다. 하지만 이스라엘은 사라지지 않고 포로에서 귀환하여 제2성전 시대를 거쳐, 마카비 왕조 시대를 이루었다. 또 다시 예루살렘 성전이 파괴되고 나라가 해체되는 불운을 맞았지만 이스라엘은 책의 종교, 디아스포라 종교를 만들어 세계로 흩어져 생존하고 다시 시온으로 돌아옴으로 현대 이스라엘이 존재하게 되었다.

박순경은 통일 신학에 대한 그림을 다음과 같이 그린다. "통일 신학은 오늘의 민족·민중·여성의 민주화·통일 운동을 주축으로 하여 한韓민족사와 세계를 조명하면서 한민족으로 하여금 하나님 나라의 도래를 향해 행진하게 하는 계기를 열어 놓는 사명을 가진다. 한민족·민중·여성은 자체에 주어진 한민족의 통일과 세계 변혁의 과제를 거듭 설정하고 관철해야만 영원한 역사적 의의를 획득하게 될 것이다."[24] 여기서 그는 통일 신학의 주제가 무엇이어야 하며 또 누구여야 하는지 분명히 밝히고 있다. 이 통일

---

24 박순경, "통일 신학의 정초를 위하여", 채수일 편, 『희년신학과 통일희년운동』(서울: 한국신학연구소, 1995), 195.

신학은 분단 극복의 신학이어야 하고, 동서양 신학의 융합과 생태학적인 자연의 통일, 성과 인종, 민족의 통일이어야 한다. 동·서양의 모든 사상과 철학, 의학 등 모든 동양의 것과 서양의 것이 만나는 작업을 선행해야 한다. 그 다음 서로 대화하고 더 좋은 것으로 융합·통일하여 하나님의 영광을 위한 통일 신학을 만드는 작업을 해야 하리라.

박순경은 통일 신학의 대화 파트너가 누구인지 언급한다. "통일 신학의 대화 파트너는 마르크스주의만이 아니다. 남과 북이 만나 대화할 때에 주체사상도 포함해야 할 것이다. 더 나아가서 통일 신학은 선仙-유儒-불佛, 무巫, 동학, 대종교와 같은 종교들과도 대화를 전개하여 한민족의 종교 사상들의 의의와 문제 등을 다루어야 할 것이다."[25] 평화는 종교 간의 대화 없이는 불가능하다. 적대자와의 관계에서 적대자상像의 해소 없이는 불가능하다.[26] 예수가 원수를 사랑하라고 강조한 것처럼 적대자상을 먼저 없애는 작업이 평화를 가져온다. 공동체의 평화를 위해서는 종교 간 대화가 무엇보다도 중요한 일이다. 상호간 종교 이해에서부터 대화에까지 이르는 과정은 갈등과 분쟁으로 치닫는 것을 막는 평화의 작업이 된다.

이제 실제적 문제로, 한반도의 평화는 무엇으로 가능한가. 그것은 남북한이 통일할 때 가능한데, 어떻게 통일하느냐가 문제이다. 지금 북쪽은 적화 통일론을, 남쪽은 평화 통일론을 주장하고 있다. 그렇다면 어떤 평화 통일이어야 하는가. 매번 대통령 선거가 있으면 이 통일론이 제기되곤 한다. 이원 집정제 연방정부론이나, 한 국가 두 체제론이 주장되고 있다. 정치적 통일론이 자주 논의되었지만 통일의 날은 아직도 가까이 온 것 같지

25　Ibid., 207.
26　윤응진, "평화 통일교육의 실마리", 『희년신학과 통일희년운동』, 554-67.

않다.

우리는 여기서 "어떻게 통일을 앞당길 수 있는가?"라는 주제로 통일 논의와 연구를 해야 한다. 신학도 통일을 위한 신학, 빠른 통일을 가져올 신학, 통일의 후유증을 빨리 치유할 수 있는 신학적 이론 정립 등 전면적이고 심원한 통일 신학을 연구하지 않으면 안 되는 시대적 요청 앞에 있다. 여기서 먼저 통일 신학을 정립하여 통일 운동을 다각적으로 벌여 나가고, 한국 교회와 성도들이 먼저 앞장서서 통일의 날을 준비하는 작업을 해야 하리라 본다.

민간 기업이 남북한 합작으로 개성과 나진 선봉 지역에서 공장을 운영하고 있는 변화된 현실에서, 북한 지역 선교를 위해 더욱 창의적이고 다양한 방안을 모색해야 한다. 먼저 탈북한 동포들을 도울 수 있는 사회 안정망과 함께 한국 사회에 잘 적응할 수 있는 프로그램을 개발해야 한다. 또 교회는 이들을 돕고 기독교 신앙 교육을 하여 다시 통일 이후 북한 사회를 복음으로 변화시킬 수 있는 인적 자원을 마련하는 일을 준비해야 할 것이다. 일례로 '새터민 정착사업' 같이 사회 복지 차원에서 이러한 일을 준비하는 사람들이 있다.

맺는 말

세계는 온난화 현상으로 생태계는 갈수록 파괴되고 있고, 전쟁은 아직도 그칠 줄 모르고 있는 등 점점 더 어려운 현실로 바뀌고 있다. 한반도 평화는 6자간 회담을 해도 밝은 미래가 열릴 것처럼 보이지 않는다. 이런 시대에 한국 신학은 어떤 방향을 모색해야 하는지 묻지 않을 수 없었다.

이 장에서는 그에 대한 해답으로 성서적 평화 신학과 평화 운동, 그리고 희년 신학을 통하여 이 시대와 사회를 변화시켜 통일의 미래를 열어가야 한다고 보았다. 또 우리는 평화 단체와 협력하여 지역 사회에 평화 운동이 일어날 수 있도록 기반을 다져야 한다고 덧붙였다. 아울러 기독교 평화 운동의 형태에는 무엇이 있으며, 평화의 정착에 이르는 단계들에는 무엇이 있는지 그리고 평화의 영성으로 이 세계에 평화를 가져오는 그리스도의 영성과 리더십이 무엇인지 알아보았다. 또한 한반도의 분단의 역사를 살펴보면서 미래의 평화가 어떻게 도래할 수 있는지와 그 가능성을 타진하였다. 여기서 우리는 민족에게 희망을 주는 신학이 왜 통일 신학이 되어야 하는지, 그리고 그 개념이 무엇인지 다시 한 번 살펴보아야 할 것이다. 앞으로 평화의 길로 나가는 데 이 글이 도움이 되기를 바라며 평화 신학, 통일 신학의 작업이 계속 되기를 소망한다.

11장

시편과 한국 문화

1. 들어가는 말

시편은 구약성서의 전승을 포괄하는 핵과 같은 책으로서, 전승이 시편
에서 구약성서로 확대 작업이 일어났다고 볼 수 있다. 그래서 시편에서
구약신학의 중심을 찾으려는 학자들의 노력은 이를 말해 준다고 보겠다.
궁켈이나 모빙켈, 크라우스, 링그렌 등이 그 예일 것이다.[1] 시편에서 한국
문화의 전형을 찾고 한국 문화적으로 이해하는 것은 한국의 정서에서 구약
이해를 제대로 하려는 시도라고 말할 수 있다. 따라서 이 논문에서는 한국
문화적 방법으로 시편을 이해하고자 한다. 한국 구약학자의 시편 이해는
그 좋은 모범이 되고 한국의 시조와 전래 고대 시, 기독교 시는 한국적 시편
을 형성하는 단초가 된다. 또 한국인의 정서가 담긴 아리랑과 시조, 전통가
요에서 시편 정신을 추출하는 작업을 통해 한국적 시편 이해 모색과 시편의
한국적 정서를 찾고자 한다. 이를 통해 한국 문화적 시편 연구의 새로운
연구가 이루어지고 한국적 성서 시편 연구가 활발해지기를 소원하며 연구

---

1 S. Mowinckel, *The Psalms in Israel's Worship* (Oxford: Basil Blackwell, 1982), 1-41.
   J. H. Eaton, *Kingship and the Psalms* (London: SCM Press, 1976), 9-20. J. Day, *Psalms*
   (Sheffield: JSOT Press, 1993), 11-12.

를 시작하고자 한다.

2. 한국 구약학자의 시편 이해

한국 초기 구약학자인 시편 연구가 김정준과 김재준, 문익환, 김찬국의 시편 이해를 살펴보는 것은 오늘 우리 한국 구약학자들이 시편 연구를 어떻게 해야 하는지 알 수 있게 하는 좋은 이정표가 될 것이다. 또한 기독교 사관으로 한국 문화와 역사를 본 함석헌의 우리 시편 이해와 김교신의『성서 조선』에서 시편 이해를 살펴보는 것도 우리 문화에 대한 좋은 모범이 될 것이라고 본다.

만수 김정준은 구약학자로서 시편 연구에 평생을 받쳤다. 석사 논문에서부터 시작한 시편 연구는 에딘버러 박사 논문, 「의지(Batah)에 나타난 히브리 경건 연구」에서 결실을 이룬다. 그 후에도 여러 편의 시편 연구는 한국 시편 연구의 귀감이 되었다.[2] 시편 113편 8절 설명에서 김정준은 한국 문화와 역사를 실례로 공평 사회의 실현을 강조한다. 하나님이 가난한 자의 신분을 고쳐 주시는 것을 "옛날 이조시대에 쌍놈으로 취급받아 온갖 불공평 속에서 신음하던 사람들을 양반 계급과 똑 같이 앉을 수 있게 만드심"과 같은 것으로 간주하는 것이다. "김정준은 그가 살았던 1970년대의 한국 사회를 불공평한 사회로 규정한다. 즉, 가진 자는 더 가지고 가난한 자는 더 가난해서 고통당하는 사회, 바꾸어 말하면 부익부 빈익빈의 사회

---

2 김영일, "김정준의 시편 113편 해석",『시편: 우리 영혼의 해부학』(서울: 한들출판사, 2006),
   245-247.

가 그 당시 한국의 불의한 현실임을 드러낸다. 공평하신 하나님, 심판하시는 하나님에 대한 신앙을 가지고 그리스도인이 불공평한 사회를 바로 잡고 개혁을 해야 한다는 것이 시편 113편에서 김정준이 선포하고자 하는 케리그마인 것이다."[3]

김정준의 시편 해석 방법은 케리그마kerygma 지향적 해석 방법으로서 해석자가 사는 시대의 국가, 사회, 개인 및 교회의 부정적 현실을 고발하는 메시지와 그러한 현실을 향하여 하나님께서 말씀하시는 메시지를 찾아 선포하는 방법이다.[4] 시편 135편에서는 역사의 주인이신 하나님은 찬양받으실 하나님이라는 사실을 시편 시인이 창조적인 창작가라고 언급하면서 강신명 목사의 박 대통령 국장國葬 예식(1979년 11월 3일)에서 성구로서 기도문을 작성한 것을 말한다. 이를 통해 민주화의 열망이 드디어 하나님의 역사 운행 속에서 이루어졌음을 선포하며 구속의 주님을 찬양해야 한다는 사실을 주지시킨다.

시편 136편 감사시편에서는 감사시를 친히 쓰는 시인으로서 김정준의 모습을 보인다. "하나님께 감사하라, 그는 선하시고 그 인자하심이 영원하시다. 삼천리강산을 주신 하나님께 감사하라. 그는 선하시고 그 인자하심이 영원하시다. 슬기롭고 용감한 민족사를 기록케 하신 하나님께 감사하라. 그는 선하시고 그 인자하심이 영원하시다. 거듭되는 외적의 침략에서도 지켜 주신 하나님께 감사하라. 그는 선하시고 그 인자하심이 영원하시다. 8·15 해방을 주신 하나님께 감사하라. 그는 선하시고 그 인자하심이

---

3 김영일, "김정준의 시편 113편 해석", 256.
4 장영일, "김정준의 시편 명상에 나타난 경건 이해", 김정준 구약학연구회 편,『만수 김정준 구약신학』(서울: 경건과 신학연구소, 2004), 240-241. 재인용, 김영일, 윗의 글, 255. 김이곤,『시편 시문학의 신학』(서울: 한들출판사, 2006), 165-171.

영원하시다. 6·25 전쟁 때도 망하지 않게 하신 하나님께 감사하라. 그는 선하시고 그 인자하심이 영원하시다. 유신체제 오랜 독재도 물러나게 하시고 자유와 민주의 새 역사의 장을 열어주셨으니 그는 선하시고 그 인자하심이 영원하시다."[5] 우리 역사를 감사시편으로 편곡하여 부르는 것은 가히 구약 시편 학자다운 모습이다.

더욱 시편 137편 "버드나무에 수금을 걸다"도 우리 민족의 수난사를 보여 준다고 다시 노래한다. "북해도 탄광에서나 만주 벌판에서 서울을 생각하고 우리는 울었다. 저기 버드나무 가지에 우리의 퉁소도 달았다. 우리의 장고도 달아 버렸다. 아, 우리를 징용해 온 이 자들이 즐기도록 어찌 양산도를 부르리! 어찌 아리랑을 부르리! 내 조국 노랫가락을 이 이역에서 부를진대 내 혀여, 입천장에 붙어 버려라! 내 겨레의 노래에 맞추어 장구를 칠진대 내 손가락이여, 장고에 붙어 버려라." 고난의 역사 속에 가장 많이 애독한 이 저주시편의 신학적 난해성을 시인의 인간적 고뇌와 실존 이해로 잘 풀어낸다.[6] 김정준은 시편의 결론시편으로 150편을 끝맺으면서 "찬송 따라 천리千里"라고 제목을 잡고 글을 쓴다. 삼천리 동산 우리 노래가 울려 퍼지기를 소원하고 우리의 노래와 작사가 되기를 기원하다. "한국 찬송가만으로 부를 수 있는 날은 아직도 우리에게는 먼 훗날이 될 것이다. 이제부터는 부지런히 한국 찬송가를 짓고 만들어 부르자. 그리하여 '찬송 따라 3천리'의 실천을 각 신도와 각 교회가 시도해 보아야 하겠다. 그리고 우리의 전통 문화가 남겨 준 악기들을 교회가 대담하게 예배와 찬송에 동참케 하도록 하자. 북도 치고 장고도 치고 나팔도 불고 거문고도 타고 비파도 치고

---

5 김정준,『시편 명상』, 429.

6 김정준,『시편 명상』, 431-33.

퉁소도 생금도 다 하나님을 찬송함에 사용되게 하자."[7]

김정준은 이 시대의 시인 정신을 가지고 사회의 불의를 신랄하게 지적하며 시인의 노래로 아름답게 승화하여 한국인의 풍류와 해학으로 풀어낸 이 시대의 시편기자라고 말할 수 있다. 그의 시 세계는 시편의 한국 문화적 요소에서 후론하고자 한다.

씨올 사상가인 함석헌은 『성서적 입장에서 본 세계 역사』와 『뜻으로 본 한국 역사』에서 한국의 수난 사관을 보여 주며 고난의 시편을 이야기한다.[8] 함석헌이 말하는 시편은 역사시편이라고 말할 수 있다. 한국 역사 속에서 씨올의 소리, 민중의 소리를 대변한다. 세계사의 뜻을 깨닫는 대예언자와 대시인의 입장에서 역사의 시편을 노래한다. 함석헌은 생명의 의미에서 시편 195편을 인용한다. "해는 그 방에서 나오는 신랑과 같고 장사와 같이 그 길을 빨리 가는도다." 시인에게는 태양은 결코 죽은 것이 아니요, 저를 향하여 말하고 대답하는 산 자였으니 이는 저가 이 우주를 하나님의 영광을 드러내는 것으로 보기 때문이다. 우주의 창조와 신비에 대하여 시편 90편 1-4절을 인용하며 말한다. "주께서 사람을 티끌로 돌아가게 하시고 말씀하시기를 너희 인생들은 돌아가라 하셨사오니, 주의 목전에는 천년이 지나간 어제 같으며 밤의 한 경점 같을 뿐임이니이다."[9]

또한 함 선생은 영국의 시인 쉘리(1792-1822)를 좋아하여 서풍의 노래를 소개한다. "오 사나운 서풍아, 너 가을의 산 숨결이여, 네가 볼 수 없이

---

7 김정준, 『시편 명상』, 477.

8 함석헌, 『뜻으로 본 한국역사』(서울: 한길사, 2006), 238-39, 287, 466-68. 함석헌, 『역사와 민족』(서울: 제일출판사, 1973), 55, 233. 이준, 『함석헌의 고난사관의 현대적 이해: 뜻으로 본 한국역사를 중심으로』(그리스도대학교 신학대학원, 석사논문, 2001), 4-20, 39-51.

9 함석헌, 『역사와 민족』, 333.

올 때 그 앞에 몰리는 시든 잎새들은 마술사에게 쫓기는 유령의 떼와 같으니… 예언의 나팔 소리를 외치라, 오 바람아, 겨울이 만일 왔거든 봄이 어찌 멀었으리오." 그가 쉘리를 좋아하는 이유는 권위에 반하고, 미래를 희망하는 두 가지 정신으로 일관되었기 때문이라고 밝힌다.[10] 함석헌의 예언적 사상이 쉘리의 시 정신에 바탕을 두고 있음을 살필 수 있다. 쉘리는 "우리의 가장 아름다운 노래는 가장 슬픈 생각을 말한 것이라"고 읊었고, 그래 그저 걱정을 모르고 노래에만 전혼全魂을 쓰는 종달새가 부러워서 우리는 이렇게 비참한데 너는 어찌 그리 즐거우냐고 했지만, 다시 생각해 본다면 종달새도 즐거워서만 노래하는 것은 아니다. 저는 우주의 깊은 속에 박혀 있는 어찌 할 수 없는 슬픔 때문에 웃어 보고 기쁜 노래를 불러 완화를 해가며 살아볼까 하는 인생이다." 존재하는 종교에서 인생의 의미와 종교의 문제를 다루면서 언급하는 대목이다.[11]

그는 한국의 시인으로서는 성삼문을 존경한다. 그를 스데반으로 묘사하고, 시를 소개한다. "이 몸이 죽어가서 무엇이 될꼬 하니 봉래산 제일봉에 낙락장송 되어 있어 백설이 만건곤할 제 독야청청하리라." 함석헌은 성삼문이 우리 역사의 유일한 의인이라고 하며 4000년 역사에 기억할 만한 인물이라는 것, 그를 통해 의義의 씨가 끊어지지 않은 것이 증명되었다고 말한다. "우리도 오히려 부끄러움을 참고 낯을 들 수가 있다. 죽은 삼문 하나가 산 이천만보다 더 생기 있게 살았다."[12] 이러한 평가는 함석헌의 인생의 목표와 이상이 어디에 있었는지 알게 하는 대목이다.

역사의 아이러니는 순교한 영웅을 숨기고 승리하여 정권을 잡은 사람

---

10 함석헌, 『역사와 민족』, 237-39.
11 함석헌, 『한국기독교는 무엇을 하려는가, 함석헌 전집 3』(서울: 한길사, 1983), 345.
12 함석헌, 『역사와 민족』, 318-19.

의 역사를 기록하는데, 함석헌은 최영과 정몽주를 되살리고 있다. "이 몸이 죽고 죽어 일백 번 고쳐 죽어 백골이 진토 되어 넋이라도 있고 없고 임 향한 일편단심 가실 줄이 있으랴." "가실 줄이 없다. 그 마음이야 영원히 변할 리도, 죽을 리도 없는 마음, 최영의 마음이나 정몽주의 마음인 또 그 주인 정몽주를 따라 죽는 그 종의 마음이나 다를 것이 없는 마음이요, 그 마음 하나만 살면 역사는 다시 일어나고야 말 것이다."[13]

함석헌은 역사의 비운을 맞이한 단종을 부각하여 왕방연의 노래나 단종의 노래를 소개하고 영월에서 쓴 자규시子規詩를 소개한다. "원통한 넋 새 되어 집 잃고 나온 뒤에 외론 몸 짝 그림자 헤매느니 푸른 산속, 밤마다 밤마다 속이는 잠잠 아니 속고, 해마다 해마다 다하는 한 다하지 않네. 소리 죽은 새벽 재에 기우는 달 희었고, 피 흐르는 봄 골짜기 지는 꽃만 붉고나. 하나님 귀먹어서 내 하소연 안 듣는데 수심 많은 사람 귀는 어이 그리 밝은 고."[14] 이것은 시편의 탄식시와 같은 것으로써 사울의 노래가 구약 시편에 없는 것을 볼 때 함석헌의 역사의식에서 나오는 탄식시, 저주시편은 새로운 한국의 한恨의 차원에서 승화시키고 있다. "천고청비天高聽卑라, 하나님 은 낮은 자, 눌린 자의 하소연을 반드시 듣는다. 수난의 한국을 상징하는 이 슬픔의 소년이 견디다 못해 발하는 그 비명을 아니 들을 리가 없다."[15] 단종의 노래가 바로 한국의 노래라는 이 말은 시편의 노래가 누구의 노래인 가를 생각하게 하는 장면이다.

함석헌은 고난의 노래를 부르면 희망이 있으리라고 한다. "이 여울을 건너면 골고다가 있다. 고난의 임금에게 그것이 무슨 소용이 있느냐. 오직

13 함석헌, 『뜻으로 본 한국역사』, 237-238.
14 함석헌, 같은 책, 287.
15 함석헌, 같은 책, 288.

이 짐만 져라. 이 지워주는 십자가만 사랑으로, 믿음으로, 소망으로 지고 건너라. 그러면 이제 우리 입에서 노래가 나올 것이다. '내 님을 가까이 더 가까이 올라가는 길은 십자가나 나를 늘 노래로 내 님을 가까이 내 님만 가까이 더 가까이. 헤매는 나그네 해는 지고 어둠이 덮칠 때 찬 돌 베게 자는 꿈속에도 내 님을 가까이 내 님만 가까이 더 가까이. (중략) 가벼운 날개 쳐 하늘 날 제 해 달 별 다 잊고 올라가리 영원히 노래로 내 님을 가까이 내 님만 가까이 더 가까이'."[16]

일제 강점기의 독립 운동을 위해 문서 작업을 하며 『성서 조선』이라는 성서 잡지를 통해 민족의 부활과 회복을 기대했던 김교신은 「시편 강해」에서 시편 121편과 23편을 해설하였다. 하나님에 대한 인간의 절대적인 신뢰를 노래한 시편 121편은 아프리카 전도 사업을 사명으로 택한 리빙스턴이 1840년 12월 7일 아침에 아프리카로 떠나면서 가족과 함께 읊은 것이라고 말하고, 오산 학교를 세워 민족 교육에 힘쓰다 서거하시면서도 백골까지도 학습 자료 표본으로 만들어 받친다고 유언하신 이승훈 교장의 위대한 영혼을 보내면서 읊고 강해하고 있다. 시편 23편은 여호와를 목자로 비유한, 유랑의 여정에서의 신뢰·의지 시이다. 김교신은 시편 23편을 강해하고 수필을 첨가하고 나서 다음 말을 하였다. "이 세상 고난에서 이 시로써 하나님께 신뢰하고 이 인생의 황혼에서 최후의 숨을 거두려 할 때에 이 믿음과 희망의 노래로써 저 나라 길로 떠난 이는 복 있도다. 원컨대 우리 입술에도 평생토록 이 시가 있고 최후의 순간에도 무한한 힘이 되기를!"[17]

---

16 함석헌, 같은 책, 466-467.

17 김정환, 『김교신: 그 삶과 믿음과 소망』(서울: 한국신학연구소, 1994), 92.

　　김교신은 일기(1932년 설날)에서 한국의 시편 넷을 열거하고 있다. 〈동아일보〉에 유익한 글이 보였다고 말하며 소개하고 있다. "태산이 높다 하되 하늘 아래 뫼로다. 오르고 또 오르면 못 오를리 없건만 사람이 제 아니 오르고 뫼만 높다 하더라"(이이李珥). 이성계의 "이런들 어떠하리 저런들 어떠하리 만수산 드렁칡이 얽어진들 거 어떠하리 우리도 이와 같이 얽어져서 백년까지 하리라." 함석헌은 성삼문의 시조와 정몽주의 시조를 읊으면서 민족지도자의 정서를 함양하고 있는데,[18] 김교신이 이성계의 시를 인용한 것은 함석헌에게는 이해될 수 없는 부분이었다. 하지만 일제라는 상황에서는 좌우 합작이라도 해서 민족 독립이라는 과제를 해결해야 하는 시급함을 강조하는 부분이다. 어떻든 이 시를 읽으며 민족의 한恨을 달래고 있고 한국인의 기상과 굽힐 수 없는 민족 의지를 말하고 있는 것이리라.

　　장공 김재준(1901-1987)은 성 프란체스코의 영성을 추구하면서 정의의 예언자로서 독재 군사정권에 저항하였던 시대의 엘리야였다. 그는 구약학자로서 시편에 대한 연구는 하지 않았지만 장공의 『성서 해설』에서 이사야의 정치관과 정의와 평화의 관한 해설을 살필 수 있다. 장공은 이사야를 위대한 예언자임과 동시에 정치가였으며 시인이었다고 평가한다. 시편 72편 1-2절의 새로운 왕이 공의와 정의를 실현하도록 하나님께 호소하는 장면을 소개하고, 자연의 은유를 통해 대제국과 약소국 사이에 전쟁이 끝난 국제적 평화의 비전을 묘사한다(사 11:6-9). 이 평화 사상은 장공이 그리는 '우주적 사랑의 공동체'와 유사하다. 죄악이 없고 공의가 바다에 물 덮이듯 하는 곳이다.[19]

---

18 김정환, 『김교신: 그 삶과 믿음과 소망』, 209.
19 이영미, "장공과 이사야", 『장공 김재준의 신학세계』(서울: 한신대학교 출판부, 2006), 95-113.

만우 송창근의 일즉다─卽多 신학은 '하나와 많음'으로서 하나는 절대
의 하나요, 피와 눈물이 있는 하나요, 생명이 약동하는 하나요, 인격적 사귐
가운데서만 직면하는 하나요, 절대의 하나라고 말하면서 매우 역설적인
'대극일치' 논리로써 하나의 신비를 고백한다. 일─과 다多의 관계, 한 분
하나님과 만유 피조물과의 관계를 설명한다. 이 일즉다─卽多 신학과 장공
의 '우주적 사랑의 공동체 신학'이 유사성이 있고, 우리 신학의 씨앗은 장공
에게서 더 많은 터를 닦게 된다.[20] 우주적 사랑의 공동체는 예수를 그리스도
로 신앙 고백하는 기독교인 이외의 우주 안에 더불어 사는 타종교인들과도
함께 사랑으로 삶을 살아가는 공동체라는 말이다.[21] 이처럼 한국 문화 신학
자인 장공은 한국 민족과 기독교의 결합을 위해서 우선 민족의 혼과 정기를
긍정적으로 말한다. "우리 민족은 우리 민족 특유의 민족혼이 있다. 우리
민족 공동체의 정신적 주체성이 있다. 전에는 이것을 민족정기라 했다. 정
기는 생동하는 혼이다. 우리 민족정기는 영존할 것이다."[22] 김재준의 삶을
잘 표현한 조시는 장공의 삶을 잘 표현해 주고 있다. "위선과 독선으로 독기
를 뿜는, 살인과 전쟁으로 피비린내 나는 오만불손한 기독교의 역사를 당
신은 툭 꺾어, 민족사 속으로 겸손하게 끌어들이는 만용을 부리신 겁니다.
드디어 두 역사는 소리치며 도도히 흐르기 시작했습니다. 마침내는 분단의
찌꺼기를 깡그리 쓸어내고 통일의 대해에 이른 것입니다. (중략) 정몽주가
옛 질서를 지키려다가 죽어간 고풍 창연한 솔이라면 스승이시여 당신은

20 김경재, "만우·장공 신학의 유형적 특징 비교와 신학교육에서 그 통전의 과제", 『장공 김재준의
    신학세계』(서울: 한신대학교 출판부, 2006), 163-167.
21 박영배, 『김재준의 문화 신학에 관한 연구: H. R. 니버의 가치변혁설과의 관련을 중심으로』(한
    신대학교 신학대학원, 석사학위논문, 1995년), 106.
22 박재순, "한국민족과 김재준의 신학적 주체성", 『장공 김재준의 신학세계』(서울: 한신대학교
    출판부, 2006), 185. 재인용, "민족 정기의 성쇠도 기독교", 『김재준 전집 18』, 380-381, 383.

불어오는 바람과 맞서서 내일의 꿈을 휘날리는 낙락장송이십니다(장공의
제자 문익환)."[23]

토착화 신학자 김재준 저작『시편』은 구 찬송가 261장에 잘 표현되고
있다. "옥토에 뿌리는 깊어 하늘로 줄기가 치솟을 때 가지 잎 억만을 헤어
그 열매 만민이 산다. 고요한 아침의 나라 일꾼을 부른다. 하늘 씨앗이 되어
역사의 생명을 이어가리."

장공에 뒤를 이어 늦봄 문익환(1918-1994)은 그 다음 구절 찬송가 시
편을 쓴다. "맑은 샘 줄기 용솟아 거칠은 땅을 흘러 적실 때 기름진 푸른
벌판이 눈앞에 활짝 뜨인다. 고요한 아침의 나라 새 하늘 새 땅아 길이 꺼지
지 않는 인류의 횃불 되어 타거라." 또 그는 공주 교도소에서『히브리 민중
사』저작을 하면서「발바닥 얼굴」시를 쓴다. "더러는 크고 더러는 작다뿐,
모두모두 특징 없는 얼굴이구나, 눈도 코도 귀도 없는 그 얼굴이 그 얼굴인
온몸으로 땅에 꾹꾹 찍힌 백성의 마음이구나, 백성의 한결같은 마음이구
나, (중략) 풀뿌리들의 마음 이슬 되어 새벽을 기다리는 열린 가슴이다가
굽이굽이 끝없는 길 오늘도 가고 내일도 가야 할 만신창이 우리의 역사이구
나, 찢어지고 터진 아픔 서로 싸매 주며 얼싸안고 일어서는 사랑이구나,
너와 나의 어쩔 수 없는 얼굴이구나."[24] 발바닥의 역사, 민중의 삶과 애환을
중요한 신학적 주제로 삶고 구약 이야기를 전개하는데, 구약이 한편의 시
로 전달되고 있다. 문익환은 시편만의 시가 아닌 창세기부터 예레미야까지
의 민중 예언자와 그들의 시를 소개한다.

---

23 박재순, 위의 글, 189.
24 문익환,『히브리 민중사』(서울: 삼민사, 1991), 10-11.

출애굽 하비루의 오뚝이 정신을, 「난 발바닥으로」라는 시로 표현한다. "하느님, 이 눈을 후벼 보시라구요 난 발바닥으로 볼 겁니다. 이 고막을 뚫어 보시라구요 난 발바닥으로 들을 겁니다. (중략) 창을 들어 이 심장을 찔러 보시라구요 난 발바닥으로 피를 콸콸 쏟으며 사랑을 할 겁니다. 장작 더미에 올려놓고 발바닥 째 불 질러 보시라구요 젠장 난 발바닥 자국만으로 남아 길가의 풀포기들하고나 사랑을 속삭일 겁니다." 야훼는 이런 하비루 들의 외침인 거죠. 이를테면 발바닥 외침이요, 발바닥 사랑인 거죠. 굽이굽 이 한 많은 가슴들에서 울려 나오는 깊은 산 메아리인 거죠. 늦봄은 이렇듯 시 풀이를 하고 있다.[25] 「십계명」이라는 시에서는 단순한 도덕률의 차원을 뛰어넘는 민초의 새 공동체의 기틀을 말하고 있다. "피에 절은 땀내가 소리 치면서 뜨거운 파도가 모래를 날린다. 성난 시내산 헉헉 안으로만 숨을 몰아쉬다가 그만 가슴이 터져 불을 쏟는다. 모래불 위에 떨어지는 불꽃, 불꽃처럼 뒹구는 살점 살점 모래알을 입술로 부수던 40년 불이 탄다, 채찍 소리 불길을 끊으면서 모세의 등허리에 열 줄 핏자국이 패인다."

늦봄 문익환은 히브리 민중의 첫 시련, 다윗의 비극. 비극의 씨앗 이스라 엘의 분단 역사를 다루고, 엘리야에게서 저항 운동의 물줄기를 튼다고 본 다. 봇물 터지다, 민중의 힘으로 예언 운동을 본다. 아모스, 재야의 목소리 터지다. 호세아는 온몸으로 사랑을 토하는 예언자, 시온의 예언자 이사야, 농민 예언자 미가, 분노와 고뇌로 뒤범벅이 된 세 예언자: 나훔, 스바니야, 하바국. 시대의 풍운아, 만방의 예언자 예레미야를 다루며 옥중서신을 써 서 발바닥 역사의 시 교과서를 내놓는 것이었다.

미가에서 한국 농민시인 김용택의 「마당은 비뚤어졌어도 장구는 바로

---

25 문익환, 같은 책, 29-30.

치자」라는 시를 소개한다. "환장허겄네 환장허겄어 아― 농사는 우리가
쎄빠지게 짓고 쌀금은 저그덜이 편히 앉아 올리고 내리면서 며루 땜시 농사
망치는 줄 모르고 나락도 베기 전에 풍년이라고 입맛 다시며 장구 치고
북치며 풍년 잔치는 저그덜이 먼저 지랄이니 우리는 글면 뭐여 (중략) 우리
는 넓디넓은 평야여 두고두고 보자닝게 군대식으로 혀도 너무들 허는디
우리는 말여 옛적 부텀 만백성 뱃속 채워 주고 마당은 비뚤어졌어도 장구는
바로 치고 논두렁은 비뚤어졌어도 농사는 빤듯이 짓는 전라도 농군들이랑
게." 늦봄은 김남주의 「마수」 시를 소개하며 미가 예언자의 마음을 대신한
다. "무릎까지 들어간 농부의 허벅지에서 피를 빨아 피둥피둥 살이 찐 거머
리 같은 놈 노동자의 등에서 이윤을 짜내고 그 위에 다시 거부巨富를 쌓아
올린 흡혈귀 같은 놈 이들을 등에 업고 야수적 공격으로 인간의 이성을
파괴하고 끊임없이 끊임없이 끊임없이 날조된 허위로 위기의식을 조장하
고 안보라는 이름으로 테러적 탄압으로 민족의식을 마비시킨 산적 같은
놈 목에 칼이 들어가야 놈들은 착취·수탈·억압의 마수를 놓는단 말이다."[26]

하박국 예언 시에서 늦봄은 「예수의 기도 5」 자작시로 양심의 소리를
소개한다. "그야 그렇지요 그러나 어쩌면 좋습니까. 그 날이 오기 전에 정
의가 한강물처럼 흐르고 사랑이 대동강처럼 흐를 그 날이 오기 전에 시들어
떨어지는 저 꽃송이들을 숨이 막혀 터지는 저 가슴들을 땅에 영영 묻혀
버리는 아름다운 꿈들을." 늦봄은 친구 윤동주 시인을 일찍 잃어버리고
시 세계에 천착하면서 어두운 역사에서 자신이 나이 많이 산 것을 부끄러워
하며 구약성서 학자로서, 한국 시편기자로서, 고뇌하는 시인으로서 삶을
살아간다.

---

26 문익환, 『히브리 민중사』, 195-197.

김찬국의 시편 이해는 민중의 고난과 함께 하는 인권人權 옹호 위에 있다. 참회록 인간성이라는 글에서 구약의 시편 애독에 대하여 말한다. 그는 어거스틴의 회개에 대하여 언급한다. "387년 9월 삼십삼 세였던 어거스틴은 밀란에 있는 자기 집에서 회개하고 개종하였다. 그의 회개는 기도를 계속하는 가운데 구약성경 시편 76편 5절과 8절을 읽어 보라는 지시를 기도 중에서 받고 읽었다고 한다. 위대한 인물의 배후에는 위대한 회개와 전환의 독백이 숨어 있는 것이다. 어거스틴은 세례를 받기까지 시편을 공부하는 가운데 많은 시편들이 죄를 참회하는 슬픈 탄식조에서부터 하나님의 무한한 자비를 찬양하는 승리의 노래로 변화하고 있는 것을 발견하였었다."²⁷ 어거스틴은 암브로시우스에게 세례를 받았는데 그 세례식에서 시편 43편이 불려졌다고 한다. "내가 믿는 것은 나의 활이 아니었고, 승리를 안겨준 것도 나의 칼이 아니었습니다. 우리의 반대자들이 수치를 당한 것은, 그것은 바로 당신 덕분이었습니다. 그러므로 우리의 자랑은 언제나 하나님이었고, 우리는 당신의 이름을 항상 찬양하였습니다"(시 43:6-8).

김찬국은 밀란의 암브로시우스 감독과 테오도시우스 황제 간의 일화를 소개한다. 테오도시우스 황제가 무고한 시민들을 수천 명 학살한 죄를 지었다. 끔찍한 학살 사건이 터지자 교회의 감독인 암브로시우스는 "당신이 당신의 범죄에 있어서는 다윗을 닮았으니 당신이 회개하는 데에도 다윗을 닮으소서"란 말로 호소했다고 한다. 그렇게 여덟 달을 졸랐지만 번번이 거절당했다. 그러나 마침내 왕의 양심이 그의 교만을 정복하고 교회의 소리에 복종하게 되었다. 테오도시우스는 시편 119편 25절 이하를 읽으면서 하나님께 회개하였다고 한다.

---

27 김찬국,『지금 자유는 누구 앞에 있는가』(서울: 오상사, 1984), 80.

"내 영혼이 먼지 속에 처박혔사오니 말씀하신 대로 이 몸을 살려 주소
서"(25절)

"나의 영혼이 괴로워 잠 못 이루오니 말씀하신 대로 나를 일으켜 주소서
다시는 거짓된 길로 가지 않게 하시고 당신의 법의 은총을 나에게 베푸소서
진리의 길을 나는 택하였사오니 당신의 결정을 내 앞에 내리소서"(시
119:28-30)

시편에 의한 이런 회개가 국가와 교회 사이에 새로운 다리를 놓았을
뿐만 아니라 종교와 정치 관계에도 새로운 영향을 준 정신적 영양제가 되었
다. 암브로시우스 감독은, "이제부터 교회는 왕국 안에 있지 않다. 그러나
황제는 교회 안에 있다"라고 말함으로써 중세기 이후의 교회와 정치의 한
계를 새롭게 설정하는 새로운 방향을 제시하였다. 왕 체제나 정부 체제는
늘 변화할 수 있는 것이고 교회가 부르짖는 소리에 경청해야 한다는 것을
뜻하는 말이라고 보겠다.

김찬국은 이 일화를 소개하면서 다윗과 나단의 관계를 이야기한다. 시
편 51편은 다윗이 밧세바와 정을 통한 다음 예언자 나단이 찾아왔을 때
지은 시라고 알려진 참회시이다. 이 시를 소개하면서 정권을 잡은 사람들
이 교만의 죄에 빠지기 쉬운 것을 언급하면서 다윗과 테오도시우스 황제의
회개처럼 회개의 역사가 일어날 때 민족적인 구원을 기대할 수 있다고 말한
다.[28] 김찬국은 군사 정권의 독재 상황에서 인권 변호와 한국 민주화 운동을
위한 용기 있는 말과 글을 표출하고 있는 것이다.

김찬국은 한국의 시편을 3·1 운동 기념 예배 때 부를 독립선언서가

---

28 김찬국, 앞의 책, 83.

3·1절 노래가 되어야 한다고 보았다. 그래서 이스라엘에서 가장 중요한 사건이 출애굽인 것과 같이 우리에게는 3·1절이라는 사실을 기억해야 한다. 3·1 운동은 한국판 출애굽 운동이라고 말한다. "매년 3월 1일 주일예배 때에는 각 교회가 강단에 태극기를 걸고 예배를 시작하기 바란다. 애국가, 찬송, 기도, 성경 봉독, 독립선언서 낭독, 3·1절 노래, 설교, 찬양(어린이들은 유관순 노래), 회고담(회고담을 할 수 있는 분을 모시는 경우), 찬송, 만세삼창(태극기를 나누어 주거나 가져 오도록 하여), 축도, 이런 예배 순서로 짜면 된다. 또 기념 예배에는 지방 유지나 시민들을 초대하여 함께 예배에 참여케 하여도 좋다. 국기에 대한 경례는 예배 순서에는 넣지 않는다. 순국선열에 대한 묵념은 기도를 맡은 분에게 뜻을 알려서 기도하도록 하면 된다.[29]

　김찬국의 애독 시편은 23편이다. 그는 수업 시간에 이 시편 23편을 암송하였고, 글에서도 인권을 옹호하기 위해 인용하고 있다. "사망의 음침한 골짜기(시편 23편)에 도사리고 있는 도적떼와 이리떼의 습격에서 양치기 목자들이 자기들의 어린 양들을 보호하여야 하고, 피해를 입지 않도록 지팡이와 막대기를 사용하는 것처럼(시편 23편 내용), 오늘의 산업 선교도 근로자들이 피해를 입지 않도록 지도하며, 만일에 상해를 입으면 기름을 발라 싸매 주는 목자처럼 위로하고 격려하고 실망하지 않도록 돌보아 주는 산업 목회, 근로자들의 목회의 임무를 수행하고 있는 것이다. 교회 목회로서 근로자들의 문제와 요구를 채울 수 없는 특수한 선교 방법과 권익 옹호를 위한 공동적 대책을 마련해 나가고 있는 것이다."[30] 김찬국의 시편 사랑

29　김찬국, 『지금 자유는 누구 앞에 있는가』, 137.
30　김찬국, 위의 책, 341.

이 어디를 향하고 있는지 볼 수 있는 대목이다.

3. 구약 시편과 한국의 노래와 시

우리 노래 '아리랑'에서 구약 시편의 원형을 찾을 수 있다. 그래서 조태
영은 시편과 아리랑의 유사 관계를 연구하였다. 그는 먼저 아리랑의 기원
을 밝힌다. 그는 아리랑의 기원이 여럿 있지만, 상고 시대의 난생 신앙에서
알맞이 노래로 보고, 겨레의 얼과 신앙을 함축적으로 담은 신가神歌였다고
주장한다.[31] 아리랑의 후렴은 우리 민족의 신앙 원형을 응축한 하나의 신조
적 의미를 지닌 구절이라고 본다. 아리랑 고개는 기독교 용어로 골고다라
고 볼 수 있고, 골고다는 새 생명이 나타나는 곳, 기독교의 아리랑 고개라고
할 수 있다고 말한다. 아리랑은 새 생명의 탄생을 위하여 겪는 모든 것을
노래한다. 이별, 버림받음, 억눌림 등 고난받는 현실을 호소하고 탄원한다.
이 골고다는 피 흘리는 아리랑 고개이다. 시편에는 골고다와 아리랑 고개
의 모티브가 많다고 본다. 시편과 아리랑은 근원적으로 알맞이 노래라는
것이다. 하나님(천제)으로부터 임금, 구원자, 남녀 연인에 이르기까지 임
을 그리고 기다리고 맞이하면서 부르는 노래라고 본다.[32]
조태영이 말하는 아리랑의 기원은 원시 출산굿에서 불려지다가 건국
신화에 수용되었다는 것이다. 하늘에서 내려오는 신성한 임금(천제 자 혹
은 천제 손)을 맞이하는 제의의 맞이노래로 불려지게 되었다. 아리랑의

---

31 조태영, "시편에서 듣는 아리랑", 『시편: 우리 영혼의 해부학』(서울: 한들출판사, 2006), 507.
32 조태영, 같은 글, 509.

근원적 뜻은 '알앓이'로서 출산의 고통을 넘기고 새 생명을 낳게 해달라는 탄원이다. 또 아리랑의 의미는 '알이 났다'는 것이다. 알의 출산을 환호하고 경축하는 것이다. 알은 생명체의 원형이고, 한올은 궁극적 생명, 생명의 근원을 가리키는 말이다. 건국 신화에서 시조들이 알에서 나왔다고 하는 것은 바로 신성한 '새 생명'에서 나왔다는 것으로서 크고 밝은 세상(나라)이 임금이라는 의미이다. 그래서 궁극의 '올'은 하늘(天)이고 그 주체는 '한올님〔天帝〕'이다. 한올님(〉하날님 〉하나님/하느님)의 아들이 작은 알 속에서 태어나 이 땅 위에 한올님의 나라를 세웠다는 것이 우리 건국 신화의 속뜻이다. 고구려의 시조 주몽과 신라의 시조 박혁거세, 가야의 시조 수로 등 탄생 신화가 다 알에서 태어난 것이다. 그래서 한올님 나라가 열리기를 바라며 부르는 노래가 아리랑이었다.[33]

    하늘 임금 맞이 환희가 단군 신화나 주몽 신화, 가야의 수로 신화 등에 나타났고, 이스라엘 건국 신화에도 나타난다고 보았다. 이스라엘은 늘 하나님의 통치가 이루어지기를 바랐고, 그래서 하나님이 임금님이라는 사실을 고백하고 하나님의 통치, 신율神律 통치를 노래하였다. 그것이 시편 47:7, 74:12에서 기도를 들어주는 임금님(시 5:2), 영원무궁토록 왕이시니(시 10:16), 하나님은 영원토록 송축할 왕이요(시 145:1), 영원토록 영광 받은 왕이다(시 24:7-9). 하나님은 만유를 사랑으로 통치한다(시 103:8). 이스라엘은 하나님의 나라가 영원하고 그 통치는 끝없이 이어지리라 환희의 찬미를 올린다(시 145:13). 이스라엘의 찬미 속에서 아리랑의 찬미를 듣게 된다. "올이으이랑 올올이가 났네", "한올님이 오셨네. 한올님이 다스리시네"라고 외치며 춤추고 기쁨의 노래를 부르는 조상들의 축제를 본다

---

33 조태영, 같은 글, 510-13.

(시 100:1- 2; 시 98:4-9).

하늘 임금 맞이의 고난과 아리랑의 고난이 유사하다는 것이다. 다윗이 왕이 되기까지의 겪은 일들은 개인의 일이 아니고 다윗 왕국 건국의 사적이다. 그것은 다윗 왕조가 탄생하기 위하여 겪은 고난과 구원의 역정이다. 그것을 노래한 다윗의 시편들은 이스라엘의 건국 아리랑이라 할 수 있다. 아리랑 고개는 탄생의 고개이자 고난의 고개이다. 조태영은 시편 88:3-6, 시편 116:3-4, 시편 118:25, 시편 22:1-2, 시편 39:12, 시편 102:2 등을 통해 주몽 모자의 고난을 해설한다. 주몽과 유화의 고난의 목소리가 이 시편에 담겨 있다는 것이다.[34] 주몽과 다윗 이야기를 교차하여 대적에게 쫓길 때 부르짖는 노래로 시편 3:1, 시편 6:6-7, 시편 13:1-2, 시편 5:1-2 등을 들고, 이스라엘이 홍해 바다를 건널 때에 상황을 시편 18:16, 시편 18:20-21, 시편 118:5, 시편 118:11-14을 들며 주몽이 엄체라는 강에서 황천후토께 기도하고 강물을 치니 물고기와 자라들이 떠서 다리를 놓아 주어 건너게 되었다는 이야기를 하고 있다.[35] 하나님은 울부짖는 소리를 들어주시고(시편 6:8-9), 고통당하는 사람을 외면하지 않으시고 응답하신다(시편 22:23-24). 그래서 시편은 아리랑 고난의 노래, 고난 극복의 노래라는 것이다.

한편, 민중 신학에서 민중 문학의 자료인 고대 시가가 한국 시편 이해와 연구에 좋은 자료가 될 수 있다. 즉, 신라 향가, 경기체가, 별곡, 고려 가요, 장가, 속요, 시조, 가사, 풍요, 국문소설(고소설), 판소리, 탈춤, 개화가사, 신시 등이 그 예이다.[36] 퇴계 이황의 매화시는 고고한 선비의 삶을 표현해

---

34 조태영, "시편에서 듣는 아리랑", 524-25.

35 조태영, 같은 글, 527-29.

36 서남동, 『민중신학의 탐구』(서울: 한길사, 1983), 70. 재인용, 박신배, "한국 문화적 성서해석

주고 있고,[37] 애틋한 사랑의 노래를 보여 준다. 한국의 시 정신은 다산 정약용(1762-1836)에게 이어지고 있다. 그는 성호 이익의 학풍을 이어받아 민중 지향적 사고를 한다. 「적성촌가」, 「우화정羽化亭」 시는 이를 잘 보여 준다. "산골집 지붕엔 눈이 아직 남았는데 / 쓸쓸한 연기 속에 배를 타고 내려오니 가난한 촌마을엔 수심이 서려 / 더 오래 머물 생각 나지를 않네."[38]

온 겨레가 함께 노래할 명시名詩 한 편을 얻기 위해 한두 세대를 기다려야 한다고 하면 윤동주의 「서시」는 바로 그러한 시이다. "죽는 날까지 하늘을 우러러 한점 부끄럼이 없기를, 잎새에 이는 바람에도 나는 괴로워했다."[39] 그의 시는 한국 현대시의 정수精髓를 보여 주며 성서의 시편 정신을 이어 가는 바빌론 포로 시대 시편의 절정판을 이해하게 했다. 또한 윤동주는 시의 아름다움을 보여 준다. 아리스토텔레스의 시학詩學은 예술학, 미학에 대하여 말한 것으로 시적 예술을 다룬다. 시는 리듬의 모방과 인간 활동의 모방, 인간성의 모방에 따라 시의 종류와 희극, 비극으로 나뉘고, 모방의 태도에 따라 연극을 낳는다고 말한다.[40] 특히 아리스토텔레스는 비극에 대하여 많이 다루고 있는데, 그는 비극은 우리의 마음속에 불러 일으켜진 격렬한 정서를, 한 걸음 더 나아가 정화Katharsis하여 주는 효과를 지니고 있다고 보았다. 윤동주의 시 세계는 바로 이 정화와 생의 비극, 시적 예술을 지니고 있다. 그래서 시편의 탄원시, 탄식시는 비극적인 인간의 상황을 묘

방법론", 『신학사상』, 140집(2008년), 51.

37 송준호, "좋은 시와 잘된 역주 그리고 그 이해의 한계 문제", 이태동 외 62명, 『열린 생각 열린 책 읽기: 문학』(서울: 인디북, 2004), 234-241.

38 임재윤, 『정약용의 교육개혁사상』(광주: 전남대학교출판부, 1999), 19.

39 송우혜, 『윤동주 평전』(서울: 푸른역사, 2005), 172.

40 윤명노, "아리스토텔레스의 생애와 사상", 『아리스토텔레스 시학』(서울: 휘문출판사, 1981), 35-36.

사하고 있는데 이 시가가 주는 효과는 비극적 시학의 의미와 상통하고 있음을 알 수 있다.

한국인의 정서는 한恨이다. 한국인은 고난의 역사 속에서 이 한恨을 노래하였고, 한의 미학을 승화시킨 것이 한국 시와 문학이라고 할 수 있다. 판소리는 한을 풀고 삭이는 우리만의 노래로서 독특성을 가진다.[41] 이청준의 『서편제』는 소리꾼의 한을 잘 표현한 것으로 영화화되어 한국인의 정서를 잘 담아냈다. "남도소리는 한의 가락이 아니라, 한풀이 가락이 된다. 그것은 '우리의 마음속에 그 몹쓸 한을 쌓는 것이 아니라, 거꾸로 그 한으로 굳어진 아픈 매듭들을 소리로 달래고 풀어내는 것이다."[42]

시편 전체의 정서는 이 고난의 한恨을 표현하고 있다. 한국인의 고난과 이스라엘인의 고난은 같은 지평에 있다고 말할 수 있다. 시편의 고난과 한국인의 민중시의 고난은 같은 맥락에서 살필 수 있다. 『서편제』는 80년대의 남도에서 사라져 간 무수한 영혼들을 위로하면서 서민들의 놀라운 생명을 보려 주려 저작한 것이리라 추정한 것은 의미가 있다.[43] 한국인의 한과 민중들의 한을 시편이 잘 보여 주고 있어서 성서의 시편은 한풀이의 노래라고 말할 수 있다.

한국 노래 속에 한국 민중의 애환과 한풀이 노래가 배어 있어서, 이를 한국의 시편이라고 말할 수 있다. 일제 강점기에 부른 '황성 옛터' 가요를 통해서 한민족의 역사, 조선 황실의 단절과 일제 통치의 한을 삭히었다. '번지 없는 주막'은 식민 지배의 상황을 말하면서 슬픔의 노래를 부르며,

---

41 천이두, "시김새와 이면에 대하여: 한국적 한의 일원적 구조와 관련하여", 전북애향운동본부 편, 『판소리』(전주: 신아출판사, 1988), 87-125.

42 김치수, "한의 삶과 삶의 한", 『열린 생각 열린 책읽기: 문학』(서울: 인디북, 2004), 127.

43 김치수, 같은 글, 129.

언제 독립의 노래를 부를 수 있는가를 보이지 않는 메타포로 전달하고 있었다. '두만강'과 '신라의 달밤'은 바빌론 포로 생활 속에 부르던 이스라엘의 시편(시편 137편)과 다를 바 없는 노래였다. 군사정권 시대에는 '동백꽃'을 부르면서 겨울 고난에 피는 동백꽃에서 희망을 찾았고, 김지하의 「오적 五賊」이라는 시와 '아침이슬', '세노야', '금관의 예수' 노래 등이 한국 시편의 맥을 이어 갔다. 김삿갓, 이육사, 김영랑, 오장환, 김정환, 고정희, 김현승, 이성부, 김지하, 신경림, 백기완, 천상병, 신동엽, 김남주 등으로 이어지는 민중 시인들이 우리의 삶의 애환과 정서를 노래하였다.[44] 신경림은 신동민 시인을 발굴하여 '삶을 통한 시의 완성'자로 소개한다. 「아! 신화같이 다비데군들」, 「내 노동으로」, 「비닐우산」 등의 시를 민족의 고난사에 참여하며 시작詩作한 것을 설명한다.[45] 김수영의 시, 「풀」과 「눈」, 「하…… 그림자가 없다」, 「어느 날 고궁을 나오면서」 등이 '앞을 향하여 달리는 살아 있는 정신'이라고 평한다.[46]

오늘 전자시대(사이버 문화)에는 노래가 없는 시대라고 말할 수 있다. 새 노래를 지어 불러야 할 '줄씨알 시대'이다.[47] 이러한 시대에 구약의 시편과 한국의 시편은 좋은 글 쓸 효시嚆矢가 되어 어떤 노래를 불어야 할지 가르쳐 준다.

---

44 신경림, 『신경림의 시인을 찾아서』(서울: 우리 교육, 2000). 김상욱, 『시의 길을 여는 새벽별 하나』(서울: 친구, 1993), 236.

45 신경림, 『신경림의 시인을 찾아서』, 272-287.

46 신경림, 같은 책, 324-352.

47 한완상, "민중신학의 현대사적 의미와 과제: 21세기 줄씨알의 신학을 바라며", 『신학사상』 143집(서울: 한국신학연구소, 2008), 7-34.

4. 시편에 나타난 한국 문화적 요소

『시편 명상』에 나타난 김정준의 시편 15편을 대표 단수로 추출하여 한국 문화적 요소를 찾고자 한다. 시편 1편은 푸른 신앙으로 행복한 사람의 길을, 시편 11편은 야웨가 사랑하는 일을 보여 준다. 고운孤雲 최치원의 경상도 가야산 숲으로 피하는 소극적 태도가 아니라 악독한 사회(군사정권의 독재 상황)에서도 믿는 사람은 하나님이 의를 사랑하시는 것을 믿고 살아야 한다고 말한다.[48] 시편 21편의 제목은 '의지하는 축복'으로서 전승가戰勝歌이다. 신앙적 태도가 확실하면 언제나 승리의 노래를 부를 수 있다고 말한다. 시편 31편 '내 영혼을 당신 손에'는, 십자가 운명 시 예수가 외우신 이후 많은 신도들이 임종 시에 하는 말이다. 대표적 탄식시의 구원을 보여 주고, 시편 41편은 '앓는 자의 친구'에서 사랑의 결핍에서 건강 회복의 길을 제시한다. 시편 51편의 '정한마음 창조', 참회시는 예수의 속죄 은총으로 이르는 길을 보여 준다.

시편 61편의 '나의 피난처, 경고한 망대'(믹달오즈, 3)는 과거 한국에서는 절에서 부처와 성황당에 있는 신이었다. 이는 한국인들에게는 예수 그리스도를 대망하는 세례 요한의 역할을 하였다고 볼 수 있다. 하느님을 믿는 신앙은 하늘의 뜻을 추구하는 삶으로 연결되었다고 볼 수 있다. "문학 형태로서는 궁켈이 밝힌 대로 개인 탄식시이며, 그것이 갖추어야 할 요소, 구원 신청, 의지 표현, 응답의 확신, 맹세의 표현 등을 다 가진 시이나, 그 근본 테마는 고난 중에서 믿고 의지할 분은 오직 하나님밖에 없다고 함이다."[49] "땅 끝에서부터 주께 부르짖는다." 그 위치는 알 수 없지만 고국을

---

48 김정준, 『시편 명상』(서울: 한국신학연구소, 1987), 45.

떠나 이방 사람의 땅에 거한 것은 확실하다고 본다. 시편 71편의 이 시인은 백발이 성성한 사람이다. 평생 고난 중에 있던 노년의 삶 속에서 성실하게 자신을 돌보아 주신 하나님께 찬양하는 일생이었음을 보여 주고 있다. 한국 효도의 사상이 이 시편에서 흐르고 있음을 볼 수 있다. 대적자, 불의한 자, 흉악한 자를 언급한다. 나이 많아 버림받는 세상에서 하나님은 자신을 버리지 않으리라는 확신을 가진다(9:18).

시편 81편에서는 '네 입을 넓게 열라'(10)고 말한다. 이 시편에서는 예배드리는 자의 모습과 태도, 정신에 대하여 말한다. 김정준은 한국의 악기를 가지고 찬송할 수 있어야 한다고 강조한다. "한국에서는 하나님께 예배드릴 때 왜 북과 수금, 나팔, 비파 등 우리 고유한 악기가 거의 금지되다시피 되었는가? 서양에서 들어온 풍금과 피아노만을 예배 악기로 한 이 잘못을 깨달아야 한다. 우리는 고유한 악기를 하나도 하나님, 예배에 사용하지 못하고 있으니 참으로 수치스러운 일이다. 우리 선조들이 만들어 낸 훌륭한 악기를 우상 숭배하는 곳과 인간을 숭배하는 곳과 인간의 육체적 흥분과 향락을 돕는 것으로만 사용하겠는가? 이 아름다운 악기들을 잘못된 예배와 속되고 타락한 장소에서 빼앗아 와서 만군의 야웨 하나님 예수 그리스도의 아버지 하나님을 찬양하기 위하여 사용해야 할 것이다. 한국 교회가 이 고유한 악기를 그 예배에 사용하지 않는 한, 한국 민중의 종교는 되기 어려우리라. 북을 치고 거문고와 비파를 사용하는 것은 극히 성서적이다."[50]

이는 한국 문화에 맞는 예배 음악을 말하고 있는 것이다. 한국의 악기를

---

49 김정준, 『시편 명상』, 191.

50 김정준, 『시편 명상』, 252.

사용하는 것이 한국 문화에 맞는 찬양 문화라는 사실을 언급한 것이다. 지극히 당연한 말이지만 보다 완벽한 한국 음악 문화를 추구하는 동시에 찬양의 순수성과 아름다운 찬양을 추구하는 것이 더욱 바람직하다. 다시 말하면 인위적 음악, 하나님이 기뻐하지 않는 찬양 문화는 배제하고 기뻐하는 찬양 문화, 아카펠라 찬양 정신을 추구해야 한다는 것을 의미한다. 초대 그리스도의 교회가 추구했던 아카펠라 찬양을 말한다. 다시 말해 미국 그리스도의 교회와 필리핀, 한국 그리스도의 교회가 성서적, 신약 교회적 찬양을 행하려고 노력하는 것을 말한다.

시편 91편에서는 사자와 독사, 젊은 사자와 뱀이 위협하고, 사냥꾼의 올무와 염병(치명적인 유행병)이 생명을 해치려하는 상황에서 주님은 피난처와 요새, 방패와 손방패가 되신다는 확신을 가진다. 시인은 하나님을 사랑한다는 '크하삭'이란 말을 사용한다. 이 말은 시인 자신이 하나님을 연연戀戀하게 사모하는 정을 표시하고 있다. 이러한 사랑으로 인해 하나님이 자신을 지켜 주신다는 확신을 가지게 된다. 하나님의 사랑(아가페)은 인간이 살아가는 이유가 된다. 인간의 역사는 이 사랑의 역사라고 말할 수 있다. 민중 신학이나 풍류 신학, 태극 신학은 바로 하나님의 사랑을 이루려고 하는 발로에서 말하고 있다.[51]

시편 101편은 다스리는 자의 윤리로서 한 나라의 지도자가 어떻게 살아야 하는지 보여 주는 리더십 시편이다. 이 시는 제왕시로서 헷세드(인자와 사랑)와 미쉬파트(정의, 공정한 판단)를 실천하는 일이 왕의 제일 관심이라는 사실이다. "지도자는 자신의 만족만을 구할 때 타락하고 그 지도를

---

51 박신배, "태극 신학: 한국신학의 새로운 가능성", 『문화와 신학』 3집(서울: 한국문화신학회, 2008), 121-127.

받는 상대방 사람들의 만족을 위해서 노력할 때 존경을 받는다. (중략) 가령 1977년 한 해 동안에 7천 4백 명의 비위 공무원이 생겼다는 보도는 (1978. 7. 19 동아일보 1면) 나라의 주권이 공정성과 공의를 떠난 타락상을 보여 주는 좋은 증거이다."[52] 김정준은 정의가 실현된 사회를 주도하는 것이 왕도임을 말하고, 이 왕도는 악을 징계하고 선을 권장하는 동양의 왕도 사상과 히브리 왕도 사상이 매우 유사함을 보여 준다고 지적한다.[53]

시편 111편은 할렐루야 시편이다. 히브리어 알파벳 글자 순서로 시를 지어 가정이나 회당에서 암송하기 좋게 하였다. 이 시들을 따로 암기할 만큼 성도들의 숨결 또는 맥박과 일치하게 해주고 있다. 정직한 자의 모임과 회의 중에서 전심으로 여호와께 감사한다(오데)고 시인은 고백한다. 이 모임은 예배 공동체로서 양식(테렙), 날마다 일용한 양식을 주시며 자기 백성에게 열방을 기업으로 주신다고 약속한다(6). 이는 선교 공동체로서 구원의 역사를 온 세계에 알리시려는 주님의 계획을 보여 주신다. 그래서 진실과 공의, 진실과 정의로 그 계명을 지키는 자에게 복이 있으리라고 말씀한다. 이는 어느 문화권에 살고 있든지 하늘의 뜻을 따라 살아가는 개인과 공동체가 열방 공동체로 선한 영향력을 미칠 수 있음을 보여 주는 것이다. 이는 민중 메시아론을 이야기한 서남동의 신학과 일맥상통한다고 볼 수 있다. 하늘 뜻을 따라 살아가는 이 땅의 가난한 사람, 심령이 바로 예배, 선교 공동체로서 메시아, 민중이라는 것이다.

에큐메니즘의 선구자로서 시편 시인은 시편 87편에서 시온은 세계의 중심이고 세계가 하나 되는 것을 이상적으로 바라본다. 시온을 중심으로

52　김정준, 『시편 명상』, 315.
53　김정준, 『시편 명상』, 316.

한 하나의 새로운 인류 사회를 꿈꾸고 있다. 그 새 세계는 이스라엘 사람의 정치적 권력이 만드는 것이 아니라 인류를 구원하는 하나님의 주권이 만드는 새 하늘 새 땅이다. 이 새나라 환상을 요한계시록 기자가 소개한다(계 21:1). 이것이 참된 의미의 에큐메니즘이고, 이 세계는 영토나 인종의 차별 없이 모든 인간이 예수 그리스도를 통하여 한 하나님을 섬기는 것이다. 시편 시인이 시온을 언급한 것은 이스라엘의 수도 시온을 말하는 것이 아니라 시온이 선포하는 하나님, 만민을 그 죄와 악에서 구원할 구원사로 말미암아 만민이 한 하나님을 섬기는 것을 말하는 것이다. 그러면서 김정준은 인간이 가져야 할 모든 축복의 근원은 만민의 아버지, 만왕의 왕이 되신 하나님 한 분께로부터 온다는 신앙이 철저할 때 에큐메니즘은 가능하다고 보았다.[54] 한국 문화를 소중하게 생각하는 김정준은 세계가 하나 되는 꿈을 꾸고 있는 것이다.

애국가에 나오는 "하나님이 보우하사 우리나라 만세"는 시편 117편, "너희 모든 나라들아, 너의 모든 민족들아"에 상응하여 하나님이 헷세드의 사랑으로 전쟁의 피해를 입으면서도 자랑스러운 나라로 남아 있게 된 비결이라고 말한다. 우리의 노래가 이 하나님의 사랑과 진실을 내용으로 해야 한다고 하며 노래를 지어 결론을 맺는다.[55] "사랑과 진실, 이 나라 도우시고 그 사랑 고마워 영원한 나의 노래 이 민족 살피시는 그 진실 고마워." 또 애국가를 언급하면서 시편 144편에서 '우리나라 만세'라고 표제어를 달고 설명한다. 하나님의 존재에 대하여 무속 신앙에서 말하는 신인지, 기독교의 하나님인지 알 수 없다고 한다. "대부분의 기독교 교인은 지금에 와서

---

54 김정준, 『시편 명상』, 270-71.

55 김정준, 『시편 명상』, 366.

공동번역의 주장대로 '하느님'이라 발음을 해도 무속 종교의 하느님이 아니고 기독교의 하나님을 생각하고, 그 하나님이 우리나라를 보우하신다고 믿고 있다." 이 하나님은 우리의 역사를 간섭하고 계신다. 8·15 광복을 맞이한 일, 6·25 전쟁을 중단한 일, 그리고 유신 독재에서 벗어나게 한 일 등이 하나님이 이 백성을 사랑하신 증거이다. 과거 여러 차례 우리는 이민족의 침략과 교양 없는 독재적 통치자에 의하여 수난을 당했다. 그러나 우리를 구원하는 손은 항상 우리가 상상도 못한 순간에 찾아와 우리를 놀라게 했다. 하나님의 구원의 손길을 역사의 순간마다 고백할 수 있는 한국 사람은 '하나님이 보우하사 우리나라 만세!'라고 찬양하지 않을 수 없다.[56]

시편 145편에서도 '하나님을 사랑하는 자는 다 보호하신다'(20절)라는 구절을 애국가 만세 구절과 평행하여 설명하여 우리 한국이 '주의 나라'로 되는 것이 우리의 소원이라고 하며 그러기 위해 우리 모두가 주를 사랑해야 한다고 염원한다.[57] 시편 125편에 "야웨를 의지하는 사람은 시온산과 같이 흔들리지 않고 영원히 서 있다"(1절)는 구절을 설명하면서 우리 시조를 들어 비유한다. "우리나라 시조에 '500년 도읍지를 필마로 돌아보니 산천은 의구依舊한데 인걸은 간 곳 없네." 이 노래에서 보듯이 역사는 변해도 산천은 변하지 않고 그 자리에 있는 것처럼 야웨를 의지하는 사람은 안전하고 영원한 보호를 받는다는 것이다. 여기서도 김정준은 애국가의 만세 대목을 다시 한 번 결론적으로 언급한다.[58] 시편 146편의 영원한 통치에서도 인간의 권력은 꽃의 수명과 같다고 말한다. 시인은 하나님의 통치가 영원

---

56   김정준, 『시편 명상』, 454-55.
57   김정준, 『시편 명상』, 459.
58   김정준, 『시편 명상』, 390.

하다고 말하며 일제의 통치도, 군사 정권도 무너지고 만다는 사실을 강조한다.[59]

김정준은 시편 121편에서 하느님의 도우심으로 생명을 연장받은 이유가 하나님의 말씀을 선포하기 위한 것이라고 고백한다. "실제로 많은 사람은 이 보호와 지켜주심을 받고 있다. 이 글을 쓰고 있는 나 같은 사람은 여러 가지 종류의 고난과 죽음의 경우를 여러 차례 겪었지만 아직도 살아서 '하나님의 하시는 일을 선포하기 위하여 살아 있다'(시 118:17 참조)."[60]

시편 121편은 가장 애창되고 애독하는 시이다. 내가 도움을 받은 분은 누구인가. 바로 천지를 창조하신 하나님, 산을 만드신 창조주라는 사실을 가르친다. 부제가 성전에 올라가는 시(시 120-134편)로서 포로 시대의 산물로 볼 때 민족 공동체가 해방될 때가 언제인가 묻는 시이다. 산이 없는 지방에서는(캐나다 중부지방) 이 시가 감흥이 없을 것이지만 우리나라 같이 산이 사방으로 둘러싸인 곳에 사는 사람은 이 시에서 큰 은혜를 받을 수 있다고 말한다.[61] 산이 주석적으로 시온산만을 의미하는 것이 아니라 하나의 상징이고, 실상 하나님 자신이라고 생각한다. 하느님은 인간을 지키는 존재로서 졸지도 주무시지도 아니하시는 분이다. 생활 속에 이 신앙을 가진 크리스천이나 하늘 뜻을 아는 민중들은 이 시를 순간순간마다 고백하고 살아간다. 그래서 이 시에서 '지킨다'(사마르)는 말이 6회나 나오면서 강조한다. 그래서 "하느님이 보우保佑하사 우리나라 만세"라는 애국가를 우리 민족이 부르는 이유가 여기에 있는 것이다.

시편 131편, 영혼의 고요를 말하는 시인은 절대 침묵으로 하나님께 겸

---

59 김정준, 『시편 명상』, 460.

60 김정준, 『시편 명상』, 378.

61 김정준, 『시편 명상』, 377.

손히 의지하는 신앙을 말한다. 겸손한 영혼은 침묵 중에서 하나님과 대화한다. 이 대화에서 그는 하나님의 명령과 지시에 '아멘'이라고 말하게 된다. 아시리아 침공에 맞선 아하스 왕이 이사야 예언자의 말씀, "잠잠히 여호와만을 의지하라"(사 7:4)는 말씀을 이해하지 못한 것처럼 하늘 뜻을 모르고, 시편의 주님을 모르는 백성은 조용한 신뢰심을 알지 못해 멸망으로 가게 되는 것이다. 시인은 하나님 앞에 고요히 침묵을 지키는 일이 참으로 하나님과 진실한 대화를 할 수 있는 것임을 안 사람이다. 침묵이 금이라는 뜻도 여기서 찾는다. 하나님 나라 운동을 하는 사람은 이 엄청난 환란과 솟구치는 파도와 폭풍 속에서 절대 고요를 찾아 움직인다. 끝으로 시편 141편 '기도는 분향이다'에서 참회의 기도로 "우리는 항상 기도하리이다"라고 하는 시인의 자세를 본받아야 한다고 주장한다.

맺는 말

구약 신앙과 신학의 원형이 있는 시편에서 한국 문화를 찾는 작업은 뜻 깊은 연구였다. 우리의 참 정서와 노래를 연구할 수 있는 기회이고, 한국인의 문화의 뿌리를 찾는 기본이 되는 연구이다. 시편은 이스라엘 역사 속에서 반복해서 부른 노래이다. 후대에 이스라엘 백성이 부른 노래는 시편 151-153편에 편입되어 외경으로 분류하지만 그들은 아직도 멈출 수 없는 신앙의 노래를 부르고 있다. 한국의 시편은 아리랑이었고, 한국의 전통 가요, 시조, 한시, 신라의 향가, 고려 속요, 판소리, 가요 등에서 민중의 노래와 한恨의 노래를 불러 왔다.

한국의 시편 시인, 구약학자들이 시편의 노래를 재발견하고 한국의 시편과 연관하여 연구하였다. 그간 구약의 시편과 한국의 시편이 만나는 작업을 했고, 이 논문에서는 그 과정을 연구하였다. 김정준은 한국인의 주체적 시인으로 올곧게 서서 노래 부르기를 바랐고, 한국적 시편 창작을 소원하였다. 함석헌은 한국 탄원시와 역사 시편의 정수, 씨올이 시편기자라는 사실을 보여 주었고, 장공 김재준은 구약의 문화 신학과 우주적 사랑의 공동체 시인으로서 삶을, 김교신은 한국인의 한恨의 시편 주인공이 되어 일제 강점기 한恨의 제물이 되었다. 늘봄 문익환은 민중의 시, 발바닥 얼굴 시의 기조로 히브리 민중사를 한편의 시편으로 묘사하고 드라마틱한 예언자로서 삶을 희곡화하여 통일 시대를 맞아야 한다고 상징적 예언 행위로 현행법을 초월하여 월남하여 이 시대 사람들에게 보여 주기도 하였다. 김찬국은 서슬 퍼런 칼날 같은 군사정권의 한복판에서 민중의 자리를 사수하며 새로운 3·1절 노래를 우리의 시편으로 삼았다.

아리랑에 담긴 한국의 시편은 탄식을 넘어서 새로운 생명 탄생과 하늘 임금 맞이 노래의 의미를 가진 노래인 것을 살폈다. 한국의 가요 속에 담긴 시편의 요소들을 발견하면서 우리 민중들이 부른 노래가 새로운 시편이라는 해석을 하였다. 시편 1자로 10의 배수, 시편 15편에서 한국 문화적 요소를 연구하여 한국 문화적 시편 연구의 모델로 삼았다. 시편은 계속 새롭게 만들어 부르는 노래이며, 한국의 시편 속에 성서의 시편 정신이 담겨 있고 살아 있는 것을 보았다. 역사 속에서 불렀던 한국의 시편은 오늘 다시 살아나고 성서의 시편과 만나는 장이 이 연구의 의의가 되었다. 앞으로도 한국 문화의 배경에서 시편연구가 더 많아져서 우리 것에 대한 가치와 한국의 시편이 형성되는 계기가 되기를 바란다.

에 필 로 그
성서 연구에 새로운 지평이 열리기를

　　역사는 창조적 소수가 이끌어 간다는 말도 있지만, 다수의 민중이 하늘 뜻을 받드는 순간 역사의 획기적인 전환점이 이루어진다. 이 신학 작업이 창조적 소수의 저작이라고 하면 이 글을 읽는 다수의 민중은 역사의 변혁을 이룰 수 있는 커다란 물줄기가 될 수 있으리라 믿는다.

　　한국 사람이 한국 문화 속에 살고 한국 문화를 보존하는 일은 자연스럽 듯이 한국 사람이 한국 신학을 하는 것은 당연하다. 하지만 그동안 우리가 한 신학은 한국의 신학이 아니었고, 외국의 번안飜案, 번역飜譯 신학으로서 외국인의 학설을 앵무새처럼 따라하는 창의적이지 못한 신학이었다. 이제 는 한국의 것이 세계 최고라는 생각에서 우리 문화 연구와 우리 문화 신학 창작을 활발히 하는 작업이 요구된다.

　　필자는 우연히 친구의 부름에 따라 한국문화신학회에 발걸음을 한 것 이 계기가 되어 한국 문화 신학을 하게 되었고, 결국 이 책이 나오는 발단이 되었다. 또 우리 대학에 강의 나오시는 분과 대화를 하다가 한국평화학회 를 발족하고, 평화와 통일에 대한 논문을 쓰게 되었다. 우연이란 없는 것 같다. 이것이 바로 하나님의 섭리이고 역사를 이끌어 가시는 창조주와 구 속자의 뜻이라고 생각한다.

　　한국 문화적 성서 해석 방법론은 구약성서 해석 방법론을 구상하면서 한국적 상황에서 성서 해석 방법론으로 연구된 글이다. 필자가 성서 보기를 한국적 문화의 프리즘에서 보려고 한 것 같이, 이 한국 문화적 성서 해석 방법론이 한국인으로서 성서 연구를 하는 데 중요한 도구가 되어 성서를 한국적 방법으로 연구하는 계기가 되어 이 성서 보기 방법이 앞으로도 이어지기를 바란다. 이는 한국 문화 신학자 김교신의 「한국 신학, 이것이다」라는 기획에서 선구적 한국 신학자로서 김교신을 연구하게 된 것에서 비롯된 것이다. 김교신은 한국에게 자신이 최고 귀한 것을 선물한다고 하면, 성서라고 말했다. 그는 그가 창간한 잡지인 『성서 조선』을 통하여 일제 강점기라는 어려운 상황에서 한국 문화 신학을 전개한 학자였다. 그는 오늘 우리에게 한국 문화 신학의 귀감과 신학 모델이 되어 우리가 어떻게 신학을 해야 할지를 가르쳐 준 진정한 랍비이자 스승이다.

3장에서는 한국 신학의 새로운 가능성으로 태극 신학을 제창한다. 이 태극 신학으로 우리는 기독교 교리를 총체적으로 말할 수 있고, 한국인의 문화와 통일, 평화 신학을 통일과 한국 무궁화 신학으로 전개할 수 있다. 이 태극 신학을 통하여 그동안 한국 문화 신학을 해온 선배 학자들의 작업을 통합하려고 시도했다. 이 책의 제목을 태극 신학의 단초端初라고 잡을 수도 있다. 한국 신학이 태극 신학이어야 한국인의 심성과 문화를 담을 수 있다는 점을 포착한다. 토착화 신학과 성서는 한국 문화 신학을 한국적 상황에서 전개하였던 선각자를 생각하며 김광식 교수(고희논문집)와 대화하는 글이다. 그 다음 풍류 신학과 성서에서는 유동식 교수의 풍류 신학을 성서학자의 관점에서 평가하고 한국 신학으로서 한 축을 형성하게 된 신학 구조를 분석한다. 또 소금素琴 선생의 풍류 신학이 예술 신학으로 발전하게 된 것도 현재까지 연구한다.

종교 간 평화는 오늘날 불교와 현 정부와의 갈등 상황에서 제기된 시대적 문제이다. 기독교와 불교 간의 평화적 공존이라는 시급한 해결 과제가 평화학회에서 다루어지면서 연구하였다. 한국 문화는 유·불·선이라는 종교 혼합의 종합 문화이기에 종교 간 평화는 중요한 이슈이다. 기독교 배타주의의 문제점과 성숙한 기독교 문화의 정착을 위해 신학적 이해를 피력하였고, 현 기독교와 불교 권력의 실체를 파악하고 종교 권력의 악성惡性을 소개하였다. 여기서 종교 간 평화가 한국 문화에서 가장 중요한 요소임을 알게 된다. 예수와 붓다의 이해와 웃음은 종교 간 평화를 줄 수 있는 한 요소가 될 수 있다.

인간의 생명 문제와 한국 문화는 어떤 관계가 있는지에 대해, 근원적인 문제를 가지고 7장에서 연구했다. 또 구약의 출생이 한국 문화에서 어떻게 이해되고 히브리인의 사고가 한국인의 의식 구조와 문화에 어떻게 적용될 수 있는지도 다루었다. 이어서 한국 인구가 줄어들고 있는 심각한 사태를 직시하며 출생 문화의 문제가 어디에 있는지 살펴보았다. 한편 구약의 출생 문화는 톨레도트(족보, 계보, 세대) 신학에서부터 축복의 신학으로 나타나고 있음을 보았고, 하나님의 섭리 속에 생명의 잉태가 있음을 알아보았다. 생사화복을 주장하는 조물주 하느님이 한국의 생명 문제를 어떻게 주관하는지 생각해 보았다. 결국 구약 신학이 어떻게 우리 삶의 이야기하고 있는지 살펴보았다.

끝으로 우리의 지상 과제인 조국통일을 어떻게 바라보고 해결할지에 관해 통일 신학을 문화 신학적으로 접근한다. 이미 태극 신학에서 연구하였듯이 통일 신학은 우리 한국 문화 신학의 가장 중요한 중심 문제가 되었다. 그래서 마지막 장에서는 구약 신학에서 평화가 무엇인지 다루며 통일 신학을 위해 무엇을 해야 할지를 질문하였다. 한국 문화, 그리고 구약 신학, 이것은 우리가 이 책에서 계속 질문하고 연구하는 주제이다. 한국 문화

신학으로 구약을 보는 작업이라고 말할 수 있고, 한국인의 성서 이해는
한국 문화적 성서 해석 방법으로 연구할 때 제대로 할 수 있음을 말한 것이
다. 한마디로 한국 사람이 한국 문화로 한국 신학을 하는 것이라고 말할
수 있다. 끝으로 이 책이 한국인의 성서 연구에 새로운 지평을 여는 연구가
되기를 희망하며 글을 맺는다.

참 고 문 헌

1장 _ 한국 문화적 성서해석 방법론

금장태, 『성학십도와 퇴계철학의 구조』(서울: 서울대학교출판부, 2002).

금장태·유동식, 『한국 종교 사상사』(서울: 연세대학교출판부, 1986).

김경재, 『해석학과 종교 신학: 복음과 한국종교와의 만남』(서울: 한국신학연구소, 1994).

김경재, "한국문화신학 형성과 기독교 사상", 기독교사상 편집부 편, 『한국의 문화와 신학』(서울: 대한기독교서회, 1992).

김성원, 『신학을 어떻게 할 것인가: 신학방법의 유형에 관한 개론적 고찰』(서울: 대한기독교회, 2001).

김정준, "민중 신학의 구약성서적 근거", NCC 신학연구위원회 편, 『민중과 한국 신학』(서울: 한국 신학연구소, 1982).

김정환, 『김교신: 그 삶과 믿음과 소망』(서울: 한국신학연구소, 1993).

김종일, "신학의 인류학적 접근", 기독교사상 편집부 편, 『한국의 문화와 신학』, 352-373.

김태곤, 『한국민간신앙연구』(서울: 집문당, 1983).

김환철, 『실학과 그리스도교의 만남』(서울: 나단, 1994).

김형수, 『문익환 평전』(서울: 실천문학사, 2004).

노자, "도덕경", 『세계의 대사상 18-노자, 장자, 열자』, 신동호 역(서울: 휘문출판사, 1981).

노평구 편, 『김교신 전집 4: 성서 연구』(서울: 부키, 2001).

로버트 윌슨, 『고대 이스라엘의 예언과 사회』, 최종진 역(서울: 애찬사, 1991).

리처드 니이버, 『그리스도와 문화』, 김재준 역(서울: 대한기독교서회, 1958).

박정세, 『성서와 한국 민담의 비교 연구』(서울: 연세대학교출판부, 1996).

박순경, "민족 동질성 회복을 위한 신학의 역할", 『민족 신학의 모색』(서울: 현대신학연구소).

박신배, "통일 신학과 통일 리더십", 『구약의 개혁 신학』(서울: 크리스천헤럴드, 2006).

방석종, 『신화와 역사』(서울: 감리교신학대학교출판부, 2006).

폴히버트, 『선교와 문화 인류학』, 김동화·이종도·이현모·정흥호 역(서울: 죠이선교회출판부, 1996).

서광선, 『한국기독교의 새 인식』(서울: 대한기독교출판사, 1985).

서남동, 『민중 신학의 탐구』(서울: 한길사, 1983).

서인석, 『성서와 언어과학: 구조분석의 이론과 실천』(서울: 성바오로출판사, 1984).

유동식, 『한국 종교와 기독교』(서울: 대한기독교서회, 1965).

유동식, 『민속종교와 한국 문화』(서울: 현대사상사, 1978).

이기영, 「불교편」, 이동준·이기영·이정선 편, 『전통문화의 가치관』(서울: 문우사, 1982).

이이·김길환 역, 『세계의 대사상 11, 율곡소서(疏書)』(서울: 휘문출판사, 1981).

이치석, 『씨올 함석헌 평전』(서울: 시대의 창, 2005).

임승국 편역, 『한단고기』(서울: 정신세계사, 1986).

윤사순·고익진 편, 『한국의 사상』(서울: 열음사, 1984).

조성노 편, 『민족 신학의 모색』(서울: 현대신학연구소, 1993).

죽재 서남동 목사 유고집 편집위원회 편, 『서남동 신학의 이삭줍기』(서울: 대한기독교회, 1999).

최기수, "구조주의 비평을 통한 호세아 1장 연구", 『구약논단 21집』(한국구약학회).

한정관, 『아시아인의 신학과 신앙』(서울: 가톨릭출판사, 1994).

한태동, 『사유의 흐름』(서울: 연세대학교출판부, 2003).

함석헌, 『뜻으로 본 한국 역사』(서울: 한길사, 2003).

황패강, 『한국의 신화』(서울: 단국대학교출판부, 1988).

Jew-Chur Son, *Herz und Erkenntnis: Eine biblisch-psychologische und biblisch-anthropologische Studie zum Topos "Herz" als Hauptsitz des Glaubens* (Seoul: Christian Literature Crusade, 1999).

Jongsoo Park, "The Process of Transformation between the Tale of the Two Brothers and the Joseph Story in Genesis 39: From the Korean Perspective on a National Folktale", *Theology of Korean Culture* (Seoul: CLSK, 2002).

Fuller, R. H., *The Formation of Resurrection Narrative* (Philadelphia: Fortress, 1980).

Tillich, Paul, *Theology of Culture* (New York: Oxford University Press, 1959).

2장 _ 한국 문화 신학자 김교신

강남대학교 우원사상연구소 편,『우원 이호빈 목사의 생애와 사상』(서울: 크리스천헤럴드, 2006).

구본술, "나의 의학공부에 사명감을 주신 스승",『나라사랑 17집』(서울: 외솔회, 1974).

김정환,『김교신』(서울: 한국신학연구소, 1986).

김정환,『김교신: 그 삶과 믿음과 소망』(서울: 한국신학연구소, 1994).

김준봉,「성서조선에 나타난 김교신의 기독교」(아세아연합신학연구원 학위논문, 1992).

노평구 편,『김교신 전집 1: 인생론』(서울: 부키, 2001).

노평구 편,『김교신 전집 2: 신앙론』(서울: 부키, 2001).

노평구 편,『김교신 전집 3: 성서개요』(서울: 부키, 2001).

노평구 편,『김교신 전집 4: 성서연구』(서울: 부키, 2001).

노평구 편,『김교신 전집 5: 일기 I』(서울: 부키, 2001).

노평구 편,『김교신 전집 6: 일기 II』(서울: 부키, 2001).

노평구 편,『김교신 전집 7: 일기 III』(서울: 부키, 2001).

노평구 편,『김교신 전집 별권』(서울: 부키, 2001).

노평구 편,『김교신과 한국』(서울: 제일출판사, 1972).

민경배,『한국민족교회형성사론』(서울: 연세대학교출판부, 1974).

박명홍,「김교신의 인물론 - 신앙, 교육, 애국 활동을 중심으로」(목원대신학대학원 학위논문, 1983).

손기정, "비범하셨던 스승님",『나라사랑 17집』(서울: 외솔회, 1974).

이은선·이경편,『이신의 슐리어리즘과 영의 신학』(서울: 종로서적, 1992).

임성빈,「김교신의 윤리사상 연구」(장신대학원 학위논문, 1990).

오정숙,『多石 유명모의 한국적 기독교』(서울: 미스바, 2005).

오승태,「김교신과 무교회 신앙」(上·下),『聖書硏究』, 제258-9호(1976년 5-6월).

왕대일,『묵시문학 연구』(서울: 대한기독교서회, 1997).

유동식,『韓國 神學의 鑛脈』(서울: 전망사, 1990).

유동식,『풍류도와 예술 신학』(서울: 한들출판사, 2006).

윤석중, "잊을 수 없는 스승", 노평구 편, 『김교신과 한국』(서울: 일심사, 19810.

서정민, 『겨레 사랑 성서 사랑, 김교신 선생』(서울: 말씀과 만남, 2002).

터커 편저, 『환원운동의 역사: 초대교회 복귀』, 김익진 역(서울: 태광, 1987).

최성민, 「김교신의 교육사상: 성서연구방법론을 중심으로」(장신대학원 학위논문, 1984).

함석헌·김교신 공저, 『내촌감삼과 한국』(성서조선사, 1940).

3장 _ 태극 신학: 한국 신학의 새로운 가능성

강건기, "토마스 머튼의 영성과 불교", 『한국그리스도사상』 4집(한국그리스도사상연구소, 1996).

곽노순, 『동양신학의 토대와 골격』, 기독교사상 시리즈 9집(서울: 대한기독교서회, 1997).

권진관, 『성령과 민중』(서울: 한국신학연구소, 1993).

김광식, 『인간과학과 신학: 생물학, 심리학 및 의학과의 대화를 위하여』(서울: 연세대학교출판부, 1995).

김민호, "풍류도와 동리문학", 『유동식의 풍류신학』, 문화와 신학 1집(서울: 한국문화신학회, 2007).

김진호, 『실천적 그리스도교를 위하여: 예수운동의 혁명성 연구』(서울: 나단, 1992).

김흡영·유승무 교수의 "역사상의 불교권력"을 논하며, 『현대사회에서 종교권력, 무엇이 문제인가』(서울: 동연, 2008).

김흡영, 『도의 신학』(서울: 다산글방, 2000).

박신배, "통일 신학과 통일리더십: 문화 신학적 접근", 『구약의 개혁신학』(서울: 크리스천헤럴드, 2006).

박신배, "김교신의 선비신학", 『한국 신학, 이것이다』, 한국문화신학회 9집(서울: 한들출판사, 2008).

박신배, 『환원신학과 구약성서』(서울: 그리스도대학교 출판국, 2008).

박신배, "종교 간 평화: 기독교와 불교의 평화공존", 제8차평화학회 학술대회발표집(한국평화학회, 2008. 11), 15.

서광선, "아시아 상황과 기독교", 성공회대학교 신학연구원편저, 『제국의 신』(서울: 동연, 2008).

손호현, "한 멋진 삶의 풍경화: 유동식의 예술신학 연구", 『유동식의 풍류신학』, 문화와 신학1집
　　　(서울: 한국문화신학회, 2007).

송영봉, "주역", 『원색세계대백과사전』 26집(서울: 한국교육문화사, 1994).

알로이스 피어리스, 『아시아의 해방신학』, 성염 역(서울: 분도출판사, 1990).

양주동 외 4, "태극", 『대국어사전』(서울: 현문사, 1981).

오영관, 『이야기 신학』(서울: 성아, 1979).

이정배, 『한국적 생명신학』(서울: 감신, 1996).

이종찬, "해천 윤성범의 말씀절로의 신학: 성의 해석학", 『한국 신학, 이것이다』, 한국문화신학 제9
　　　집(서울: 한들출판사, 2008).

정현경, 『다시 태양이 되기 위하여: 아시아 여성 신학의 현재와 미래』, 박재순 역(서울: 분도출판
　　　사, 2002).

존 로지, 『과학철학의 역사』, 정병훈·최동덕 역(서울: 동연, 2000).

최인식, 『예수와 문화』(서울: 예영커뮤니케이션, 2006).

존 F. 호트, "진화, 비극, 희망", 테드 피터스 편, 『과학과 종교: 새로운 공명』, 김흡영·배국원·윤원
　　　철·윤철호·신재식·김윤성 역(서울: 동연, 2002).

토마스 G. 핸드, 『동양적 그리스도교영성』, 이희정 역(서울: 한국기독교연구소, 2004).

프란시스코 J. 아얄라, "너무나 인간적인 동물: 진화와 윤리학", 『과학과 종교: 새로운 공명』(서울:
　　　동연, 2002).

한태동, "십계명과 주기도", 『성서로 본 신학』(서울: 연세대학교출판부, 2003).

함석헌, 『뜻으로 본 한국역사』(서울: 한길사, 2005).

허호익, "하나님의 형상론 연구: 하나님의 형상의 삼중적 삼중관계와 천지인의 조화",
　　　『기독교신학논총』 24집(한국기독교학회, 2002).

De Chardin, T., *The Phenomenon of Man* (New York: Harper & Row, 1975).

Edersheim, A., *The Temple: Its Ministry and Services* (Peabody: Hendrickson
　　　Publishers, 2006).

Finkelstein I. and Silbermann, N. A., *David and Solomon* (New York: Free Press,
　　　2007).

Heidegger, M., *The Principle of Reason*, tr. by Reginald Lilly (Bloomington and

Indianapolis: Indiana University Press, 1996).

4장 _ 토착화 신학과 성서

김광식, "성서해석학의 역사와 과제", 문상희·유동식 교수 화갑기념장집, 『신학논단』 15집(서울: 연세대학교 신과대학, 1982).

김광식, "하느님의 계시와 인간의 종교", 한태동 교수 화갑기념장집, 『신학논단』 16집(서울: 연세대학교 신과대학, 1983).

김광식, "1960년대 한국 신학의 토착화 논쟁에 대한 소론", 『한국교회와 신학의 과제』(서울: 연세대학교출판부, 1985).

김광식, "타종교와의 대화와 토착화 신학", 『현대와 신학』 11집(서울: 연세대학교 연합신학대학원, 1987).

김광식, "종교다원주의와 토착화", 『현대와 신학』 18집(서울: 연세대학교 연합신학대학원, 1994).

김광식, "하나님과 하느님", 『신학논단』 27집(서울: 연세대학교 신과대학, 1999).

김광식, "토착화 신학에서 본 교리사 이해", 『현대화 신학』 17집(서울: 연세대학교 연합신학대학원, 1993).

김광식, 『웨슬리의 기독론』, 『신학논단』 22집(서울: 연세대학교 신과대학, 1994).

김광식, "교회의 에큐메니칼 차원과 복음의 토착화", 『현대와 신학』 19집(서울: 연세대학교 연합신학대학원, 1994).

김광식, "트리엔트 공의회의 칭의론", 『신학논단』 23집(서울: 연세대학교 신과대학, 1995).

김광식, "토착화 신학에서 본 문화 신학", 『한국종교문화와 그리스도』, 한국문화신학회편 제1집(서울: 한들, 1996).

김광식, "한국교회의 성장과 아시아적 가치", 은준관 은퇴기념장, 『신학논단』, 26집(서울: 연세대학교 신과대학, 1999).

김광식, "풍류의 길과 신학적 사유", 『유동식의 풍류신학: 문화와 신학』 1집(서울: 한국문화신학회, 2007).

김광식, "토착화 신학의 길", 『한국신학, 이것이다』, 한국문화신학 9집(서울: 한들출판사, 2008).

김흡영, 유승무 교수의 "역사상의 불교권력"을 논하며, 『현대사회에서 종교권력, 무엇이
　　　문제인가』(서울: 동연, 2008).

김흡영, 『도의 신학』(서울: 다산글방, 2000).

문상희, 『종교, 문화, 신비』(서울: 대한기독교서회, 2008).

박신배, "한국 문화적 성서 해석 방법론", 『신학사상』 140집(서울: 한국신학연구소, 2008).

박신배, 『환원신학과 구약성서』(서울: 그리스도대학교 출판국, 2008).

손호현, "문화신학의 해석학적 모델을 찾아서: 슐라이어마허, 틸리히, 피오렌자", 『문화와 신학』
　　　2집(서울: 한국문화신학회, 2008).

알로이스 피어리스, 『아시아의 해방신학』, 성염 역(서울: 분도출판사, 1990).

유동식, 『한국 신학의 광맥』(서울: 전망사, 1990).

지동식, "칼바르트와 그의 신학사상", 오토베버, 『칼 바르트의 교회교의학』, 김광식 역(서울: 대한
　　　기독교출판사, 1980).

토마스 G. 핸드, 『동양적 그리스도교 영성』, 이희정 역(서울: 한국기독교연구소, 2004).

폴 틸리히, 『19-20세기 프로테스탄트 사상사』, 송기득 역(서울: 한국신학연구소, 1980).

I. C. 헤네르편, 『폴 틸리히의 그리스도교 사상사』, 송기득 역(서울: 한국신학연구소, 1983).

Kim, Kwang Shik, "Christological Foundation and Pneumatological Actualization",
　　　Korea Journal of Systematic Theology, Vol. 1 (Seoul: STSIKS, 1997).

Kim, Kwang Shik, "Nonduality of God and Earth", *Korea Journal of Systematic
　　　Theology*, Vol. 2 (Seoul: STSIKS, 1998).

Kim, Kwang Shik, "Nonduality of Novum and Earth", *Yonsei Journal of Theology*, Vol.
　　　4 (UGST Yonsei University, 1999).

5장 _ 풍류 신학과 성서

김광식, "성서해석학의 역사와 과제", 문상희·유동식 교수 화갑기념장집, 『신학논단』 15집(연세
　　　대학교 신과대학, 1982).

김인회, 『한국무속사상연구』(서울: 집문당, 1987).

로버트 슈라이터, 『신학의 토착화』, 황애경 역(서울: 가톨릭출판사, 1985).

박신배, 『구약의 개혁 신학』(서울: 크리스천헤럴드, 2006).

박신배, "한국문화신학자 김교신", 『한국 신학, 이것이다』, 한국 문화 신학회 춘계학술대회 발표문 (3월 16일)(그리스도대학교 학술연구소, 2007).

박신배, "한국 문화적 성서 해석 방법론: 한국문화신학의 과거와 현재", 『한국교회와 신학의 회고 와 책임』, 2007년 춘계학술대회 자료집(한국기독교학회, 5월 18일 발표문).

손호현, "한 멋진 삶의 풍경화: 유동식의 예술 신학 연구", 「한국문화신학회 2007년 정기학술회발 표문: 풍류도와 문화 신학」(한국문화신학회, 6월 14일 발표문).

송천성, 『아시아인의 심성과 신학』, 성념 역(왜관: 분도출판사, 1982).

송천성, 『대자대비하신 하느님』, 이덕주 역(왜관: 분도출판사, 1985).

알로이스 피어리스, 『아시아의 해방신학』, 성념 역(왜관: 분도출판사, 1988).

야기 세이이치 · 레너드 스위들러, 『불교와 그리스도교를 잇다』, 이찬수 역(왜관: 분도출판사, 1996).

이은선 · 이경 엮음, 『李信의 슐리어리즘과 靈의 신학』(서울: 종로서적, 1992).

유동식, 『한국 종교와 기독교』(서울: 대한기독교서회, 1965).

유동식, 『한국무교의 역사와 구조』(서울: 연세대학교출판부, 1975).

유동식, 『예수 · 바울 · 요한』(서울: 대한기독교 서회, 1975).

유동식, 『민속종교와 한국 문화』(서울: 현대사상사, 1978).

유동식, 『도(道)와 로고스』(서울: 대한기독교출판사, 1978).

유동식, "한국교회와 성령 운동", 『한국 교회 성령운동의 현상과 구조』(서울: 크리스챤 아카데미, 1982).

유동식, 『풍류신학으로의 여로』(서울: 전망사, 1988).

유동식, "풍류도(風流道)와 기독교", 한태동 교수 화갑기념장집, 『신학논단』 16집(연세대학교 신 과대학, 1983).

유동식, 『풍류도와 예술 신학』(서울: 한들 출판사, 2006).

유동식, 『풍류도와 요한복음』(서울: 한들 출판사, 2007).

윤이흠, 『한국종교연구』(서울: 집문당, 1988).

최성수, "한국신학의 '신학적 과제 인식'에 대한 신학적 성찰: 유동식의 '풍류신학'을 중심으로",
       『한국문화신학을 위한 담론들, 한국문화신학회 제3집』(서울: 한들출판사, 1999).

폴 틸리히,『19-20세기 프로테스탄트 사상사』, 송기득 역(서울: 한국신학연구소, 1980).

토마스 G. 핸드,『동양적 그리스도교 영성』, 이희정 역(서울: 한국기독교연구소, 2004).

한정권,『아시아인의 신학과 신앙』(서울: 카톨릭출판사, 1994).

Sung Soo Choi, "Kurzer Überblick über die Pungryu: Theologie Tong-Shik Ryus",
       Theology of Korean Culture (Seoul: CLSK, 2002).

Volker Küster, "Contextual Transformations-Minjung Theology Yesterday and
       Today", *Madang*, Vol. 5 (June, 2006), 23-43.

6장 _ 종교 간 평화: 기독교와 불교의 평화 공존

권무정, " '작은 예수' 공동체와 바벨탑 이야기",『새길이야기』30호(서울: 새길, 2008).

길희성, "한국 기독교의 배타성은 어디서 오나?",「한국 기독교의 배타주의 – 근원과 현상」, 공동
       학술대회 자료집(2008. 9. 30), 1.

김경집, "현대불교와 종교권력",『현대 사회에서 종교권력, 무엇이 문제인가』(서울: 동연, 2008).

김명희, "간문화 신학으로서 여성신학 – 종교해석학적 접근", 한국여성신학회 편,『다문화와 여성
       신학』(서울: 대한기독교서회, 2008).

김승철,「일본의 기독교 사상에 대한 소론: 이른바 "문화적 기독교"를 중심으로」,『제37차 정기학
       술대회 자료집(상)』(한국기독교학회, 2008), 361-77.

나학진, "종교 간의 갈등극복",『종교학 연구』9집(서울대학교 종교학연구회, 1990).

민영규,『예루살렘 입성기』(서울: 연세대학교출판부, 1976).

박영지, "동양의 범신론적 사상(철학적, 신학적), 불교",『서양의 신관, 동양의 신관, 창조신관』(서
       울: 성광문화사, 2003).

야로슬라프 펠리칸,『예수의 역사 2000년』, 김승철 역(서울: 동연, 1999).

이진구, "한국 개신교와 종교 권력",『현대 사회에서 종교권력, 무엇이 문제인가』(서울: 동연,
       2008).

정진홍, 『종교 문화의 이해』(서울: 서당, 1992).

지동식, "막간산책을 읽고(6)", 『예루살렘 입성기』(서울: 연세대학교출판부, 1976).

최기준, "발문(跋文)", 『예루살렘 입성기』(서울: 연세대학교출판부, 1976).

최인식, 『유대교 산책』(서울: 예루살렘 아카데미, 2008).

Küng H. and Moltmann, Jürgen, *Christianity among World Religions* (Edinburgh: T&T. Clark, 1986).

Rahner, Karl, "Christianity and the non-Christian Religions", in John Hick and Brian Hebblethwaite, *Christianity and Other Religions* (Philadelphia: Fortress, 1981).

Tillich, Paul, "Christianity Judging Itself in the Light of its Encounter with the World Religions", in *Christianity and Other Religions* (Philadelphia: Fortress, 1981).

7장 _ 구약의 출생과 한국 문화

구스타프 멘싱, 『붇다와 그리스도』, 변선환 역(서울: 종로서적, 1987).

김광식, 『인간과학과 신학』(서울: 연세대학교출판부, 1995).

노세영, "창세기", 『구약성서개론』, 김영진 외 편저(서울: 대한기독교서회, 2004).

박성용, 『생태여성신학의 관점에서의 종교담론』, 변선환 아키브·동서종교신학연구소 편, 『생태신학 강의』(서울: 크리스천헤럴드, 2006).

버나드 앤더슨, 『시편의 깊은 세계』, 노희원 역(서울: 대한기독교서회, 1997).

아브카리안 팔머, 『갈등의 사회이론』, 서사연 역(서울: 학문과 사상사, 1985).

아리스토텔레스, 『시학/정치학』, 김완수 역(서울: 휘문출판사, 1981).

오정숙, 『다석 유영모의 한국적 기독교』(서울: 미스바, 2005).

이정배, 『신학의 생명화 신학의 영성화』(서울: 대한기독교서회, 1999).

이항노, 『세계의 대사상 11-雅言』, 최창규 역(서울: 휘문출판사, 1981).

박정세, 『성서와 한국 민담의 비교 연구』(서울: 연세대학교출판부, 1996).

전현식, 「생태여성신학의 영성고찰」, 『신학논단 43』(연세대학교 신과대학, 2006).

조철수,『메소포타미아와 히브리 신화』(서울: 길, 2000).

클레멘츠,『고대 이스라엘의 세계』, 황승일 역(서울: 은성출판사, 1996).

클린튼 매칸,『새로운 시편 여행』, 김영일 역(서울: 은성, 2000).

한비자,『세계 대사상 22』, 윤영춘 역(서울: 휘문출판사, 1981).

Knibb, M. A.「구약성서의 생사관」,『고대 이스라엘의 세계』, 황승일 역(서울: 은성출판사, 1996).

Koehler L. & Baumgartner, W., *The Hebrew and Aramaic Lexicon of the Old Testament* II (Leiden: E. J. Brill, 1995).

Wolff, H. W., *Anthropology of the Old Testament* (Philadelphia: Fortress Press, 1981).

8장 _ 제사장 전승과 한국 문화

김영진, "고대 근동과 이스라엘 제사장의 기능",『한국기독교신학논총 27집』(서울: 한국기독교학회, 2003).

김은규,『신명기 역사서에서 제사 자료(P1)에 관한 문학적 편집사적 연구』, 연세대 대학원 박사학위논문(1997).

노희원, "M. 노트와 확장된 신명기 역사에 대한 연구,"『신학논단』21집(서울: 연세대학교신과대학, 연신원, 1993).

노희원,『구약성서의 계약구조』(서울: 은성, 1995).

노희원, "오경의 구조와 신명기 역사",『신학논단』24집(연세대학교신과대학, 연신원, 1996).

박신배, "북이스라엘 전승과 초기 신명기 역사",『신학논단』43집(연세대학교신과대학, 연신원, 2006).

박신배,『구약의 개혁 신학』(서울: 크리스천헤럴드, 2006).

원진희 편저,『오경연구』(서울: 한우리, 2006).

이동규, "요시야 개혁과 암 하아레츠: 요시야 개혁의 사회 정치적 이해",『구약논단』28집(한국구약학회, 2008).

한동구·김덕영·여성훈, "교회의 사회 교육과 여가 이해: 구약 시대의 안식일 이해의 변천사와 종교교육 전통을 중심으로", 『한국기독교신학논총』 27집(서울: 한국기독교학회, 2003).

로날드 클레멘츠, 『신명기』, 정석규 역(서울: 한들출판사, 1992).

B. W. 앤더슨, 『구약성서의 역사와 이해』, 이군호 역(서울: 창학사, 1982).

Blenkinsopp, J., *Sage, Priest, Prophet: Religious and Intellectual Leadership in Ancient Israel* (Kentucky: Westminster John Knox Press, 1995).

Friedman, R. E., *Who Wrote the Bible?* (New York: Harper & Row, 1989).

Jones, G. H., *1 and 2 Chronicles* (Sheffield: Sheffield Press, 1993).

Milgrom, J., *Studies in Levitical Terminology, 1: The Encroacher and the Levite The Term 'Aboda* (Berkeley: Univ. of California, 1970).

Peckham, B., *The Composition of the Deuteronomistic History* (Atlanta: Scholars Press, 1985).

Ringgren, H., *Sacrifice in the Bible* (London: Lutterworth Press, 1962).

Ro, Hee Won, *Decalogue and Covenant: the Structural Framework of the Expanded Deuteronomistic Work* (Aberdeen University, 1993).

Smend, R., "Die Entstehung des Alten Testaments" (1984), 33-109.

Van Seters, J., *In Search of History: Historiography in the Ancient World and the Origins of Biblical Historiography* (New: Haven: Yale Univ. Press, 1983).

Werner E. Lemke, The Way of Obedience: 1 Kings 13 and the Structure of the Deuteronomistic History, in *Magnalia Dei: The Mighty Acts of God* (ed. bt F. Cross, M. W. E. Lemke, and P. D. Miller, Jr.; Garden City, NY: Doubleday, 1976), 301-3

Wellhausen, J., *Prolegomena to the History of Ancient Israel* (New York: Meridian Lib., 1957).

Zevit, Z., "Converging Lines of Evidence Bearing upon the Date of P", *ZAW* 94 (1982): 502-509.

9장 _ 통일 신학: 문화 신학적 접근

Anderson, L., *Leadership That Works* (Minnesota: Bethany House Publishers, 1999).

Bennis, Warren, *On Becoming a Leader*, 1989; reprint, Reading, (Mass.: Addison Wesley, 1994).

Curtis E. L., *The Books of Chronicles*, ICC. (Edinburgh: T&T. Clark, 1976).

De Vries Simon J., *1 and 2 Chronicles* (Michigan: William B. Eerdmans, 1989), 254.

Eichrodt, W., *Ezekiel*, OTL (London: SCM Press, 1970).

Hossfeldt, F., *Untersuchungen zu Komposition und Theologie des Ezechielbuches* (Wuerzburg, 1977).

Malamat, A., "Charismatic Leadership in the Book of Judges" in F. M. Cross, ed. *Magalia Dei: The Mighty Acts of God* (New York: Doubleday & Company, 1976).

Myers, J. B., *1 Chronicles/ 2 Chronicles, Anchor Bible* (New York: Doubleday & Company, 1981).

Rowley, H. H., "Nehemiah's Mission and its Background", in Men of God (London: Thomas Nelson Ltd, 1963).

Stowell, J. M., *Shepherding the Church* (Chicago: Moody Press, 1994).

Weiser, A., *The Psalms*, OTL (London: SCM Press, 1982).

Zimmerli, W., *Ezekiel 1* (Philadelphia: Fotress, 1979).

김경호, "성서에 나타난 이방인들: 통일시대의 북한 유민들과 외국인 노동자들을 위한 신학",「시대와 민중 신학」, 1997년 4호, 142-155.

김용복 외 "기독교의 통일 희년을 향한 행진",『기독교 사상』428집(1994년 8월호), 10-56.

김찬국,『성서와 현실』(서울: 대한기독교서회, 1992).

로비베스 존스,『최고 경영자 예수』, 송경근·김홍섭 역(서울: 한국언론자료회, 1995).

새무얼. D. 리마,『셀프 리더쉽』, 황을호 역(서울: 생명의 말씀사, 2003).

이덕주,『한국 토착교회 형성사 연구』(서울: 한국기독교역사연구소, 2000).

이원설, 문영식,『21세기를 향한 비전과 리더쉽』(서울; 신망애출판사, 1995).

유동식,『한국 신학의 광맥: 한국신학사상사 서설』(서울: 전망사, 1990).

윤성범,『한국 유교와 한국적 신학』(서울: 감신, 1998).

암브로지오 스쁘레아삐꼬,『하느님의 목소리: 예언서 연구』, 박요한 역(서울: 성서와 함께, 2003).

임성빈 외,『통합적인 통일과 그리스도인들의 과제』(서울: 예영커뮤니케이션, 2003).

임성빈 외, 문화선교연구원 편,『문화 선교의 이론과 실제』(서울: 예영커뮤니케이션, 2003).

문동환, "한민족의 평화 그리고 통일", 조성노 편,『민족신학의 모색』(서울: 현대신학연구소, 1992).

서남동,『민중 신학의 탐구』(서울: 한길사, 1983).

전택부,『한국교회발전사』(서울: 대한기독교출판사, 1987).

조지 바나,『리더쉽을 갖춘 지도자』, 최기운 역(서울: 베다니 출판사, 1999).

필립 J. 붓드,『민수기』, WBC 5, 박신배 역(서울: 솔로몬, 1994).

한숭홍,『한국신학사상의 흐름 상하』(서울: 장로회신학대학교 출판부, 1996).

황위섭,『크리스챤 리더쉽: 지도자 대망론』(서울: 로고스 연구원, 1990).

10장 _ 구약의 평화와 통일 신학

김창락, "성서에 나타난 민족의 분열사", 채수일 편,『희년신학과 통일희년운동』(서울: 한국신학연구소, 1995).

강사문, "구약에 나타난 평화",『구약의 하나님』(서울: 한국성서학연구소, 1999).

강원룡,『제3지대의 증언』(서울: 문맥, 1978).

박성조,『독일통일의 과정과 교훈』(서울: 통일연수원, 1992).

박신배,『구약의 개혁 신학』(서울: 크리스천헤럴드, 2006).

박순경, "통일 신학의 정초를 위하여", 채수일 편,『희년신학과 통일희년운동』(서울: 한국신학연구소, 1995).

손규태, "한국 개신교 평화 윤리 서설",『폭력과 전쟁 그리고 평화』, 한국기독교 윤리학논총 4집(서울: 한들출판사, 2002).

안병무, "성서의 희년 사상, 그 가능성과 한계", 채수일 편,『희년신학과 통일희년 운동』(서울: 한
　　국신학연구소, 1995).

어윈 에브라함 편,『노벨평화상의 수상자들의 평화의 메시지』(서울: 열린서원, 2004).

윤응진, "평화 통일교육의 실마리", 채수일 편,『희년신학과 통일희년운동』(서울:
　　한국신학연구소, 1995).

임태수, "기독교의 관점에서 본 평화와 생명",『신학논단 43』(서울: 연세대학교 신과대학, 연신원,
　　2006).

주도홍,『통일, 그 이후: 독일 통일 15년의 교훈』(서울: IVP, 2006).

J. Healey, "Peace in Old Testament", in *Anchor Bible Dictioinary V* (New York:
　　Doubleday, 1992).

11장 _ 시편과 한국 문화

김경재, "만우 · 장공 신학의 유형적 특징 비교와 신학교육에서 그 통전의 과제",『장공 김재준의
　　신학세계』(서울: 한신대학교출판부, 2006).

김상옥,『시의 길을 여는 새벽별 하나』(서울: 친구, 1993).

김영일, "김정준의 시편 113편 해석",『시편: 우리 영혼의 해부학』(서울: 한들출판사, 2006).

김이곤,『시편 시문학의 신학』(서울: 한들출판사, 2006).

김정준,『시편 명상』(서울: 한국신학연구소, 1987).

김정환,『김교신: 그 삶과 믿음과 소망』(서울: 한국 신학연구소, 1994).

김찬국,『지금 자유는 누구 앞에 있는가』(서울: 오상사, 1984).

김치수, "한의 삶과 삶의 한",『열린 생각 열린 책읽기: 문학』(서울: 인디북, 2004).

문익환,『히브리 민중사』(서울: 삼민사, 1991).

박신배, "한국 문화적 성서해석방법론",『신학사상』, 140집(2008).

박신배, "태극 신학: 한국신학의 새로운 가능성",『문화와 신학』, 3집(서울: 한국문화신학회,
　　2008).

박영배,「김재준의 문화 신학에 관한 연구: H. R. 니버의 가치변혁설과의 관련을 중심으로」(한신

대학교 신학대학원 석사학위논문, 1995).

박재순, "한국민족과 김재준의 신학적 주체성", 『장공 김재준의 신학세계』(서울: 한신대학교출판부, 2006).

서남동, 『민중신학의 탐구』(서울: 한길사, 1983).

송우혜, 『윤동주 평전』(서울: 푸른역사, 2005).

송준호, "좋은 시와 잘된 역주 그리고 그 이해의 한계 문제", 이태동 외 62명, 『열린 생각 열린 책읽기: 문학』(서울: 인디북, 2004).

신경림, 『신경림의 시인을 찾아서』(서울: 우리 교육, 2000).

윤명노, "아리스토텔레스의 생애와 사상" 『아리스토텔레스 시학』(서울: 휘문출판사, 1981).

이영미, "장공과 이사야", 『장공 김재준의 신학세계』(서울: 한신대학교출판부, 2006.)

이준, 「함석헌의 고난사관의 현대적 이해: 뜻으로 본 한국역사를 중심으로」(그리스도대학교 신학대학원 석사논문, 2001).

임재윤, 『정약용의 교육개혁사상』(광주: 전남대학교출판부, 1999).

장영일, "김정준의 시편 명상에 나타난 경건 이해", 김정준 구약학연구회 편, 『만수 김정준 구약신학』(서울: 경건과 신학연구소, 2004).

조태영, "시편에서 듣는 아리랑", 『시편: 우리 영혼의 해부학』(서울: 한들출판사, 2006).

천이두, "시김새와 이면에 대하여: 한국적 한의 일원적 구조와 관련하여", 전북애향운동본부 편, 『판소리』(전주: 신아출판사, 1988).

한완상, "민중신학의 현대사적 의미와 과제: 21세기 줄씨알의 신학을 바라며", 『신학사상』 143집 (서울: 한국신학연구소, 2008),

함석헌, 『뜻으로 본 한국 역사』(서울: 한길사, 2006).

함석헌, 『역사와 민족』(서울: 제일출판사, 1973).

함석헌, 『한국기독교는 무엇을 하려는가, 함석헌 전집 3』(서울: 한길사, 1983).

Day, J., *Psalms* (Sheffield: JSOT Press, 1993).

Eaton, J. H., *Kingship and the Psalms* (London: SCM Press, 1976).

Mowinckel, S., *The Psalms in Israel's Worship* (Oxford: Basil Blackwell, 1982).